한국사상선 6

조광조
조식

조선 사림의 실천적 지성

창비 한국사상선 6

조광조·조식
조선 사림의 실천적 지성

초판 1쇄 발행 / 2026년 2월 20일

지은이 / 조광조 조식
편저자 / 신병주
펴낸이 / 염종선
책임편집 / 박주용 박대우
조판 / 신혜원
펴낸곳 / (주)창비
등록 / 1986년 8월 5일 제85호
주소 / 10881 경기도 파주시 회동길 184
전화 / 031-955-3333
팩시밀리 / 영업 031-955-3399 편집 031-955-3400
페이지 / www.changbi.com
전자우편 / human@changbi.com

ⓒ 신병주 2026
ISBN 978-89-364-8111-7 94150

한국사상선 6

조광조
조식

신병주 편저

조선 사림의
실천적 지성

창비
Changbi Publishers

창비 한국사상선 간행의 말

　나날이 발전하는 세상을 약속하던 자본주의가 반문명적 본색을 여지없이 드러내며 다수의 삶을 고통으로 몰아간 지 오래다. 이제는 인간 문명의 기본 터전인 지구 생태를 거세게 위협하는 시대에 이르렀다. 결국 세상의 종말이 닥친다 해도 놀랄 수 없는 시대의 위태로움이 전에 없던 문명적 대전환을 요구한다는 각성에서 창비 한국사상선의 기획은 시작되었다. '전환'이라는 강력하게 실천적인 과제는 우리 모두에게 다른 삶의 전망과 지침이 필요하며 전망과 지침으로 살아 작동할 사상이 절실함을 뜻한다. 그런 사상을 향한 다급하고 간절한 요청에 공명하려는 기획으로서, 창비 한국사상선은 한국사상이라는 분야를 요령 있게 소개하거나 새롭게 정비하는 평시적 작업을 넘어 어떤 비상한 대책이기를 열망하며 구상되었다.

　사상을 향한 요청이 반드시 '한국사상'으로 향할 이유가 되는지 반문하는 이들도 있을지 모른다. 사상이라고 하면 플라톤 같은 유구한 이름으로 시작하여 무수히 재해석된 쟁쟁한 인물과 계보로 가득한 서구사상을 으레 떠올리기 때문이다. 우리가 겪는 위기가 행성 전체에 걸친 것이라면 늘 그래왔듯 서구의 누군가가 자기네 사상전통에 기대 무언가 이야기하지 않았을까, 그런 것들을 찾아보는 편이 더 효율적이지 않을까 하는 생각은 사실 오래된 습관이다. 더욱이 '한국사상'이라는 표현 자체가 많은 독자들에게 꽤 낯설게 느껴질 법하다. 한국의 유교사상이라거나 한국의 불교사상 같은 분류는 이따금 듣게 되지만 그 경우는 유교사상이나 불교사상의 지역적 분화라는 인상이 강하다. 한국사상이 변모하고 확장하면서 갖게 된 유교적인 또는 불교적인 양상으로 이해하는 방식은 익숙지 않을 것이기에 '한국사상'에 대한 우리의 공통감각은 여전히 흐릿하다고 말할 수 있다.

하지만 이런 사정이야말로 창비 한국사상선 발간의 또 다른 동력이다. 서구사상은 오랜 시간 구축한 단단한 상호참조체계를 바탕으로 세계 지성계에서 압도적 발언권을 유지하는 한편 오늘날의 위기에 관해서도 이런저런 인식의 '전회turn'라는 형식으로 대응하고 있다. 그럼에도 그 위상의 이면에 강고한 배타성과 편견이 작동하고 있음을 지적하는 목소리가 높다. 무엇보다 지금 이곳 — 그리고 지구의 또 다른 여러 곳 — 의 경험이 그들의 셈법에 들어 있지 않고 따라서 그 경험이 빚어낸 사상적 성과 역시 반영되지 않는다는 느낌은 갈수록 커져왔다. 서구사상에서 점점 빈번해지는 여러 전회들이 결국 그들 나름의 뚜렷한 한계 안에서 이루어지는 뒤집기 또는 공중제비에 불과하다는 인상도 지우기 어렵다. 정치, 경제, 문화 등 여러 부문에서 그렇듯이 이제 사상에서도 서구가 가진 위상은 돌이킬 수 없이 상대화되고 보편의 자리는 진실로 대안에 값하는 사상을 향한 열린 분투에 맡겨졌다.

그런가 하면 '한국적인 것' 일반은 K라는 수식어구를 동반하며 부쩍 세계적 이목을 끌고 있다. K의 부상은 유행에 민감한 대중문화에서 시작되어서인지 하나의 파도처럼 몰려와 해변을 적셨다가 곧이어 다른 파도에 밀려가리라 생각되기도 한다. '한류'라는 지칭에 집약된 이 비유는 숱한 파도가 오고 가도 해변은 변치 않는다는 암묵적 전제에 갇혀 있지만, 음악이든 드라마든 이만큼의 세계적 반향을 일으킨다면 해당 분야의 역사를 다시 쓰면서 더 항구적인 영향을 남길 수 있다고 평가받아야 한다. 중요한 것은 이제 한국적인 것이 무시 못 할 세계적 발언권을 획득하면서 단순히 어떻게 들리게 할까가 아니라 무엇을 말할까에 집중할 수 있게 된 점이다. 대중문화에 이어 한국문학이 느리지만 묵직하게 존재감을 발하는 이 시점이 한국사상이 전지구적 과제를 향해 독자적 목소리를 보태기에 더없이 적절한지 모른다.

그러기 위해 한국사상은 스스로를 호명하고 가다듬는 작업을 함께 진행해야 한다. 이름 자체의 낯섦에서 알 수 있듯 한국사상은 그저 우리 역사에 존재했던 여러 사상가들의 사유들을 총합하는 무엇이 아니라 상당 정도로 새로이 구성해야 하는 무엇에 가깝다. 창비 한국사상선은 문명전환을 이룰 대안사상의 모색이라는 과제를 중심으로 이 작업에 임하고자 했는데, 이는 거꾸로 바로 그런 모색이 실제로 한국사상의 면면한 바탕임을 발견하는 과정이기도 했다. 여기 실린 사상가들의 사유에는 역사와 현실을 탐문하며 새로운 삶의 보편적 비전을 구현하려 한 강도 높은 실천성, 그리고 주어진 사회의 시스템을 변혁하는 일과 개개인의 마음을 닦는 일이 진리에 속하는 과업으로서 단일한 도정이라는 깨달음이 깊이 새겨져 있다. 이 점은 오늘날 한국사상의 구성과 전승이 어떤 방식으로 지속되어야 할지 일러준다. 아직은 우리 자신에게조차 '가난한 노래의 씨'로 놓인 이 사유들을 참조하고 재해석하면서 위태로운 세계의 '광야'를 건널 지구적 자원이자 자기 삶의 실질적 영감으로 부단히 활용하는 실천을 통해 비로소 한국사상의 역량은 온전히 발휘될 것이다.

창비 한국사상선이 사상가들의 핵심저작을 직접 제공하는 데 주력한 이유도 여기에 있다. 학구적 관심이 아니라도 누구든 삶과 세계에 대해 사유하고 발언할 때 펼쳐 인용하고 되새기는 장면을 그려본 구성이다. 이제껏 칸트와 헤겔을 따오고 맑스와 니체, 푸꼬와 데리다를 언급했던 만큼이나 가까이 두고 자주 들춰보는 공통 교양서가 되기를 기대한다. 그러기 위해 원문의 의도를 훼손하지 않는 범위에서 되도록 오늘날의 언어에 가깝게 풀어 싣고자 노력했다. 핵심저작 앞에 실린 편자의 서문은 해당 사상가의 사유를 개관하며 입문의 장벽을 낮추는 역할에 더하여, 덜 주목받은 면을 조명하고 새로운 관점을 보탬으로써 독자들의 시야를 넓혀 각자 또 다른 해석자가 되도록 고무한다. 부록과 연보는 사상가를 둘러싼 당대적·세계적 문맥을 더 면밀히 읽는 데 도움이 되고자 한다.

사상선 각권이 개별 사상가의 전체 저작에서 중요한 일부를 추릴 수밖에 없었듯 전체적으로도 총 30권으로 기획되었기에 어쩔 수 없이 선별적이다. 시기도 조선시대부터로 제한했다. 그러다 보니 신라의 원효나 최치원같이 여전히 사상가로서 생명을 지녔을뿐더러 어떤 의미로 한국적 사상의 원류에 해당하는 분들과 고려시대의 중요 사상가들이 제외되었다. 또 조선시대의 특성상 유교사상이 지나치게 큰 비중을 차지한 느낌도 없지 않을 것이다. 하지만 조선의 유학 자체가 송학 내지 신유학의 단순한 이식이 아니라 중국에서 실현된 바 없는 독특한 유교국가를 만들려는 세계사적 실험이었거니와, 이 시대의 사상가들이 각기 자기 나름으로 유·불·선 회통이라는 한반도 특유의 사상적 기획에 기여하고자 했음이 이 선집을 통해 드러나리라 믿는다.

조선시대 이전이 제외된 대신 사상선집에서 곧잘 소홀히 되는 20세기 후반까지 포함하며 이제껏 사상가로 이야기되지 않던 문인, 정치인, 종교인을 다수 망라한 점도 본서의 자랑이다. 한번에 열권씩 발행하되 전부를 시대순으로 간행하기보다 1~5권과 16~20권을 1차로 배본하는 등 발간 방식에서도 20세기가 너무 뒤로 밀리지 않게 배려했다. 1권 정도전에서 시작하여 30권 김대중으로 마무리되는 구성에 1인 단독집만이 아니라 2, 3, 4인 합집을 배치하여 선별의 아쉬움도 최대한 보충하고자 했으나, 사상가들의 목록은 당연히 완결된 것이 아니고 추후 보완작업을 기대해야 한다. 그럼에도 이 사상선을 하나의 '정전'으로 세우고자 했음을 굳이 숨기고 싶지 않다. 다만 모든 정전의 운명이 그렇듯 깨어지고 수정되고 다시 세워지는 굴곡이야말로 한국사상의 생애주기에 꼭 필요한 일이다. 아니, 창비 한국사상선 자체가 정전 파괴와 쇄신의 정신까지 담고 있음에 주목해주시기를 바란다. 특히 수운 최제우와 소태산 박중빈 같은 한반도가 낳은 개벽사상가를 중요하게 배치한 점은 사상선의 고유한 취지를 한층 부각해주리라 기대한다.

창비 한국사상선은 1966년 창간 이래 60년 가까이 한국학에 남다른 관심을 기울여온 계간 『창작과비평』, 그리고 '독자와 함께 더 나은 세상을' 꿈꾸어온 도서출판 창비의 의지와 노력이 맺은 결실이다. 문명적 대전환에 기여할 사상, 그런 의미에서 단순히 개혁적이기보다 개벽적이라 불러야 할 사상에 의미 있는 보탬이 되고 대항담론에 그치지 않는 대안담론으로서 한국사상이 갖는 잠재성을 세계의 다른 구성원들과 공유하는 계기가 된다면 더없는 보람일 것이다. 오직 함께하는 일로서만 가능한 이 사상적 실천에 독자 여러분의 많은 관심과 참여를 부탁드린다.

2024년 7월
창비 한국사상선 간행위원회 일동

차례

핵심저작
【 조광조 】

핵심저작

【 조식 】

조광조·조식의 시대와 사상

들어가며

  사상적으로 조선 건국(1392)에 가장 중요한 역할을 한 성리학은 조선왕조 내내 조선을 지배하는 최고의 사상이 되었다. 성리학이 시기적으로 강조되는 측면에는 일정한 차이가 있었다. 조선 건국 후 15세기까지는 문물과 제도를 정비하는 과정에서 성리학에서도 사장詞章이나 공리功利의 측면이 중시되었고, 이것은 빠른 시기에 조선이라는 국가의 체제를 정비하는 데 큰 역할을 했다. 한편으로 성리학에 대한 이론 탐구와 이를 통지철학에 반영하는 흐름이 꾸준히 전개되었고, 이는 태종 대 권근權近의 『입학도설入學圖說』을 거쳐, 세종 대에는 집현전을 중심으로 성삼문成三問, 박팽년朴彭年 등 능력 있는 성리학자들이 배출되는 것으로 이어졌다.

  성리학이 중앙의 정계에서 정치철학이나 통치질서의 정비에 이념적 바탕을 제공하는 시기에, 지방에서는 성리학 이론의 근원을 탐구하는 경학經學이 중시되었다. 이러한 흐름은 조선 건국에 부정적인 인식을 가지고 낙향한 영남 지역의 학자들에게서 두드러졌다. 특히 세조의 불법적인 왕위

찬탈을 목격한 다수의 사류士類들은 중앙 정계 진출보다는 성리학에 대한 탐구를 통해 당대 부정적으로 인식된 현실을 개혁하겠다는 의지를 지니게 되었다. 이들을 일컬어 사림士林이라 했고, 성종 대에 본격적으로 정계에 진출해 학파적·정치적 결속력을 갖추면서 사림파士林派로 지칭되었다. 사림파는 15세기 이후 중앙 정계에 기득권을 가졌고 성리학 이해에 있어서도 문서 작성에 필요한 사장詞章 등 공리적功利的 측면을 중시하는 훈구파勳舊派에 맞섰다. 15세 후반에는 훈구파 대 사림파의 정치적·사상적 대결 구도가 형성되었고, 이들은 서로 다른 입장을 갖게 되었다.

조광조趙光祖(1482~1519)와 조식曺植(1501~72)은 16세기 사림파의 성장과 본격적인 활동을 보여주는 대표적인 학자다. 조광조는 중앙 정계에서, 조식은 주로 지방에 은거하면서 활동했다는 차이점은 있으나, 성리학의 이념을 정치 현장이나 민생에 적극 반영하는 방안을 적극 실천했다는 점에서는 공통점이 있다. 조광조가 서울 출신이면서 영남사림파의 중심인물인 김굉필金宏弼의 학문과 사상을 계승했다는 점이나, 영남 출신인 조식이 조광조의 사상에 깊이 경도되었다는 점을 고려하면, 사림파의 학문적 뿌리에서도 두 사람의 사상적 계승 관계가 발견된다.

조광조와 조식의 가장 큰 공통점은, 성리학을 이론 탐구에만 머물게 하지 않고 이를 직접 현실정치에 반영하려고 했다는 것이다. 그들은 현실에 성리학 이념이 구현될 때 성리학에서 최종 목표로 삼는 왕도정치, 도덕정치, 민본정치가 실천될 것으로 확신했다. 조광조가 올린 대책문對策問에는 난세를 당하여 왕도정치를 펴는 방안이 나타나 있는데, 그 글에서 조광조는 공자를 전범으로 삼고 명도明道와 근독謹篤을 마음을 다스리는 요체로 삼아 공자의 도를 조정에 세우면 나라의 기강이 세워질 것이라고 썼다. 이 대책문은 정치인 조광조가 개혁정책을 추진하는 데서도 빠짐없이 적용되었다.

조광조는 중종의 파격적인 후원 속에 승진을 거듭했고 대사헌의 직책까지 올랐다. 중종의 신임 아래 조광조는 성리학에서 이상으로 추구하는 정치가 중앙과 지방까지 확산되는 데에 자신의 생을 걸었다. 먼저 도교의 제천행사 기관인 소격서昭格署 혁파를 단행해, 이전까지 음사淫祀에 의존해온 행위들을 금지하려 했다. 소격서 혁파에 대한 조광조의 신념은 이를 청하는 상소문에 잘 드러나 있는데, 그는 "도교를 신봉하는 것이 여항과 백성에 있더라도, 총명하여 임금이 된 자는 진실로 마땅히 예의를 밝히고 의리를 보여 능히 큰 도를 밝히고 바른 방향으로 말미암아 나아가게 하여 그 극한 것을 사용하여 보존해야"[1] 한다는 논리를 전개했다.

왕이 먼저 솔선수범하여 성리학 이념을 체득할 것도 강조했다. 요순堯舜 같은 성현의 경지에 오르려면 성리학의 주요 학습서들을 체계적으로 공부하고, 신하들과 늘 토론하는 장을 마련해야 한다고 판단했다. 연산군 때 거의 유명무실해진 경연經筵을 부활시켰고, 직접 경연에 참여하면서 왕이 먼저 수신修身해야 함을 강조했다. 실제 『조선왕조실록』에서 '경연'을 검색하면, 성종 대가 가장 많이 나오고 그다음이 중종 대이다.

조광조는 지방사회에 성리학을 보급하기 위한 교재로 『소학』을 중시했다. 조광조의 스승인 김굉필은 '소학동자小學童子'라 불릴 정도로 『소학』을 중시했는데, 조광조 역시 이를 계승했다. 또한 백성들이 성리학의 교화를 직접 체득할 수 있는 향약鄕約을 지방사회에 자치 규약으로 정착시키는 데 힘을 기울였다. 향약은 주자가 실시한 여씨향약呂氏鄕約을 모델로 한 것으로, 그 강령은 덕업德業을 서로 권하고 과실過失을 서로 바로잡으며 예속禮俗으로 서로 사귀고 환난患難을 서로 돌보는 네가지로 이뤄져 있다.

조식은 김종직金宗直, 김굉필, 정여창鄭汝昌 등 영남 지역을 중심으로 성리학을 연구하고 실천한 영남사림파의 학문적 전통 위에서 성장했다. 또한 중앙의 정치 현실에서 성리학 이념을 구현하려 한 조광조의 사상과 실

---

1   「홍문관에서 소격서의 폐지를 청하는 상소(弘文館請罷昭格署疏)」 참조.

천에서도 큰 영향을 받았다. 조식의 삶과 사상 형성에는 조광조의 그것과 마찬가지로 사화士禍가 큰 영향을 미쳤다. 조식의 연보를 보면, 19세가 되던 1519년에 조광조의 부음을 듣고 사로仕路의 기구함을 실감했다고 나온다. 조식의 숙부인 조언경曹彦卿도 기묘사화의 여파로 죽임을 당했으며, 부친 조언형曹彦亨 또한 이때 관직에서 밀려났다. 1545년 을사사화 때는 조식과 교유했던 성우成遇, 송인수宋麟壽, 이림李霖, 곽순郭珣 등이 크게 화를 입었다. 조식은 기묘사화와 을사사화를 직접 경험하면서, 중앙의 정치 참여의 길보다는 지방에서 처사處士의 삶을 지키면서 성리학을 연구하는 삶을 견지하게 되었다.

조광조와 조식은 성리학의 이론 탐구보다는 실제 현실에서 성리학 사상을 구현하는 데 더 큰 목표를 두었다. 조식 사상의 핵심인 경의敬義는 경敬이라는 양養을 바탕으로, 과감하게 실천하는 의義를 강조한 사상으로, 조식은 평소에 경의 상징으로 성성자惺惺子라는 방울을 차고 다녔으며, 의의 상징으로는 칼을 찼다. 칼은 외부에 모순된 상황이 발생하면 이를 과감하게 결단해야 한다는 조식 특유의 실천 유학을 상징한다.

조광조가 중앙의 정치에서 성리학의 이념을 직접 구현하려 한 모습을 보였다면, 조식은 처사處士의 삶을 시종일관 견지하면서 성리학에 대한 연구와 후학 양성에 주력했다. 이로써 경상우도를 중심으로 남명학파南冥學派가 형성되었고 이들 학파는 경의에 바탕을 둔 스승의 실천적 학풍에 큰 영향을 받았다. 임진왜란 때 조식의 문하에서 조선에서 가장 많은 의병장이 배출되고 선조 대 후반에는 북인北人이 형성된 것도 스승의 영향력이 크다. 북인은 서인이나 남인에 비해 정통 주자성리학의 입장에서 벗어나, 성리학 이외에 불교, 도교 등 다양한 학문과 사상을 수용했다. 조식은 성리학의 이론 탐구에 관한 저술은 거의 남기지 않았으며, 정자와 주자 이후에는 저서가 필요하지 않다는 입장에서 중국의 선배 성리학자들의 언설言說 중에 요긴한 것만을 뽑아서 정리한 『학기류편學記類編』만을 남겼다. 『학기류편』에서는 성리학의 완성자인 주자 이외에 주돈이, 장재, 소옹, 이정二程 (정호·정이 형제) 등 북송대 성리학자들을 다수 인용한 것이 주목된다.

조식이 상소문을 통해 조정의 정치 현실에 문제점을 제기하는 과정에서 왕이 먼저 마음을 바로잡아 이것이 확산되어야 함을 강조한 것은 조광조의 입장과도 비슷하다. 조식의 상소문은 과격하고 적극적인 표현으로도 조정에서 논란이 되었는데, 조광조와 유사하게 직선적이고 적극적으로 현실 문제를 타개하려는 모습을 보인다. 다만 중앙 정계의 핵심에 위치한 조광조와는 달리 처사의 입장에서 지방에서 끊임없이 자신의 입장을 밝혔다는 차이가 있다.

정암 조광조의 삶과 사상

조선시대를 대표하는 개혁가 하면 늘 거론되는 인물이 조광조다. 그의 이름을 『조선왕조실록』에서 검색하면 총 910건이 나온다. 38세에 짧은 생을 마감한 점을 고려하면, 그야말로 불꽃처럼 살아간 그의 삶을 대변해주고 있다. 한때는 중종中宗(1488~1544, 재위 1506~44)의 절대적인 총애를 받던 참모였지만, 그렇게 믿었던 왕 중종으로부터 역모 혐의를 쓰고 완전히 추락한 인물. 그러나 그의 죽음 후에 사림파가 정치와 학문의 실권을 차지하게 되면서 조광조는 사림파의 상징으로 거듭나게 되었다.

1. 조광조의 시대와 삶

조광조는 1482년 서울에서 전형적인 조선 관리의 아들로 태어났다. 개국공신 조온趙溫(1347~1417)의 5대손으로 훈구 가문 출신이지만, 그의 인생은 사림파와의 인연으로 시작된다. 조광조는 17세 되던 해에 찰방察訪

(현재의 역장)으로 부임하는 아버지 조원강을 따라 평안도 어천으로 향했는데, 당시 무오사화로 인해 희천熙川에 유배를 와 있던 김굉필에게 수학受學할 기회를 얻었다. 김굉필은 김종직의 제자이자 영남사림파의 핵심인물로 1498년 무오사화의 여파로 유배 길에 있었다. 김굉필과의 만남은 조광조를 성리학의 이념과 실천에 빠지게끔 하는 확실한 계기가 되었고, 훗날 조광조가 사림파 학맥의 중심에 서게 되는 데 중요한 바탕이 되었다. "이때 생원 김식金湜, 조광조 등이 김굉필의 학문을 전수하여, 함부로 말하지 않고 관대冠帶를 벗지 않으며, 종일토록 단정하게 앉아서 빈객을 대하는 것처럼 했는데, 그것을 본받는 자가 있어서 말이 자못 궤이詭異했다."[2] 이 같은 『중종실록』 사관의 평가는 조광조가 김굉필의 학문을 깊이 수용했음을 잘 보여준다. 『선조실록』에도 "조광조 또한 일찍이 김굉필의 문하에서 수업했고 독실히 실천하여 지식이 뛰어났으니 실로 동방의 불세출의 인물입니다. 김굉필이 화를 당한 뒤로 꺾이고 상한 나머지 사기士氣가 땅에 떨어지고 학문이 침체되어 나아갈 방향을 모르고 있을 때 조광조가 이에 다시 『소학』의 도를 밝히고 학문의 공덕을 지시하여 세도世道를 부식扶植시켰으니, 지금 유학하는 선비들이 대략 방향을 알고 취생몽사醉生夢死의 지경에서 벗어나게 된 것은, 실로 조광조가 학문의 맥락을 다시 진작시킨 공에서 비롯된 것입니다"[3]라고 하여 김굉필의 학문을 계승한 조광조의 모습을 기록하고 있다.

1499년 한산이씨와 혼인한 조광조는 1500년 부친이 사망하자 부친의 묘소 아래에 초당을 짓고 삼년상을 치렀다. 1510년 과거 초시에 응시하여 장원으로 합격했으나 이듬해 모친상을 당해 관직 진출은 미뤄졌다. 조광조가 성균관 유생으로 있던 시절, 당시의 왕인 중종과의 만남이 이루어졌다. 1506년 반정反正으로 왕위에 올랐지만 중종은 한동안 박원종朴元宗, 성

---

2   『중종실록』, 1510년(중종 5) 10월 10일.
3   『선조실록』, 1570년(선조 3) 5월 9일.

희안成希顔, 유순정柳順汀 등 반정공신 3인방의 위세에 눌려 제 목소리를 내지 못했다. 조강지처인 왕비(단경왕후)가 연산군의 처남인 신수근慎守勤의 딸이라는 이유로 7일 만에 폐위된 것도 공신들의 압박 때문이었다. 그러다가 중종 5년에서 8년에 걸친 때에 당시 3대장으로 칭해지던 박원종, 성희안, 유순정이 모두 사망하자, 중종은 이제 자신이 주체가 되는 새로운 정치를 실현할 포부를 보였다. 이때 조광조가 그의 눈에 들어왔다. 1515년 성균관 유생을 대상으로 한 알성시에서, 중종은 '오늘날같이 어려운 시대를 당하여 옛 성인의 이상적인 정치를 다시 이룩하기 위해서는 무엇을 어떻게 해야 할 것인가'라는 책문策問을 던졌고, 조광조는 '공자의 도는 천지의 도이며, 공자의 마음은 천지의 마음이기 때문에 이를 실천해야 한다'는 점과, '왕이 성실하게 도를 밝히고(明道) 항상 삼가는 태도(謹獨)로 나라를 다스리는 마음의 요체로 삼을 것'을 결론으로 하는 대책문을 제출했다. 대책문에서 제시한 아래의 내용은 조광조 사상의 핵심이며, 여기에는 사상가·정치가로서 조광조의 모습이 가장 잘 드러나 있다.

무릇 도라는 것은 하늘에 근본하고 사람에 의지하고 일하는 사이에 행하여 치국하는 방법이 됩니다. 그러므로 나라를 경영하면서 그 도를 얻으면 기강을 힘써서 세우지 않더라도 사람들이 보지 못하는 사이에 서고, 법도를 힘써서 정하지 않더라도 사람들이 듣지 못하는 곳에 정해집니다. 만일 별달리 기강을 만들어서 정사의 말단만 가지고 세우거나 별달리 법도를 만들어서 문서 도구의 말단만 가지고 정한다면, 이른바 기강과 법도라는 것은 일찍이 서지 못할 것이요 선다고 하여도 나라를 다스리는 체통에 도리어 해가 있을 것입니다. 왜냐하면 그 근본은 서지 않았는데 오직 말단만을 추종해서 그 도를 얻지 못했기 때문입니다.

그러므로 옛적의 명석한 임금은 천변만화千變萬化함이 하나도 임금의 마음에 근본하지 않는 것이 없음을 알아서, 그 마음을 바르게 하여 도를 펴지 않은 이가 없습니다. 그 마음을 바르게 하고 그 도를 펴기 때문에 정치를 함에 인을 얻고 사물을 처리함에 의를 얻어서 사물마다 하나도 도에서 나오지 않는 것이 없어, 부자父子의 윤리와 군신의 구분이 각각 그 이치를 얻고 하늘과 땅의 경륜도 또한 귀결하게 되었사오니 이것이 요, 순, 우의 중용의 도입니다.[4]

조광조의 대책문은 중종의 마음에 깊이 각인되었고, 이후 조광조는 성균관 전적을 거쳐 11월에는 사간원 정언正言에 올랐다. 정언으로 있을 때는 폐비 신씨(단경왕후)의 복위를 주장하다 유배를 간 박상朴祥과 김정金淨을 탄핵한 대간臺諫에게 죄줄 것을 청하여 세간의 주목을 받았다. 단경왕후가 폐위된 후 장경왕후章敬王后 윤씨尹氏가 왕비가 되었지만, 1515년(중종 10) 인종을 출산한 직후 승하했다. 한동안 잠잠했던 단경왕후의 복위 문제가 수면 위로 떠올랐던 것도 중종의 왕비 자리가 비어 있었기 때문이었다. 폐비의 복위 문제를 본격적으로 거론한 인물은 담양부사 박상과 순창군수 김정이었다. 이들은 중종의 구언求言에 응하여 상소문을 올렸다. 주요 내용은 먼저 폐비 신씨가 폐출된 지 10년이 넘었다는 사실을 상기시키고, 신씨의 폐출은 명분이나 이유가 없다는 것이었다. 이어서 "반정 초에 3대장(박원종, 성희안, 유순정)이 신수근을 제거한 뒤 왕비가 그 딸이므로 후환이 있을까 염려하여 폐위한 것"이라고 하면서, "(이들이) 왕을 위협하기를 다리 사이와 손바닥 위에 올려놓고 희롱하듯 하고 국모를 내쫓기를 마치 병아리 팽개치듯 했다"고 하면서 단경왕후를 폐위시킨 반정공신 세력을 강하게 비판했다. 김정과 박상의 상소가 정국에 파문을 몰고 올 것으로 예상한 공신 세력들은 반격에 나섰다. 김정과 박상이 "사특한 의견을 올렸다"라고 하면서 국문鞫問할 것을 청했고, 중종은 결국 이들의 의견을 받아들여

---

4   「알성시책(謁聖試策 乙亥)」참조.

두 사람을 유배시켰다.

2. 조광조, 직언을 하는 언관임을 각인시키다

김정과 박상의 상소문 파동이 잦아들 무렵 이 논쟁에 다시 불을 지핀 인물이 조광조였다. 조광조는 언관직을 제수받은 지 불과 이틀밖에 되지 않았지만, 박상과 김정을 유배시켰던 대간들의 전원 파직을 주장하는 상소를 올렸다. 조광조는 언로言路가 막히면 국가가 어지러워지고 망하게 된다고 말하면서, 말이 지나쳐도 언로는 열어야 한다고 주장했다. 이어서 박상과 김정이 왕의 구언求言에 응하여 의견을 올린 것인데 이를 받아들이지 않으면 그만이지 죄를 주는 것은 부당하다고 비판했다. 또한 대간이 그 상소를 그르다 하여 죄주기를 청하여 금부의 낭관郞官을 보내어 잡아 오기까지 한 조치는 지나치다고 지적한 후에, 양사兩司 즉 사헌부와 사간원의 대간들을 파직하여 다시 언로를 열어줄 것을 강력히 주장했다. 조광조는 박상과 김정의 폐비 복위 문제를 거론하기보다는 언로를 수용하지 않고 이들을 국문할 것을 청한 대간들의 문제점을 지적하는 방향으로 논의를 전환시켰던 것이다.

조광조는 언로가 막히는 것의 문제점을 다음과 같이 주장했다.

언로言路가 통하고 막히는 것은 국가에 가장 관계된 일입니다. 통하면 다스려지고 평안하며, 막히면 어지러워지고 망합니다. 그러므로 왕이 언로를 넓히기에 힘써서 위로 공경公卿, 백집사百執事로부터 아래로 여항閭巷, 시정市井의 백성에 이르기까지 다 말을 얻을 수 있게 하나, 말에 책임이 없으면 스스로 말은 극진하게 할 수 없습니다. 그러므로 간관諫官을 두어 그 일을 맡게 하는 것이니, 그 말이 혹 지나치더라도 다 마음을 비워놓고 너그러이 받아들이는 것은 언로가 혹 막힐까 염려하기 때문입니다.

근자에 박상朴祥, 김정金淨 등이 구언求言에 따라 진언進言하였는데, 그 말이 지나친 듯하더라도 쓰지 않으면 그만이거니와 어찌하여 다시 죄주는 것입니까? 대간臺諫이 그것을 그르다 하여 죄주기를 청하여 금부禁府의 낭관郎官을 보내어 잡아 오기까지 하였습니다. 대간이 된 자로서는 언로를 잘 열어놓은 뒤에야 그 직분을 다해낸다고 할 수 있습니다. (…) 신臣이 이제 정언正言이 되어 어찌 구태여 직분을 잃은 대간과 일을 같이 하겠습니까? 서로 용납할 수 없으니 양사兩司를 파직하여 다시 언로를 여십시오.

김정과 박상 등이 말한 바의 일은 비록 마땅하지 않았으나, 그러나 그 상소上疏를 내버려두고 묻지 않아야 납언納言하는 덕이 밝게 드러날 것입니다. 또한 재상도 상께서 그 말을 쓰지 않은 줄 알고서 시비를 논하지 않았는데, 대간이 억지로 죄주기를 청하여 임금을 불의에 빠뜨려 간쟁諫諍을 거절하는 조짐을 이루어서 만세의 성덕에 누가 되게 하였으니, 이와 같이 한 뒤에는 국가에 비록 큰일이 있더라도 어찌 감히 구언할 수 있겠으며 비록 구하더라도 누가 감히 말하겠습니까?[5]

조광조는 왕이 납언納言, 즉 언론을 수용하지 않고 언론을 탄압하는 국면을 마련하면 결국에는 지방의 선비 어느 누구도 바른 말을 하지 못할 것임을 지적하고, 자신도 물러날 것임을 시사했다. 조광조의 논리에 반박하기가 곤란해진 중종은 "이 일을 대신들에게 의논하게 하겠다"고 하면서 한발짝 물러섰고, 대신들의 건의 형식으로 박상과 김정의 국문을 청한 대간을 교체하기에 이르렀다. 이제 갓 언론직에 진출한 조광조의 요구가 관철되는 순간이었다. 이 사건으로 조광조는 조야朝野의 주목을 받게 되었고, 중종은 조광조에게 파격적인 승진으로 화답했다. 경연을 통해서도 조광조의 실력을 확인한 중종은 홍문과 부제학, 동부승지 등에 조광조를 임

---

5   『중종실록』, 1515년(중종 10) 11월 22일. 「사간원이 양사 파할 것을 청하는 계(1)(司諫院請罷兩司啓 ·)」 참조.

명해 늘 가까이에 두었다. 1518년 11월에는 오늘날 검찰총장에 해당하는 대사헌으로 발탁했다. 성리학의 도덕정치에 입각하여 다양한 개혁정책을 추진하고자 하는 조광조를 중종은 최고의 참모로 인정했고, 왕의 신임을 바탕으로 조광조는 개혁세력의 선두에 서서 다양한 정책들을 급진적으로 추진해나가기 시작했다. 젊은 피를 수혈해 연산군과 차별화되는 왕이 되고자 하는 중종의 입장과 조광조의 개혁 의지가 맞물리면서 두 사람의 신뢰는 더욱 강화되었다.

3. 조광조의 사상과 개혁정치

조광조의 개혁정치를 한마디로 말하면 유교적 이상정치, 도덕정치의 실현이다. 왕이 왕도정치를 수행하고 성리학 이념에 입각한 교화가 백성들에게 두루 미치는 사회의 실현, 이것이 그가 추진한 개혁정치의 요체였다. 먼저 경연의 활성화를 통해 왕이 끊임없이 성리학 이념을 교육받게 했다. 경연의 주 교재로는 『근사록近思錄』이나 『성리대전性理大全』이 활용되었다. 또한 도교의 제천행사를 주관하던 관청인 소격서를 폐지해 성리학이 아닌 이단 사상이 보급될 수 있는 길을 차단하고자 했으며, 『소학』의 보급과 향약의 실시를 통해 성리학 이념을 지방 구석구석까지 전파하는 데 노력을 기울였다. 민생을 위한 개혁에도 착수했는데, 농민을 가장 피롭힌 공물貢物(지방 특산물을 바치는 세금)의 폐단을 시정하고, 균전제均田制의 실시로 토지 집중을 완화하고 토지 소유 상한선을 정해 부유층의 재산 확대를 막았다.

조광조는 자신과 뜻을 같이하는 정치 세력을 규합하기 위해, 기존의 과거시험 대신에 현량과賢良科의 실시를 추진했다. 추천제 시험인 현량과를 통해 신진인사를 대거 영입해 개혁의 지원군으로 삼았다. 조광조 일파의 개혁정책은 백성들의 지지를 받았지만, 기득권 세력인 훈구파에게는 커다란 정치적 부담으로 다가왔다. 갈등의 폭발은 위훈 삭제僞勳削除였다. 위훈 삭제란 중종반정 때에 공을 세운 공신세력에게 준 훈작勳爵 중에 가짜로 받은 것을 색출하여 이를 박탈하자는 것이다. 공신의 친인척이나 연줄을 이용해 훈작을 받은 사람들의 토지나 관직을 몰수함으로써 구세력을 제거하고 신진세력 중심으로 정치판을 재편하려 한 조치였다. 중종반정 때 박원종 등의 추천으로 확정된 공신은 거의 120명에 달해, 조선의 개국공신(45명)이나 이후 세조에서 성종에 이르는 시기에 이뤄진 다섯차례의 공신 책봉, 그리고 훗날 인조반정 이후 이루어지는 반정공신(53명) 숫자를 훨씬 뛰어넘는 것이었다. 중종이 조광조의 손을 들어주면서 공신에 대한 재조사가 이루어졌을 때 위훈자의 숫자는 70명이 넘을 정도였다. 조광조 일파는 가짜로 훈작을 받은 자들을 조사해 이들에게 준 관직, 토지, 노비와 저택 등을 몰수하면서, 정치권의 대변혁을 준비해나갔다. 그가 이상으로 여기는 성리학 이념에 입각한 도덕정치의 실현을 위해서 기성의 훈구파는 청산해야 할 구체적인 대상이 되었기 때문이다.

4. 훈구파의 반격, 중종의 마음을 움직이다

위훈 삭제를 시도하며 노골적으로 훈구파의 기득권을 박탈하려는 조광조 세력의 움직임에 훈구 세력도 더 이상 방관하지 않았다. 이들은 왕실이나 정치권에 심어둔 정치세력을 적극 활용해 총반격의 기회를 엿보고 있었다. 훈구파는 최고의 권력자 왕과의 만남을 자주 가지며 조광조의 위험성을 기회 되는 대로 알렸다. 경연을 통해 왕을 압박하는 조광조가 왕권까지 넘보는 인물임을 거듭 강조했다. 남곤南袞, 심정沈貞, 홍경주洪景舟 등 훈구파 대신들은 후궁인 경빈 박씨와 희빈 홍씨를 통해 중종에게 조광조를 모함하는 한편, 궁중 나인을 시켜 나뭇잎에 '주초위왕走肖爲王'(주走와 초肖를 합하면 조趙가 되므로 조씨가 왕이 된다는 뜻)이라는 글씨가 드러나게끔 하여

유포시켰다. 나뭇잎에 새긴 글씨에 꿀을 발라 벌레가 갉아 먹게 한 것이다. 한때는 최고의 참모였지만 여러 경로를 통해 들어오는 조광조의 전횡과 왕인 자신을 압박하는 조광조의 개혁 드라이브에 지친 중종은 이제 더 이상 조광조의 후원자가 될 수 없음을 자각했다.

모든 상황은 조광조 일파에게 불리하게 돌아가고 있었다. 그리고 마침내 1519년(중종 14) 11월 훈구 세력들은 밤에 신무문神武門을 통해 왕궁에 잠입, 중종을 만나 조광조 일파가 당파를 만들어 조정을 문란하게 한다고 비방했다. 1519년 11월 조정은 조광조를 전격적으로 체포하고 그의 죄상을 알렸다. 11월 15일 『중종실록』기록에서는 조광조의 권력을 경계하는 신하들의 목소리가 고스란히 담겨 있다.

> 의금부의 당상들을 비현합丕顯閤에 불렀다. (…) 영의정 정광필鄭光弼, 남양군 홍경주, 예조판서 남곤, 화천군 심정 등이 아뢰기를, "조광조 등을 보건대, 서로 붕당朋黨을 맺고서 저희에게 붙는 자는 천거하고 저희와 뜻이 다른 자는 배척하여, 성세聲勢로 서로 의지하여 권력의 요직을 차지하고, 위를 속이고 사정私情을 행사하되 꺼리지 않고, 후진을 유인하여 궤격詭激이 버릇이 되게 하여, 젊은 사람이 어른을 능멸하고 천한 사람이 귀한 사람을 방해하여 국세國勢가 전도되고 조정이 날로 글러가게 하므로, 조정에 있는 신하들이 속으로 분개하고 한탄하는 마음을 품었으니 그 세력이 치열한 것을 두려워하여 아무도 입을 열지 못하였습니다. (…) 사세가 이렇게까지 되었으니 한심하다 하겠습니다. 유사有司에 붙여 그 죄를 분명히 바루소서"하니, 왕이 이르기를, "죄인에게 벌이 없을 수 없고 조정에서도 청하였으니, 빨리 죄를 주도록 하라" 하였다.

조광조의 죄목 중 가장 큰 것은 붕당을 맺어 자신의 세력을 확산시켜나간다는 것이었다. 중종이 왕위에 오른 후 정책의 방향을 잡지 못하고 있을 때 혜성처럼 등장한 조광조는 중종에게는 한줄기 빛과 같은 참모였다. 왕과 신하가 아닌 정치적 동지로서 두 사람은 결합했지만, 왕과 신하라는 다른 입지에 서 있었던 두 사람의 동거는 언제든지 파국으로 치달을 위험성을 내포하고 있었다. 조광조가 급진적이고 이상적인 개혁가라는 점 또한 이 파국에 결정적인 역할을 했다. 비록 반정에 의해 추대된 왕이었지만 점차 자신의 왕권을 확대해가려는 중종과, 성리학의 이상론에 입각해 왕권을 견제하려는 조광조의 입장이 결국 충돌한 것으로 해석할 수 있다.

반정공신들과 훈구대신들의 견제에서 벗어나기 위한 방편으로 조광조를 파격적으로 기용했던 중종은, 어느 정도 정치적 기반을 잡자 더 이상 조광조에게 휘둘리기를 원치 않았다. 1519년 그를 전격적으로 숙청한 것도 왕권에 대한 조광조의 도전에 계속 수세적인 입장을 취하지 않겠다는 계산 때문이었다. 결국 조광조를 비롯하여 김정, 김식, 김구金絿, 윤자임尹自任 등 대부분의 개혁세력은 투옥되어 사약을 받거나 유배되었다. 성균관 및 전국의 유생들이 조광조의 구명에 나섰으나 허사였다. 조광조는 사사賜死의 명을 받았으나 영의정으로 있던 정광필의 적극적인 변호로 목숨을 건지고 전라도 능주綾州(능성, 현 화순군 능주면)에 유배되었다. 그러나 훈구파인 김전金詮, 남곤, 이유청李惟淸 등 훈구파의 핵심들이 정국의 실세가 된 후, 12월 20일 중종이 내린 사약을 받고 38세의 짧은 생을 마감했다. 『연려실기술燃藜室記述』에는 조광조가 최후까지 중종을 조광조에게 충성을 다한 모습이 기록되어 있어서 더욱 안타까움을 준다.

조광조는 능성綾城에 귀양을 가 있었는데, 북쪽 담 모퉁이를 헐고, 앉을 때에는 반드시 북쪽을 향하여 왕을 생각하는 회포를 폈다. 얼마 안 되어 사사하라는 명이 내리자 조광조가 말하기를, "왕이 신에게 죽음을 내리니 마땅히 죄명이 있을 것이다. 공손히 듣고서 죽겠다" 하고, 뜰아래 내려가 북쪽을 향해 두번 절하고 꿇어앉아 전지를 들었다. (…) 조광조가 조용히 죽음에 나가면서, 시자侍子에게 부탁하기를, "내가 죽거든 관은 모두 마땅히 얇게 하고 두텁고 무겁게 하지 말라. 먼 길을 돌아가기 어려울까 염려된다" 하였다. 유엄柳渰이 죽음을 재촉하는 기색이 있자 조광조가 탄식하기를, "옛날 사람이 임금의 조서를 안고 전사傳舍에 엎드려서 운 이도 있는데, 도사는 어찌 그리 사람과 다른가" 하고, 시를 읊었다.[6]

조광조가 마지막 남긴 시는 "임금 사랑하기를 아비 사랑하듯 하고 / 나라 근심하기를 집 근심하듯 했도다 / 밝은 태양이 땅에 임하였으니 / 밝고 밝게 충성을 비추어주리"라는 내용으로, 마지막까지 중종에게 충성을 다한 모습이 나타나 있다. 시를 지은 후 조광조는 드디어 사약을 마셨는데, 그래도 숨이 끊어지지 않았다고 한다. 금부의 나졸들이 다가가 목을 조르려 하자 조광조는, "성상께서 하찮은 신하의 머리를 보전하려 하시는데, 너희들이 어찌 감히 이러느냐" 하고, 더욱 독한 약을 마시고 드러누워 일곱 구멍으로 피를 쏟으며 죽었다고 한다. 1519년 12월 20일, 많은 사람들에게 신망을 받던 개혁가의 마지막은 "듣는 자가 눈물을 흘리지 않는 이가 없었다"[7]는 기록이 있을 정도로 강렬했다.

5. 조광조에 대한 평가들

1519년 기묘사화는 조선시대 가장 개혁적인 인물로 평가받고 있는 조광조의 정치와 사상이 중종과 보수세력의 반격을 받아 좌초한 사건으로 정리되고 있다. 기묘사화 이후, 조광조 일파가 그전에 널리 보급했던 성리학 이념서 『소학』과 『근사록』이 잘 읽혀지지 않을 정도로 정치적·사상적 파급효과와 그 후유증은 컸다. 그러나 16세기 후반 선조의 즉위 이후 조광

---

6   『연려실기술』 「중종조고사본말」.
7   『정암집(靜菴集)』, 부록 어류.

조의 사상과 학문을 계승한 사림파들이 역사의 전면에 등장하면서, 조광조는 사림파의 영수로 추앙을 받았다. 조선 중기를 대표하는 이황李滉이나 조식, 이이李珥 같은 학자들이 조광조를 높이 평가한 것도 이러한 점을 잘 보여준다. 기묘사화로 희생되면서 조광조는 비록 패배한 것처럼 보였지만 오히려 역사의 승리자로 남은 셈이다.

한편으로 조광조의 개혁정치가 갖는 긍정성에도 불구하고, 조광조가 학문적 식견이 쌓이지 않는 상황에서 정책을 추진했고, 한번 휘몰아친 개혁의 수위를 조절하지 못하다가 실패했다는 견해도 제시되고 있다. 조광조의 사림파 학통을 계승한 인물인 이황은 자신의 언행록에서 냉정하게 조광조를 평가한다.

공(조광조)은 천품이 대단히 높았으나 학력은 깊은 경지에 이르지 못한 것 같다. 그가 소격서를 없애자고 논한 일만 보더라도 가히 엿볼 수 있다. 군신 간의 의리가 어찌 그럴 수 있으리오. 이것은 정암(조광조의 호)의 지나친 데라 할 것이다. 임금을 요순처럼 받들고 백성에게 요순의 덕택을 입히려는 것은 군자의 뜻이기는 하나 당시의 사세事勢와 역량을 헤아리지 않고서 할 수 있겠는가. 기묘년의 실패는 바로 여기에 기인한 것이다. 당시에도 정암은 일이 실패할 것을 깨닫고 조화하려 했으나, 사람들은 도리어 그를 비난하고 심지어는 창끝을 돌려 공격하려는 자까지 있어 정암으로서도 어찌할 수 없었던 것 같다.[8]

이황은 조광조가 일의 형세와 역량을 헤아리지 않고 무리하게 개혁정책을 추진한 점과 걷잡을 수 없는 개혁의 분위기 속에서 정치적 타협을 이루지 못한 점을 그 실패 원인으로 지적했다. 이이는 『석담일기石潭日記』에서,

---

8   『퇴계선생언행록(退溪先生言行錄)』〈규(奎)2992〉권5, 유편(類編) 「논인물(論人物)」.

"옛사람은 학문이 이루어지는 것을 기다려서 도를 행하기를 구했고, 도를 행하는 요체는 무엇보다 임금의 마음을 바로잡는 데 있다. 공(조광조)은 아깝게도 현철한 자질과 경세제민經世濟民의 재능을 지녔으나, 학문이 이루어지기 전에 너무 급하게 요직에 올라 위로는 임금의 마음을 바로잡지 못하고 아래로 권문세가의 비방을 막지 못하여, 그 충성을 바치려 하자 참소하는 일들이 벌어져 몸이 죽고 나라가 어지러워지자 뒷사람들이 이를 경계하여 감히 바른 정치를 해보지 못하게 만들었다. (⋯) 공이 비록 진퇴의 기미에는 밝지 못한 바가 있으나, 학자들이 공으로 말미암아 성리학을 숭상하며 왕도王道를 중히 여기고 패도覇道를 천하게 볼 줄 알았으니, 그가 끼친 공로는 남아 있다. 후세 사람들이 태산과 북두와 같이 우러러보고 국가에서 표창함이 갈수록 융숭한 것은 당연한 일이다"라고 하여, 조광조가 뛰어난 재능에도 불구하고 학문이 무르익기 전에 정치 일선에 나가 좌초한 사실을 안타까워했다. 그러면서도 조광조로 인해 성리학을 숭상하고 왕도를 중히 여기는 기풍이 진작되었음은 높이 평가하고 있다. 이처럼 조선 중기를 대표하는 성리학자이면서 훗날 동인과 서인의 영수가 되는 이황과 이이는 조광조에 대해 깊은 존숭을 표시하고 그의 학문을 계승하는 것을 사림파의 정통으로 보았다. 하지만 그가 추진한 일련의 급진적인 개혁이, 학문이 무르익지 않은 상태에서 추진된 점에 대해서는 우려를 표시했다.

　조광조는 성리학 이념으로 무장한 사림파가 주체가 되어 모든 백성이 고르게 혜택을 받는 사회, 성리학적 이념이 온 나라에 두루 미치는 이상적인 사회의 건설이라는 미래의 비전을 제시했다. 그리고 그 사회의 실현을 위해 다양한 정책들을 추진했다. 조광조가 추진한 개혁은 어쩌면 우리 역사발전 단계에서 가장 개혁적인 조처들이었는지도 모른다. 그러나 그것이 지닌 급진성과 과격함, 그리고 개혁을 함께 추진할 지지 기반의 상실 등은 개혁의 완성에는 이르지 못하게 했다. 개혁의 급진성과 과격성은 이에 반발하는 보수세력들을 결집시키는 빌미를 주었고, 결국 왕인 중종의 선택은 조광조의 제거였다. 조광조의 개혁은 당대에는 미완으로 그쳤지만, 그가 추구하고 실천했던 개혁의 씨앗들은 후대 사림파들에게 적극 계승되었다.

남명 조식의 삶과 사상

남명南冥 조식은 퇴계退溪 이황과 함께 16세기 영남학파의 양대 산맥을 이룬 인물이다. 평생을 관직에 나가지 않고 처사로 살아갔지만 현실의 모순에 대해서는 날카롭고 직선적인 언어로 자신의 의사를 개진한, '실천하는 지성'이었다. 16세기 50년 동안 지속된 '사화'라는 시대적 환경 속에서 처사의 삶을 선택한 조식의 삶과 사상에서 조선시대 선비의 전형적인 모습을 살펴볼 수가 있다. 조식은 성리학의 이해에 있어서 무엇보다 실천을 중시했다. 수양의 개념인 경敬을 바탕으로 이를 외부에 실천하는 개념인 의義를 중시했는데, 그중 '경의' 사상은 조식 사상의 핵심으로 꼽힌다.

1. 남명 사상의 핵심, 경의敬義

전하의 나랏일이 이미 잘못되어 나라의 근본이 이미 망하여 하늘의 뜻도 이미 지나갔고 인심도 이미 떠났습니다. 비유하자면 큰 나무가 백년간 그 속을 좀먹어 기름진 진액이 이미 말랐는데, 회오리바람과 사나운 비가 어느 때에 닥쳐올지 알지 못한 것이 오래되었습니다. (…) 자전慈殿(문정왕후)께서는 성실하고 생각이 깊으시기는 하나 깊은 궁중의 한 과부에 지나지 않고, 전하께서는 어리시어 단지 선왕의 한 외로운 후사일 뿐입니다. 천가지 백가지의 천재天災와 인심의 억만가지를 어찌 마주하며, 어찌 거두겠습니까.[9]

16세기를 대표하는 선비 조식은 1555년(명종 10) 단성현감을 제수받은 후에 올린 사직 상소문에서 당시 사회의 위기의식을 날선 문장으로 과감하게 지적했다. 특히 실질적인 권력자 문정왕후를 과부로, 명종을 고사孤嗣로 표현한 부분은, 문정왕후의 수렴청정과 이에서 파생되는 외척정치의 문제점을 직선적으로 비판한 것이었다. 말 한마디로 목숨을 날릴 수 있는 절대군주 앞에서 일개 처사에 불과했던 조식은 이처럼 당당하게 정치현실을 비판하는 선비였다.

　조식이 살아간 시대는 사화의 시기였다. 지방에서 학문적·사회적 기반을 바탕으로 중앙정계 진출을 모색하던 사림파는 연산군 때부터 명종 때까지 50년간 이어진 사화(무오, 갑자, 기묘, 을사)에서 훈구파의 반격을 받아 좌절을 맛봐야 했다. 을사사화 이후 사화의 끝이 보이는 듯했으나, 명종의 즉위와 문정왕후, 윤원형尹元衡(?~1565)으로 이어지는 외척정치의 횡행은 국가의 기강 문란과 왕실 친인척을 비롯한 권세가들의 정치 독점을 강화시켰다. 조식은 이런 현실에서 선비가 서야 할 길은 비판의 목소리를 있는 그대로 전달하는 것이라고 여겼다. 국왕에게 불경한 표현이 될지언정 현실을 바로 지적해주는 것이 선비의 몫이라 판단했다. 당시 이 상소문으로 조정은 발칵 뒤집혔다. '군주에게 불경을 범했다'는 이유로 조식을 처벌하자는 주장도 제기되었지만, 상당수의 대신이나 사관은 '조식이 초야에 묻힌 신비어서 표현이 적절하지 못한 것이지 그 우국충정은 높이 살 만하나'거나, '남명에게 죄를 주면 언로가 막힌다'는 논리로 조식을 적극 변호함으로써 파문은 가라앉을 수 있었다. 정치의 문제점을 날카롭게 지적한 재야 선비의 발언을 존중한 당시의 분위기는 오늘날에도 주목할 만하다.

　조식은 무엇보다 학문에 있어서 수양과 실천의 중요성을 강조했다. 경과 의는 바로 조식 사상의 핵심이다. 조식은 '경'을 통한 수양을 바탕으로,

---

9　「을묘사직소(乙卯辭職疏)」 참조.

외부의 모순에 대해 과감하게 실천하는 개념인 '의'를 신념화했다. 경의 상징으로는 성성자惺惺子(항상 깨어 있음)라는 방울을, 의의 상징으로는 칼을 찼으며, 칼에는 '내명자경 외단자의內明者敬 外斷者義(안으로 자신을 밝히는 것은 경이요 밖으로 과감히 결단하는 것은 의이다)'라고 새겨놓았다.

조식이 처사의 삶 속에서 성리학의 실천 문제에 주력하고 경의를 학문의 요체로 삼은 것은 조식의 졸기에도 잘 나타나 있다. "하루는 글을 읽다가 허노재許魯齋의 '이윤伊尹이 뜻했던 바를 뜻하며 안연顔淵이 배웠던 바를 배운다'라는 말을 보고 비로소 자기가 전에 배운 것이 잘못되었음을 깨달아 성현의 학문에 뜻을 두고 과감하게 실천하여 다시는 세속의 학문에 동요되지 않았다. 그는 '경의敬義' 두 글자를 벽 위에 크게 써 붙여놓고 말하기를 '우리 집에 이 두 자가 있으니, 하늘의 해와 달이 만고萬古를 밝혀 변하지 않는 것과 같다. 성현의 천만가지 말이 그 귀취歸趣를 요약하면 이 두 자 밖에 벗어나지 않는다' 했다."[10]

경敬과 의義의 상징으로 방울과 칼을 찬 선비 학자. 언뜻 연상되기 힘든 이미지이지만, 조식은 이러한 모습을 실천해나갔다. 조정에 잘못이 있을 때마다 상소문을 통해 과감하게 문제점을 지적하고, 왜구의 침략에 대비하여 후학들에게는 강경한 대왜관을 심어주었다. 1592년(선조 25) 임진왜란 때 정인홍鄭仁弘, 곽재우郭再祐, 김면金沔, 조종도趙宗道 등 조식 문하에서 의병장이 가장 많이 배출된 것도 조식의 가르침이 결코 헛되지 않았음을 보여주는 것이다. 조식이 스스로에 엄격했음은 「욕천浴川」이라는 시에서 가장 압축적으로 나타난다. "그래도 티끌 먼지가 오장에 남았거든 바로 배를 갈라 흐르는 물에 보내리라"는 시구에서 보이듯, 유학자의 입에서 나왔다고 믿기 어려울 정도의 과격한 표현을 썼으며, 이는 그만큼 자신을 다잡는 강한 의지에서 나온 것이었다.

---

10 『선조실록』, 1572년(선조 5) 2월 8일(을미).

경의를 중시한 조식의 사상에서 의는 실천적 행동을 의미했다. 조식의 의는 상벌에 엄격한 무인의 기질에도 어울리며, 그가 차고 다녔던 '칼'의 이미지와도 맥을 같이한다. 조식의 칼은 안으로는 자신에 대한 수양과 극기로, 밖으로는 외적에 대한 대처와 조정의 관료들을 향해 있었다. 조식이 1568년(선조 1)에 올린 상소문에서 주장한 '서리망국론胥吏亡國論'은 조선 후기까지 조정에서 널리 수용되기도 했다. 칼로 상징되는 그의 이미지는 수양을 바탕으로 과감하게 현실의 부조리와 모순을 극복해가는 실천적인 선비 학자의 모습 바로 그것이었다.

조식 사상의 핵심은 철저한 자기 수양과 적극적인 현실 대응으로 집약된다. 중앙정치가 정쟁과 권력 독점으로 인해 새로운 정치 비전을 제시해줄 수 없을 때 조식은 그 대안으로 보다 객관적이고 냉철하게 현실을 판단할 수 있는 비판 세력의 현실 참여를 적극 주장했다. 엄격한 자기 관리를 통해 비판자의 안목을 키우고, 원칙과 양심에 비추어 옳은 것이라면 그 대상이 국왕이라도 결단코 주저하지 않았다. 그가 죽음에 이르면서도 현실 비판자로 살아간 처사로 불리기를 원했던 것도 이러한 자신의 소신을 지켜나간 것이었다.

2. 사화士禍의 시대와 사림파의 학풍 계승

연산군 시대 두번의 사화와 그 뒤의 기묘사화, 을사사화는 조식의 처세에 큰 영향을 미쳤다. 특히 조광조가 중심이 되어 성리학 이념에 입각한 왕도정치, 도덕정치를 추구한 것이 기묘사화로 끝을 맺은 것은 조식에게 큰 충격으로 다가왔다. 조광조가 보급에 힘쓴 성리학 지침서인 『소학』과 『근사록』이 금기시되었고, 성리학 수용이 위축되었다. 그러나 중앙정치에서의 분위기와는 달리 지방사회를 거점으로 문인 양성에 주력한 사림파들은 각자의 위치에서 성리학을 연구하고 보급했다. 이처럼 관직 진출을 단

넘하고 지방에서 은거하여 성학을 연구한 일군의 학자들이 16세기 경상도 지역을 중심으로 형성되었는데, 이들을 '처사형處士型 사림士林'으로 분류한다.[11]

조식은 처사형 사림을 대표하는 인물이다. 조식은 처사의 위치에서 무엇보다 수양을 위한 학문, 즉 '위기爲己'에 힘을 기울였다. 『실록』에서는 조식의 학문 경향에 대하여, "선정신先正臣 조식은 학문은 위기에 힘썼으며, 도道는 성경誠敬을 다하였다"라고 표현하고 있다.[12] 위기를 위한 학문의 대표적 교재이자 조광조가 성리학 이념의 보급을 위해 가장 중신한 『소학』과 『근사록』은 조식의 문인들에게도 적극 수용되었다. 조식은 문인 유종지柳宗智(1546~89)에게 『소학』을 가르치고 『근사록』을 주었으며,[13] 하항河沆(1538~90)을 '소학군자小學君子'로 지칭하기도 했다.[14] 『소학』과 『근사록』 중시 경향은 조광조를 거쳐, 조식 그리고 조식의 문인에게도 이어짐을 여기서 확인할 수가 있다.

수기, 위기 등 수양修養을 강조하는 데서 중요시되는 덕목은 '경'으로, 경은 성리학에서 '주일무적主一無適' '정제엄숙整齊嚴肅' '상성성常惺惺' '신심수렴身心收斂' 등으로 표현되듯이 흐트러진 마음을 거두고 내면적인 수양을 중시하는 개념이다. 경의 개념이 조식을 비롯한 16세기 사림파 학자들에게도 널리 수용되었음은 위의 "도는 성경을 다하였다"라는 기록에서도 나타나 있다.

조선 성리학의 발전 과정에서 '경'의 덕목은 조광조를 중심으로 지치주의至治主義 운동을 전개한 기묘사림의 단계에서 특히 강조되었다. 기존의

---

11   신병주 『남명학파와 화담학파 연구』, 일지사 2000.
12   『광해군일기』(정초본) 권117, 광해군 9년 7월 16일(무인).
13   『조계실기(潮溪實紀)』 권2 「유사(遺事)」, "癸亥謁南冥先生于山天齋 涓習小學一書 次受近思錄".
14   『각재집(覺齋集)』 권2 「행장(行狀)」, "及南冥先生入德山 先生執贄 受小學近思錄諸性理書 講究傳習 (…) 今於覺齋而見之 若覺齋眞小學君子也".

집권세력인 훈구파에 대항하기 위해서는 무엇보다 수신과 자기 절제가 강조되었으며, 경의 이념은 이러한 성리학 지치주의 실천의 내면적인 바탕이 되었던 것이다. 조광조 일파의 지치주의운동은 실패로 끝났지만 그들이 추구했던 '위기지학'과 '경' 사상은 조광조의 학풍을 계승한 이황, 조식 등 명종 시대에 주로 활약한 사림들의 사상 형성에 큰 영향을 주었다.

조식이 '경'을 강조한 모습은 1568년에 올린 상소문인 「무진년에 올리는 봉사[戊辰封事]」에 잘 나타난다.

안에 본심을 보존하여 홀로 있음을 삼가는 것은 천덕天德이고, 밖을 성찰하여 그 행함에 힘쓰는 것은 왕도王道입니다. 그 이치를 궁구하고 몸을 닦으며 본심을 보존하고 밖을 성찰하는 바에는 지극히 공이 들어가는데, 곧 반드시 경敬을 주로 해야 합니다. 이른바 경이라는 것은 정제하고 엄숙하여 깨달아 어둡지 않아야 합니다. 일심一心을 주관하여 만사에 응하는 것은 안을 곧게 하고 밖을 떳떳하게 하는 것입니다. 공자께서 이른바 몸을 닦음을 경으로 한다는 것이 이것입니다. 그러므로 경을 주로 하지 않으면 이 마음을 보존하지 못하고, 마음을 보존하지 못하면 천하의 이치를 궁구할 수 없으며, 이치를 궁구하지 못하면 사물의 변화를 다스릴 수 없습니다.[15]

이 상소문에서 조식은 경을 위수로 마음을 닦는 것이 바탕이 되어야 사물의 변화에 대처할 수 있다는 점을 특히 강조했다.

3. 학문의 산실, 경상우도

조식은 1501년(연산군 7) 외가인 경상도 삼가현三嘉縣(현 합천군 삼가면) 토

---

15   「무진년에 올리는 봉사」 참조.

동에서 부 조언형曹彦亨(1469~1526)과 모 인천이씨 사이에서 태어났다. 자는 건중, 본관은 창녕이다. 창녕조씨는 고려 말에 토성이족土姓吏族으로 개성에서 벼슬하면서 사족士族의 길을 걸었고, 조민수曹敏修(?~1390) 등이 배출되면서 권문으로 성장했다. 그러나 조선 초기에 들어서는 점차 가세가 기울어 증조인 조안습曹安習에 이르러서 세가로 살아오던 송도에서 삼가현으로 낙향하기에 이르렀다. 안습은 생원을 지냈고 조부 영永은 벼슬하지 못했으나, 부친 언형이 문과를 거쳐 판교에 오르고 숙부 언경이 문반의 요직인 이조좌랑에 오름으로써 가문이 살아났다. 그러나 기묘사화의 여파로 숙부 언경이 조광조의 일파로 지목을 받아 죽음을 당하고 부친 또한 좌천됨으로써 조식 가문의 벼슬길은 순탄하지 못하게 된다.

부친 언형은 성품이 강직하여 권세가에게 굽힐 줄을 몰랐다 한다. 그의 어린 시절 친구이던 강혼姜渾(1464~1519)이 연산군에게 붙어 비열한 행동을 하자 절교한 일화가 전해오는데,『연려실기술』에는 중종조의 명신名臣편에 조언형의 행적을 기록하고 있다. "남명의 의기격양義氣激揚의 풍모가 부친에게서 나왔다"라 하여 조식의 인격 형성에 부친의 강직한 기질이 큰 영향력을 미쳤다는 점 또한 언급했다.

조식의 모계인 인천이씨는 고려 시중을 지낸 6대조 이작신李作臣이 삼가로 유배된 이래 그곳에서 계속 살아온 토박이였다. 어머니의 외조부는 세종 대의 명장 최윤덕崔潤德(1376~1445)으로 외가 쪽의 가문이 범상하지 않았다. 조식의 처가는 일찍이 전라도에서 이주한 남평조씨로서 장인인 조수曹琇는 김해에 강력한 경제적 기반을 가진 부호였다. 조식은 한때 처가의 소재지인 김해의 탄동에 거주하면서 산해정山海亭을 짓고 학문에 힘썼는데, 그의 경제 활동에는 부유한 처가의 힘이 컸다. 당시까지만 해도 남녀구분 없이 자녀에 대한 균분상속이 엄격하게 지켜지고 있던 시절이라 선비들이 일정한 생업 없이 학문 활동을 수행해나가는 데서는 부유한 외가나 처가의 경제적 도움이 컸다. 조식의 경우에도 김해, 삼가가 학문의 중심지가 되었던 것은 처가와 외가라는 연고가 크게 작용했다. 정인홍은 조식의 행장에서 "처가가 부유하여 모친을 봉양할 수 있었다"고 기록했다.

조식은 어린 시절 부친의 임지를 따라 서울의 장위동 근처에서 살았다. 30세에서 48세까지는 처가인 김해, 48세에서 61세까지는 삼가에서 생활한 후 만년에는 진주 덕천동(현 산청군 시천면)에 산천재山天齋를 짓고 후학을 가르쳤다. 김해, 합천, 진주로 이어지는 경상우도 지역은 조식 학문의 산실이었다.

조식은 61세가 되던 해에 외가인 합천을 떠나 지리산이 보이는 산천재에 마지막 학문의 터전을 잡았다. 여기서 '산천山天'이란 산속에 있는 하늘의 형상을 본받아 군자가 강건하고 독실하게 스스로를 빛냄으로써 날로 그 덕을 새롭게 한다는 뜻이다.

> 두류산 양단수를 예 듣고 이제 보니
> 도화 뜬 맑은 물에 산영山影(산 그림자)조차 잠겼어라.
> 아희야 무릉이 어디 메오. 나는 여기인가 하노라.

조식의 유명한 시조에 나오는 두류산이 바로 이곳, 지리산이다. 도화가 떠내려간다 했으니 바로 이곳을 무릉도원에 비유한 것이었다. 지리산은 비로 조식이 가장 닮고 싶었던 바로 그 산이었다. 다음의 시에는 조식의 그러한 심정이 잘 담겨 있다.

> 청컨대 무거운 종을 보오   請看千石鐘
> 크게 두드리지 않으면 소리가 없다오   非大扣無聲
> 두류산과 꼭 닮아서   爭似頭流山
> 하늘이 울어도 울리지 않는다오   天鳴猶不鳴[15]

지리산은 예로부터 삼신산三神山[17]의 하나로 민간의 의식세계에 깊이 자리 잡아왔으며 백성들에게 피안의 장을 제공하는 곳으로 인식되어왔다. 조식의 사상 형성과 실천에 지리산이 주는 이러한 정신적 배경도 컸던 것으로 보인다. 조식은 생전에 10여차례 이상 지리산을 유람했고 지리산을 노래한 시와「유두류록遊頭流錄」이라는 기행문을 남겼다. 조식은 지리산을 여행하면서 백성들이 고통받는 현실을 안타깝게 여겼고, 제자들과 이에 대한 아쉬움을 토로했다. 조식이 마지막 생을 맞은 곳도 지리산 산천재다. 묘소도 생가가 아닌 지리산 천왕봉이 보이는 곳에 잡아두었다. 앞으로는 덕천강이 주야로 쉬지 않고 흘러가고 뒤로는 천왕봉을 중심으로 지리산 봉우리들이 솟아 있는 곳이다.

4. 이단異端 사상에 대한 개방성

조식의 학문이 성리학이 아닌 불교나 도교, 양명학 같은 이단 사상에 치중하는 경향이 있다는 점은 당대나 후세의 학자들에 의해 널리 지적되어왔다. 그것은 주로 조식의 학문과 처세에 대해 비판적인 입장에서 나온 것이었다. 특히 조식의 학문이 노장老莊을 숭상했다는 이황의 말은 그의 문인 정인홍鄭仁弘(1535~1623)에 의해 비판되었고 이것이 확대되면서 이황과 조식 양 문인門人 간의 관계에도 큰 영향을 미쳤다.

조식이 노장사상이나 양명학에 경도되었다는 지적은『퇴계집退溪集』『선조수정실록』『광해군일기光海君日記』등에서 산견散見되며, 문인들도

---

16   『남명집(南冥集)』권1, 시「제덕산계정주(題德山溪亭柱)」.

17   삼신산은 중국의『사기(史記)』에 나오는 신선이 살고 있다는 산. 즉 발해만 동쪽에 있는 동래(蓬萊), 방장(方丈), 영주(瀛州)의 삼산(三山)인데, 여기에는 신선이 살고 있고 불사약(不死藥)이 있다 하여 진시황이 이것을 구하려고 동남동녀(童男童女)를 보냈다는 전설이 있다. 봉래산은 금강산, 방장산은 지리산, 영주산은 한라산을 가리킨다. 한국민속사전편찬위원회『한국민속대사전』, 민족문화사 2000 참조.

조식이 도류지언道流之言에 능통했음을 인정하고 있다. 김우옹金宇顒이 찬한 『남명집南冥集』 행장에는 스승의 학문 경향에 대해, "음양·지리·의약·도류道流의 언어에 이르기까지 그 경개梗槪를 섭렵하지 않음이 없었다. 궁마弓馬·행진行陣의 법과 관방關防·진수鎭戍의 영역까지 뜻을 두고 탐구하여 알아보지 않음이 없었다"[18]고 기록하고 있다.

이황은 조식의 「사단성현감소辭丹城縣監疏」를 평하면서 조식의 학풍이 일반적인 흐름과는 달랐음을 지적했다.

선생이 문인들에게 말하기를, 남명은 비록 이학理學(성리학)으로 자부하고 있지만 그는 다만 하나의 기이한 선비로 그의 이론이나 식견은 항상 신기한 것을 숭상해서 세상을 놀라게 하는 주장에 힘쓰니 어찌 참으로 도리를 아는 사람이라 하겠는가.[19]

라고 하여 조식의 식견이 신기한 것을 숭상하여 세상을 놀라게 하는 점을 비판했다. 또한 "남명은 남화南華의 학설學說을 주창한다"거나, "남명이 본 바는 실로 장주莊周와 같다"고 했다.[20]

『실록』에도 조식과 도가사상 간의 연관을 보여주는 기록들이 발견된다. 조식이 "『참동계參同契』[21]를 즐겨 보면서 좋은 것이 매우 많아 학문을 하는 데 도움이 된다"고 한 기록이니,[22] "조식의 학문은 경을 논함에 심식心息이 서로 의지하는 것을 요체로 삼았으니 이것은 도가道家의 수련법修練法

---

18 『남명집』 권4 보유 「행장(行狀)」 (김우옹 찬), "至於陰陽地理醫藥道流之言 無不涉其梗槪 以及弓馬行陣之法 關防鎭戍之處 靡不留意究知".

19 『퇴계선생언행록』 〈규2992〉 권5, 유편 「논인물」, "先生語人曰 南冥雖以理學自負 然直是奇士 其議論識見 每以神奇爲高 務爲驚世之論 是豈眞之道理者哉".

20 『퇴계선생언행록(退溪先生言行錄)』 〈규2992〉 권5, 유편 「숭정학(崇正學)」.

21 『참동계』는 한나라 때 위백양(魏伯陽)이 편찬한 책으로, 주역(周易), 황로(黃老), 노화(爐火)의 삼가(三家)를 참동(參同)한 것이다. 주로 심신 수련의 수단으로 읽혔다.

22 『선조수정실록』 권6, 선조 5년 1월 1일(무오).

서 나왔다."[23]라는 기록 등이 산견된다. 조식이 도가사상에 깊은 관심을 가지고 있었던 것은 성리학만을 고집하지 않고 학문함에 도움이 된다(補於爲學)면 이를 보합補合, 절충折衷하려고 한 포용적 태도에서 나온 것으로 볼 수 있다.[24] 조식이 천문·지리·의약 등 잡학에 두루 관심을 보인 것 또한 이러한 학풍에서 연유한 것이라고 해석할 수 있다.

조식이 노장사상에 일정 부분 깊이 경도되었다는 것은 스스로의 표현에서도 찾을 수 있다. 남명이라는 호는 원래 『장자』 소요유逍遙遊 편에 나온 용어이며, 삼가에서 학문 연구의 장소로 삼은 뇌룡정雷龍亭이나 계부당鷄伏堂의 명칭도 『장자』의 "시거용현尸居龍見 연묵뇌성淵默雷聲"(송장처럼 거하다가 용처럼 나타나고 못처럼 침묵하다가 우레처럼 소리가 난다)[25]에서 비롯된 용어다. 이황은 '계부당'이라는 명칭에 대해 "그 광탕현막曠蕩玄邈함이 노장서老莊書 중에서도 보지 못했고, 그 사람됨이 범상하지 않고 학문 또한 난해하다"[26]고 하여 조식의 서재 칭호가 특이함을 언급했다.

이제까지 조식과 노장老莊, 또는 도가道家 사상 간의 연계성은 그 학풍의 특이성이라는 관점에서 파악하는 것이 일반적이었다. 그러나 사화기士禍期를 겪으면서 중앙정치에서 좌절을 겪은 일단의 학파가 생겨나고 이들 학자 중에서는 현실정치에 대한 비판과 성리학에 대한 보완 사상으로 노장사상에도 관심을 가지는 경향이 나타났다는 점 또한 소개되었다. 조식은 이러한 사상 성향을 보이는 학자로 분류할 수가 있다.

23   『광해군일기』(정초본) 권39, 광해군 3년 3월 26일(병인).
24   신병주 『남명학파와 화담학파 연구』, 일지사 2000.
25   『장자』 외편 「재유론(在宥論)」.
26   『퇴계집』 권20, 「답황중거(答黃仲擧)」, "鷄伏堂銘 深荷錄示 但其說曠蕩玄邈 雖於老莊書中亦所未見 旣未嘗覩 焉敢致議及 其人固非尋常 而其學又難曉也".

5. 영남학파의 양대 산맥, 조식과 이황

평생 마음으로 사귀며 지금까지 만나지 못했습니다. 이제 세상을 살 일이 응당 얼마 남지 않았으니, 정신을 통해 사귐에 그치는 것인가요. (…) 요즘 공부하는 자들을 보면, 손으로 물을 뿌리고 빗자루질하는 절도도 알지 못하면서 입으로는 천리를 이야기하여, 헛된 이름이나 훔쳐서 남들을 속이려 합니다. (…) 선생 같은 어르신께서 꾸짖어 그치게 하지 않기 때문입니다. (…) 십분 삼가고 경계하게 함이 어떻습니까.[27]

이 편지는 서두에서 조식이 이황과 한번도 만나지 못한 아쉬움을 보였지만, 실제로는 당시 이황과 고봉高峯 기대승奇大升(1527~72) 등에 의해 주도되고 있었던 성리학 이론 논쟁의 문제점을 지적하고자 조식이 이황에게 충고의 형태로 쓴 편지였다. 이에 대해 이황은 이굉중李宏中(생몰년 미상)에게 보낸 별지別紙에서 "이 말이 흠이 있기는 하지만 우리들은 여기에 깊이 스스로 경계하고 조심하지 않을 수 없다"고 하여 조식의 입장을 어느 정도 수용했다.

대부분 이황과 가장 선명하게 비교되는 인물로 율곡 이이를 손꼽지만 실제 이황의 가장 큰 학문적·사상적 라이벌은 조식이었다. 조식은 이황과 동년인 1501년에 태어나 영남학파의 양대 산맥으로 인식되었다. 이황의 근거지 안동·예안은 경상좌도의 중심지, 조식의 근거지 합천·진주는 경상우도의 중심지였다. 낙동강을 경계로 '좌퇴계左退溪 우남명右南冥'으로 나뉜 것이다. 이황은 온화하고 포근한 청량산을 닮았고 조식은 우뚝 솟은 기상의 지리산을 닮았다. 둘은 기질과 학풍, 현실관 등에서 분명한 입장 차이를 드러내 이들이 생존하던 시절부터 종종 비교의 대상이 되곤 했다. 선조

---

27   「퇴계에게 드림(與退溪書)」 참조.

대에 윤승훈은 '이황의 학풍을 이은 상도上道(경상좌도)는 학문으로써 인仁을 숭상하고, 조식의 학풍을 계승한 하도下道(경상우도)는 절의節義로써 의를 숭상한다'고 했다. 조선 후기의 실학자 이익李瀷(1681~1763)도 조식과 이황을 영남학파의 양대 산맥으로 규정하면서, '상도(좌도)는 인仁을 숭상하고 하도(우도)는 의義를 주로 하며, 퇴계의 학문이 바다처럼 넓다면 남명의 기질은 태산처럼 높다'고 함축적으로 대비시켰다.

조식은 독특한 캐릭터의 유학자였다. 성성자라는 방울을 지니고 칼을 찬 모습 하며, 과격하고 직선적인 언어로 조정을 발칵 뒤집어놓았던 강한 개성은 그를 특징짓는다. 이러한 조식에게 이황의 온건하고 이론중심적인 성리학은 비판의 대상이 될 수밖에 없었다. 그에 반해 모범생 유학자인 이황에게 조식은 '신기한 것을 숭상한다'거나 노장적 경향이 있는 '삐딱한 유학자'일 뿐이었다.

두 사람은 몇 차례의 편지에서 건강과 안부를 물으면서도 뼈 있는 말도 빼놓지 않았다. 1553년(명종 8) 조식은 "공은 무소뿔을 태우는 밝음이 있으나, 식植은 동이를 머리에 이고 있는 탄식이 있습니다. 다만 아름다운 문장이 있는 곳에서 가르침을 받을 길이 없습니다. 더욱이 눈병이 있으니, 앞이 흐릿하여 능히 사물을 보지 못한 지 여러 해입니다. 밝은 공께서 어찌 발운산撥雲散으로 눈을 뜨게 해주시지 않겠습니까"[28]라 하여 이황의 명철함을 칭찬하는 듯한 편지를 쓴다. 그러나 말미에 표현한 '발운산으로 눈을 밝게 열어주라'는 표현에는 가시가 숨겨져 있다. 발운산은 원래 눈앞의 흐릿한 것을 제거해주는 안약眼藥이지만 조식은 조정에 척신戚臣들이 횡행하는 어두운 현실을 지적하고 이황에게 한자 뜻 그대로 '흐린 구름을 제거하는' 발운산의 역할을 해줄 것을 당부했던 것이다.

이에 이황은 다시 편지를 보낸다. "발운산을 찾아달라고 하신 말씀은 감

---

28   「퇴계에게 답함(答退溪)」 참조.

히 힘쓰고자 하지 않으리요마는 나는 다만 스스로 당귀當歸를 찾되 능히 얻지 못하니 어찌 공을 위하여 발운산을 얻을 수 있겠습니까"라고 하여, 자신도 마땅히 고향으로 돌아가고 싶지만 어쩔 수가 없다는 식으로 자기 입장을 설명한다. 이처럼 조식과 이황이 주고받은 편지를 보노라면 고수의 체취가 물씬 풍긴다. 한약재인 '발운산'과 '당귀'를 적절히 사용하면서 자신들의 정치적 입장을 표현한 것에서 두 사람의 높은 학문과 대단한 순발력을 접하게 되는 것이다. 이처럼 조식은 이황과의 편지를 통해 현실정치의 모순을 제거해주는 원로의 역할을 당부했으며, 벗이나 문인에게 보낸 여러 편의 편지에서도 나라의 앞일을 걱정하면서 무엇보다 지식인이라면 잘못된 정치를 바로잡아야 한다는 점을 강조한다. 그의 일관된 실천정신이 편지에도 고스란히 녹아 있다.

조식과 이황은 동시대를 살았고 영남이라는 같은 지역에 거주했지만 평생 동안 한번의 만남도 갖지 않았다. 그러나 두 사람은 서로의 명성을 알고 수차례의 편지를 통해 안부와 건강을 묻고는 했다. 아무래도 학풍과 현실관이 다른 학파의 수장首長으로서, 서로의 자존심이 만남을 허용하지 않았던 것은 아닐까? 내재했던 갈등의 싹은 급기야 이들의 사후 문인들의 정치적 분열로 이어진다. 1575년 동인과 서인의 분당으로 최초의 붕당정치가 이루어졌을 때 이황과 조식의 문인들은 함께 동인의 주축으로 자리를 잡았지만, 1589년(선조 22) 정여립鄭汝立의 역모사건이 발단이 된 기축옥사를 계기로 이황의 학문을 계승한 퇴계학파는 남인, 그리고 조식의 학문을 계승한 남명학파는 서경덕徐敬德의 학문을 계승한 화담학파와 함께 북인의 중심에 서게 된다. 퇴계학파의 수장인 유성룡柳成龍과 남명학파의 수장인 정인홍은 스승들과 달리 정치적으로 크게 대립했다. 특히 광해군 대에 북인이 정권의 주역이 되었을 때 조식의 수제자 정인홍은 스승 명을 문묘文廟에 종사從祀하기 위해 이언적李彦迪과 이황을 격하하는 발언을 함으로써 이들 학파는 서로 극한 대립을 하게 되었다. 정인홍이 성균관 유생들에 의

해 유생 명부인 청금록靑衿錄에서 삭제되기까지 했다. 그리고 1623년 인조반정 이후 서인들이 정권을 잡고 남인들과 연립정권을 구상하면서 북인의 핵심인 정인홍이 처형되었고, 남명학파의 중심인 북인들은 철저하게 정치적 숙청을 당했다.

이 대립은 그 연원인 스승에게도 이어져 붕당정치기에 동인東人이라는 한 배를 탔던 영남학파의 대분열의 중심에 이황과 조식의 이름을 새겨놓았다. 조식은 김해·합천·산청 등 지리산 일대를 중심으로 하는 경상우도를 학문의 중심지로 삼으면서 안동과 예안을 학문의 무대로 삼은 이황과 함께 당대에는 물론이고 조선 후기까지 영남학파를 대표하는 양대 산맥으로 인식되었으나, 1623년(인조 1) 인조반정으로 서인이 정권을 잡고 북인의 핵심인 정인홍이 처형되면서 조식에 대한 평가도 절하되었다. 북인이 정치적으로 몰락하면서 그 사상적 원류였던 조식도 한동안 성리학의 주류적 흐름에서 잊혀졌고, 그의 사상은 윤휴尹鑴, 허목許穆, 이익 등 근기남인近畿南人 학자들에게 영향을 주었음이 확인된다.

6. 실천하는 지성, 날카로운 비판자

조식은 당시의 현실을 철저히 부정적으로 인식했다. 그가 상소문에서 '구급救急'이라는 표현을 쓴 것도 위기의식을 단적으로 표현한 것이다. 조식의 졸기에는, "금상今上이 보위를 이음에 교서敎書로 불렀으나 노병老病으로 사양했고, 계속하여 부르는 명이 내리자 상소를 올려 사양하면서 '구급救急'이라는 두 글자를 올려 자기의 몸을 대신할 것을 청하고 인하여 시폐時弊 열가지를 낱낱이 열거하였다"라고 기록되어 있다. 이는 조식이 선조 대 현실을 대책이 급한 위기의 시기로 인식하고, 이에 대응하여 적극적으로 시폐를 올린 모습이다. 조식은 자신이 처했던 시대가 정치적·사회적으로 모순이 가득하고 수령과 서리의 비리가 절정에 이른 '구급의 시기'라고 파악했다. 그리고 스스로 현실을 객관적이고 비판적으로 지적할 수 있는 처사의 길을 스스로 선택했다.

당시 조선의 해안을 노략질하던 왜적에 대해서도 조식은 강력한 토벌책을 주장했다. 조식은 제자들을 가르치면서 '왜적이 설치면 목을 확 뽑아버려야 한다'는 강경한 표현을 쓰는가 하면, 외손녀사위인 곽재우에게 직접 병법을 가르치기도 했다. 이것은 이황이 왜적에 대해 교린책을 견지한 것과 차이가 난다. 조식 사후 임진왜란이 일어났을 때 경상우도를 거점으로 하는 그의 문인 대부분이 의병장으로 크게 활약한 것에서 조식이 생전에 강조했던 왜적토벌책이 결코 헛되지 않았음을 알 수 있다. 곽재우를 비롯하여, 정인홍, 김면, 조종도 등은 조식의 사상을 그대로 실천했던 의병장들이다.

『실록』의 조식 졸기에는 다음과 같이 조식의 생애가 압축적으로 정리되어 있다.

조식은 도량이 청고淸高하고 두 눈에서는 빛이 나서 바라보면 세속 사람이 아님을 알 수 있었다. 언론言論은 재기才氣가 번뜩여 뇌풍雷風이 일어나듯 하여 다른 사람으로 하여금 자기도 모르게 이욕利慾의 마음이 사라지도록 하였다. 평상시에는 종일토록 단정히 앉아 게으른 용모를 하지 않았는데 나이가 칠십이 넘도록 언제나 한결같았다. 배우는 자들이 남명南冥 선생이라고 불렀으며 문집 3권을 세상에 남겼다.[29]

조식은 16세기 당대에 강력한 카리스마를 지닌 지식인이었다. 재야에 묻혀 있으면서도 현실정치에 문제점이 노정될 때마다 직언을 서슴지 않았고, 경과 의를 실천하며 제자들에게도 그 가르침이 이어지게 했다. 우뚝 솟

---

29   『선조실록』, 1572년(선조 5) 2월 8일(을미).

은 지리산 천왕봉의 기상처럼 진정한 선비의 길이 무엇인가를 몸소 보여 준 사상가이기도 했다. 냉철한 지성과 함께 언제나 과감하게 현실의 모순을 지적했던 조식의 칼을 다시 빌려오고 싶은 시대다.

맺으며

조광조와 조식의 사상 형성에는 사화라는 시대적 모순에 대응하는 지식인들의 책무와 실천이 바탕을 이루고 있다. 16세기에 들어와 성리학이 본격적으로 조선사회에 정착되면서 이를 중앙 정계에서도 구현하려 했던 사림파士林派들의 입지는 사화로 인해 정치적으로 위축되었지만, 조광조와 조식의 사상은 사림파들에게 적극적으로 수용되어갔다. 이 책에서 두 인물의 주요 저작을 살펴본 것은 이 두 인물이 16세기 사림파의 성장과 사회적 실천이라는 시대적 흐름을 가장 잘 반영해줄 수 있는 학자라고 판단했기 때문이다.

조광조가 성리학을 본격적으로 수용한 것도 사화와 밀접히 관련된다. 그는 1498년 무오사화로 평안도 희천에 유배를 온 김굉필에게 학문을 전수받고, 특히 성리학의 가장 기본서인 『소학』에 깊은 영향을 받았다. 조광조는 정국을 주도하는 과정에서도 경연에서 『소학』을 강조하고, 『소학』의 보급에도 힘을 기울였다. 1519년 기묘사화는 성리학의 지치주의至治主義 이념을 실천하려고 했던 조광조가 자신의 뜻을 그의 세력들과 함께 펼치려다가 화를 당했던 사건이다. 조식은 기묘사화에서 조광조의 부음을 듣고 사로의 험난함을 깨달았고, 이는 그가 처사의 삶을 선택하는 데 중요한 요인이 되었다. 1545년 을사사화에서 조식은 많은 벗들이 희생당하는 상황을 접했고, 그 뒤로 처사의 입장에서 성리학의 이념을 당대 정치·사회 현실에서 구현할 방안을 찾아나갔다.

조광조와 조식은 사림파의 전통에서 성장해, 성리학의 이념을 중앙과 지방에 구현할 정책을 제기하고 이를 실천하기 위해 노력했다. 이들은 당대의 성리학자들과는 달리 다수의 저작을 남기지는 않았다. 이것은 조식이 '정주후학자불필저서程朱後學者不必著書'라고 하며, 선현들이 이미 제시한 성리학의 이론들을 실천하는 데에 중심을 둔 것에서 잘 나타난다. 조광조 역시 성리학의 이념 중 이미 정립되어 있는 왕도정치, 도덕정치를 구체적으로 실천할 수 있는 정책을 입안하는 데에 힘을 쏟았다. 조광조 사상의 목표점은 성리학 이념에 바탕을 둔 왕도정치, 도덕정치의 실현이었으며, 실제로 자신이 정책의 집행자가 되었을 때에는 이를 빠르게 확산시키기 위한 다양한 개혁정책을 실시했다. 조식은 성리학 수양의 핵심인 경敬과 실천하는 행위인 의義에 중점을 둔 '경의敬義'를 신조로 삼고, 이를 후학들에게 전수시켰다.

조광조와 조식의 사상은 그 역사적 의미에도 불구하고 한동안 제대로 된 평가를 받지 못했다. 조광조는 기묘사화의 여파로 생을 마감했고, 이후 그가 성리학 이념서로 강조한 『소학』과 『근사록』이 금서로 지정이 될 정도로 그의 사상과 정치적 실천에 대한 부정적인 인식이 이어지기도 했다. 조식의 사상은 경상우도 중심으로 확산되었고, 광해군 대에는 정인홍이 북인의 영수가 되면서 조식을 문묘에 종사하려는 시도가 있을 정도였다. 그러나 인조반정 후 정인홍이 저형되면서 그의 사상적 원류인 조식에 대한 평가도 저하되었다.

선조 대 사림파들이 본격적으로 정계와 학계의 주도권을 잡자, 조광조는 사림파의 사상적 영수로 인식되면서 다시 한번 그 존재감을 드러냈다. 조식의 사상은 남명학파로 대표되는 문인들에게 깊은 영향을 주면서, 조선 후기 저류적 흐름으로 명맥을 이어갔다. 최근에는 그의 실천 중심의 성리학이 실학사상의 한 흐름이 된다는 견해도 제시되고 있다.

조광조와 조식은 성리학이 본격적으로 정착되는 16세기에 이를 정치 현실과 민생 문제 해결에 적용해야 한다는 시대적 과제를 푸는 데에 자신의 생을 바쳤다. 이러한 역할은 이 두 사람을 16세기 사림파를 대표하는 사상가로 자리매김하게 했다. 성리학의 실천이 주요한 화두로 떠올랐던 시대, 조광조와 조식이 남긴 문자를 통해 그 사상의 특징과 의미를 살펴보기로 한다.

조광조

조광조 영정(정홍래 그림, 1750년경).

1장
명문의 답안지

춘부春賦[1]

서序에 이르기를, 음양이 섞이매 사시四時가 차례 지어지니 봄이라는 것은 자연의 으뜸이다. 사시는 봄으로부터 시작되고 사단四端[2]은 인仁으로부터 발생한다. 그러므로 봄이 없으면 계절이 이루어지지 않고 인이 없으면 사단이 이루어지지 않는다. 그러나 하늘은 욕심이 없어 봄이 운행되어 사시가 이루어지는데, 사람은 욕심이 있어서 인이 손상되어 사단이 확충되지 못한다. 고로 미음이 저절로 슬퍼져서 이 부賦를 짓는다.

음과 양이 서로 변함이여!

---

1   『정암선생문집(靜庵先生文集)』, 권1. 1510년(중종 5) 조광조가 진사회시(進士會試)에서 장
     원했을 때의 답안지. 하늘과 사람의 근본이 하나임을 피력한 조광조의 사상이 잘 함축되어
     있다.
2   인(仁)에서 우러나오는 측은지심(惻隱之心), 의(義)에서 우러나오는 수오지심(羞惡之心),
     예(禮)에서 우러나오는 사양지심(辭讓之心), 지(智)에서 우러나오는 시비지심(是非之心)을
     가리킴(『논어』「안연」).

이理와 기氣의 오묘한 요체가 깃들었도다.

이가 기를 타고 서로 감응함이여!

원元이 다시 원元이 되어 소멸하지 않도다.

사시가 번갈아가며 성립함이여!

각각 순서를 따라 밝고 환하도다.

봄볕이 생생生生하는 뜻이여!

홀로 천기가 무궁할 뿐이로다.

하늘과 땅의 깊고도 오묘함을 전일專一하게 함이여!

화기가 무르녹아 쌓였도다.

저 푸른 하늘의 텅 비고 넓음이여!

한갓 화풍和風에 마음을 붙이도다.

이理가 허무에 걸려 있지 않음이여!

형상을 부여해주어도 변하지 않도다.

아! 천지기운을 불어내어 싹을 틔움이여!

생생하는 뜻이 즐겁게 흩어지도다.

분분히 만물이 많고 많음이여!

각기 때를 따라 형체를 이루었도다.

어찌 다만 천도天道만이 귀결됨이 있으리오.

만물도 은미한 속에 성품을 이루었도다.

이 천심이 변하지 않음이여!

진실로 자연의 생생하는 이치로다.

누가 태극을 궁구하기 어렵다 하는가!

천지의 두 사이에 밝고도 환하도다.

저 가을바람이 이利³를 이루는 것과

---

3 『주역(周易)』에 나오는 내용으로 천도(天道)의 네가지 원리인 원형이정(元亨利貞)을 가리킨다. 원(元)은 봄으로 만물의 시초가 되고, 형(亨)은 여름으로 만물이 자라고, 이(利)는 가

여름날의 더위가 형亨을 기르는 것은

비록 이룬 것에 진실로 다름이 있으나

이는 모두 봄이 한 바로다.

이 양陽이 한번 움직임이여!

은미한 데서 나와 더욱 가득 차도다.

삼촌三春(3개월의 봄)에서 전체를 들 수 있으니

멀리 이利와 정貞[4]이 여기에 있도다.

아! 인생의 타고난 바여!

사시와 더불어 한가지로다.

어찌 안배한다고 이루어진 것이겠는가!

하늘과 사람은 어긋남이 없도다.

태어날 때 사성四性(인의예지)을 부여받아 구비함이여!

인仁으로부터 미루어 셋을 이루었도다.

여러 선善을 포괄하여 끝이 없음이여!

성대하고 지극한 정성이 항상 잠겨 있도다.

비록 발한 것은 작고 아득하지만

넓혀져 온 세상에 준칙이 되도다.

혹 수많은 변화를 발휘함이여!

이! 우리 인간의 표준을 밝게 세웠도다.

비록 예와 의에 많은 실마리가 있으나

하나의 인에 바탕하여 어긋남이 없도다.

어찌 소와 양을 날마다 기르리오!

인을 상실하면 정貞도 없어지도다.

샘물은 졸졸 흘러 바다에 이르고자 하는데

을로 만물이 여물고, 정(貞)은 겨울로 만물을 거둠을 뜻함.

4   이(利)는 가을의 완성을, 정(貞)은 겨울의 수확을 뜻함.

저 황하의 물에 휩쓸려 맑지를 못하도다.

위로는 하늘의 밝은 명命을 업신여기며

아래로는 사람의 윤리와 기강을 더럽히도다.

하류에 노닐기를 즐겨 깨닫지 못함이여!

아! 뭇 악이 맡겨진 것이로다.

어찌 세세한 행동만이 닦이지 않음이리오!

이는 본원도 착하지 않음이로다.

옛적에 안자顔子가 공자孔子님께

인을 구하는 지극한 방도를 물었도다.

사대四大[5]와 오상五常[6]을 앎이여!

또한 이로 말미암아 창성하게 되도다.

사물四勿[7]에 부지런히 힘써 인을 보존함이여!

마음이 화락하여 봄 아님이 없도다.

봄기운과 더불어 함께 화락함이여!

천지의 기운과 화합하여 날마다 새롭도다.

춘화春和의 공효가 초목에 나타남이여!

우리 사업이 빛나고 빛나도다.

춘화의 모습이 꽃과 풀에 드러남이여!

우리의 얼굴과 등도 윤이 나고 넘쳐나도다.

비록 하늘과 사람이 다름이 있는 듯하지만

천리가 인에 있어 어긋나지 않도다.

---

5   사단(四端)을 의미함.

6   인(仁), 의(義), 예(禮), 지(智), 신(信)의 다섯가지 덕.

7   비례물시(非禮勿視), 비례물청(非禮勿聽), 비례물언(非禮勿言), 비례물동(非禮勿動)을 의미함.

그런즉 자연에 있어서, 봄과 사람에 있어서 인은 동일한 봄이로다. 혹 늘 떳떳하여 불변하는 것과 혹 드러나지 않고 은미하여 믿음이 없는 것은 어찌 유욕有欲과 무욕無欲으로부터 말미암는 것이 아니겠는가! 마침내 다음과 같이 노래를 짓노라.

하늘에 있어서는 봄이요 / 사람에 있어서는 인이라.
인은 태극에 근본하니 / 다르면서 같은 것이로다.
이것을 안 이가 누구인고? / 무극옹無極翁[8]이시도다.

알성시책謁聖試策 乙亥[9]

왕이 다음과 같이 말하였다.

공자의 말에, "만일 나를 등용하는 자가 있으면 몇 달이라도 가할 것이나 3년이면 이룩함이 있을 것이다"라고 하였는데 성인이 어찌 부질없는 말을 했겠는가? 그 규모와 시행하고자 하는 방법은 이미 행하기 이전에 정해놓은 것이 있을 것이니 그것을 낱낱이 가리켜 말할 수 있겠느냐. 주나라가 쇠퇴하던 말기에 당하여 기강과 법도가 이미 모두 무너졌는데도 공자께서는 오히려 말씀하시기를 "3년이면 이룰 수 있다" 하시니 만약 3년이 지난다면 그 정치의 효과가 과연 어떠하였겠는가? 그리고 또한 그 실행한 실적을 볼 수 있겠는가?

---

8   「태극도설」에서 '무극이태극(無極而太極)'이라고 한 염계(濂溪) 주돈이(周敦頤)를 지칭함.
9   『정암선생문집』, 권2. 을해년인 1515년(중종 10) 알성시(謁聖試)에서 문과 을과 1등으로 합격할 때의 답안지. 왕이 내는 논술 시험을 책문(策問)이라 하며, 이에 대한 답을 대책(對策) 또는 대책문(對策文)이라 한다.

성인의 과화존신過化存神[10]의 묘는 쉽사리 의논할 수 없으나, 내가 덕이 부족한 사람으로 조종의 큰 기업基業을 이어받아 정사에 임하여 잘 다스려지기를 원함이 지금까지 10년이 되었건만 기강이 서지 못한 바가 있고 법도가 정해지지 못한 바가 있다. 이와 같은 상황에서 다스림의 효과를 구하려고 하니 어찌 어렵지 않겠는가?

여러 유생들은 공자를 배우는 사람들로서 임금을 요순 같은 임금이 되게 하고 백성을 요순의 백성처럼 되게 할 뜻이 모두 있을 것이니, 단지 이룩함이 있는 데서 그치지 않을 것이다. 지금과 같은 때를 당하여 융성했던 옛날의 정치를 이룩하고자 한다면 무엇을 급선무로 해야 할 것인지 다 말하도록 하라.

신은 대답합니다. 하늘과 사람은 하나에 근본했으니 하늘은 그 이치를 사람에게 부여하지 않음이 없으며, 임금과 백성은 하나에 근본했으니 임금은 그 도를 백성에게 행하지 않음이 없습니다. 그러므로 옛날의 성인들은 천지의 큰 것과 억조億兆 백성들의 무리를 하나로 삼고, 그 이치를 보아 그 도道에 처하였습니다. 이치를 가지고 이것을 보았기 때문에 천지의 정기精氣를 지니고 신명의 덕을 통달한 것이며, 도를 가지고 이것을 처리하였기 때문에 정밀하고 조잡한 물체들을 조화시키고 인륜의 절차를 이끌어갔습니다. 이런 까닭에 시시비비와 선선악악善善惡惡(옳은 것을 옳다고 하고 그른 것을 그르다고 함)이 내 마음에서 벗어날 수가 없어서 천하의 일이 모두다 그 이치를 얻게 되고 천하의 사물이 모두 다 공평함을 얻을 수 있습니다. 이것이 만가지 변화가 서는 바요 다스리는 도가 이루어지는 바라 하겠습니다. 비록 그러나 도는 마음이 아니면 의지하여 설 수가 없고, 마음은 지성이 아니면 또한 힘이 되어 시행될 수가 없습니다. 인군이 되어 진실로

---

10 성인이 거처간 곳은 교화(敎化)되고 머무는 곳은 신성(神聖)해진다는 뜻으로, 『맹자』「진심상(盡心上)」에 보인다.

천리를 관찰하여 그 도를 처해나가고 그 지성으로 말미암아 그 일을 행해 나가면, 국정을 하는 데 무엇이 어렵겠습니까?

공손히 생각하건대 주상전하께서는 건건곤순乾健坤順[11]의 덕으로 부지런히 쉬지 않고 정치를 하시는 마음이 이미 정성스럽고, 또 나라 다스리는 방법이 이미 세워졌는데도 오히려 기강이 서지 못하는 바가 있고 법도가 아직 정해지지 않은 것이 있음을 염려하시어, 선성先聖을 알현하시고는 반궁泮宮(성균관)에서 신등에게 책문을 지어 올리도록 하시면서 옛 성인의 일을 먼저 하고 마침내 융성했던 옛 정치를 회복하고자 하셨습니다. 이는 신이 진달하고자 원했던 바이오니 어찌 감히 신의 생각을 다 말씀드리지 않아 전하의 물음에 만의 하나라도 막힘이 있도록 하겠습니까?

신이 엎드려 임금이 내신 책문에서, "공자의 말씀에, 만일 나를 등용하는 이가 있다면"에서부터 "쉽게 의논할 수 없다"까지 읽어보았습니다. 대개 한 사람으로부터 천만인에 이르면 많다고 하지 않을 수 없고 대개 한가지 일로부터 천만가지 일에 이르면 번거롭다고 하지 않을 수 없습니다. 그러나 이른바 심心이라는 것과 이른바 도道라는 것은 일찍이 그 사이에서 하나가 되지 않음이 없었으니, 천만의 사람과 일이 비록 다르지만 그 도와 심이 하나가 되는 것은 하늘이 하나의 이치에 근본할 따름입니다. 그러므로 천하의 도를 같이하는 것으로써 나와 하나가 되는 사람을 인도하며 또 천하의 심을 같이하는 것으로써 나와 하나가 되는 마음을 감동시키니, 감동시켜 그 마음을 변화하게 하면 천하의 모든 사람들의 마음이 내 마음의 올바름에 감화하여 감히 한결같이 올바르지 않음이 없고, 인도하기를 나의 도로 인도하면 천하의 사람들이 나의 도의 큼에 선해져서 감히 선으로 돌아가지 않음이 없을 것입니다. 돌아보건대 나의 도와 심이 성실하냐 아니냐의 여부에 따라 나라가 잘 다스려지냐 혼란스럽게 되냐가 구분되는

---

11   건(乾)의 덕, 즉 하늘의 덕은 굳건하고, 곤(坤)의 덕, 즉 땅의 덕은 온순하다는 뜻.

것입니다.

공자의 도는 곧 천지의 도이며, 공자의 마음은 곧 천지의 마음입니다. 천지의 도와 만물의 허다한 것들은 다 이 도를 따라서 이루어지지 않는 것이 없고, 천지의 마음과 음양을 따라서 이루어지지 않는 것이 없고, 천지의 마음과 음양의 감응함도 또한 이 마음으로 말미암아 조화되지 않는 것이 없습니다. 음양이 조화되고 만물이 이루어진 뒤에야 물건 하나라도 그 사이에서 성취되지 아니하는 것이 없으며 질서정연하게 분별되는 것이어늘, 하물며 공자께서는 이것을 인도하기를 본래 가지고 있는 도로써 하기 때문에 그 효과를 얻기가 쉽고, 이들을 감동시키기를 본래 가지고 있는 마음으로 하기 때문에 그 효험을 얻기가 쉽지 않겠습니까. 이것으로 말한다면 "1년이라도 좋다"거나 "3년이면 이룰 수 있다"는 것이 어찌 공연한 말씀으로 실지實地가 없는 것이겠습니까. 그 규모와 베푸는 방법은 또한 이미 정해놓은 것이 있을 터이니 무엇으로 말할 수 있겠습니까? 도 밖에는 물物이 없고 마음 밖에는 일〔事〕이 없으니, 그 마음을 잘 보존하여 그 도를 나오게 하면 인이 되어 하늘의 봄이 세상의 만물을 인으로 기르는 데 이르며, 의가 되어 하늘의 가을이 세상 모든 백성을 의로써 바르게 하는 데 이르게 되니, 예와 지智 역시 하늘에 다다르지 않음이 없습니다. 인의예지의 도가 천하에 서면 나라를 다스리는 규모와 시설의 방법에 무엇을 더할 것이 있겠습니까?

아! 세상은 성쇠의 다름이 있으나 도는 고금의 다름이 없습니다. 주나라의 말기에 당하여 기강과 법도가 비록 이미 무너졌음에도 하늘의 뜻이 주나라의 덕을 싫어하지 않도록 공자의 도를 이끌어 그 나라에 행하게 하여, 예로써 백성의 뜻을 인도하고 악樂으로써 백성의 기운을 화합하게 하며 정치로써 한결같이 행하여, 정치와 교화가 크게 일어나서 천지가 장차 밝아지고 흔연히 합해지고 음양이 따뜻하게 길러 초목이 무성해졌습니다. 또한 이미 드러난 행적으로 말하면 비록 석달의 다스림만 있더라도 행인이 서로 길을 양보하고 남녀가 길을 달리하던 성대하고 아름다운 모습을 일컬을 수 있으나, 이것은 진실로 처음부터 부자夫子(공자)의 대도大道는 아니었습니다. 『주역周易』을 찬贊하고 『춘추春秋』를 편찬하신 몇 가지 일은 실로 만세토록 천지가 다할 때까지 큰 법이요 큰 가르침이요 바꿀 수 없는 도입니다. 공자가 비록 당대에 벼슬을 얻지 못했을지라도 만세토록 의지하고 법식으로 삼아 정치를 하니 이는 실로 요순의 공과 같은 것입니다. 후세에 진실로 공자의 가르침이 천하에 설 수 없었으면 요순의 도 또한 후세에 영원히 전할 수 없고 요순의 정치도 회복될 수 없었을 것입니다. 그러므로 세상일을 잘 관찰하는 이는 이미 드러난 자취를 보지 않고 나타나지 않은 자취를 보는 것이니, 이것이 이른바 과화존신過化存神으로 쉽게 의논하지 못한다는 뜻입니다.

신이 엎드려 성책에서 "내가 덕이 부족한 사람으로"에서부터 "어찌 어렵지 않겠는가"까지 읽어보았습니다. 천하의 일에는 일찍이 근본이 없지 않고 또한 말단이 없지 아니하니, 그 근본을 바르게 하는 자는 비록 오활하고 더딘 것 같아도 실로 힘이 되기가 쉽고 그 말단을 구하는 자는 비록 절실하고 지극한 듯하나 실로 공功이 되기가 어렵습니다. 이런 까닭에 정치를 잘 논하는 자는 반드시 먼저 본말의 소재를 밝혀서 먼저 그 근본을 바르게 하는 것이니, 근본이 바르게 되면 말단이 다스려지지 않는 것은 근심할 필요가 없습니다.

공손히 생각하건대 주상전하께서는 지극히 정성스런 마음으로 이른 아침부터 밤늦게까지 게을리하지 않으시고 당우唐虞[12]의 정치를 어떻게 해서 이룩하며 당우의 풍속을 어떻게 하여 일으킬까 하시면서, 백성 중에 한 사람이라도 옷을 입지 못한 자가 있으면 따뜻하게 해줄 것을 생각하고 백성 중에 한 사람이라도 선하지 못한 자가 있거든 선한 사람이 되도록 할

---

12   중국 고대 도당씨(陶唐氏, 요堯)와 유우씨(有虞氏, 순舜), 요순시대를 말함.

것을 생각해서, 우리 동방을 태평하고 화락한 지역〔泰和之地域〕으로 올리고자 한 지가 지금까지 10년이 되었습니다. 그러나 기강이 아직 서지 못하고 법도가 정해지지 못한 바가 있으니, 어찌 성상聖上께서 다스림을 구하는 마음이 정성을 다하지 않아서 그러한 것이겠습니까? 필시 그 근본을 얻지 못해서일 것입니다. 이른바 근본이라는 것은, 도가 정치를 펴나가는 근원이 되고, 심은 정치를 펴는 근본이 되며, 성誠은 역시 도를 행하는 요체가 되지 않겠습니까?

무릇 도라는 것은, 하늘에 근본하고 사람에 의지하고 일하는 사이에 행하여 치국하는 방법이 됩니다. 그러므로 나라를 경영하면서 그 도를 얻으면 기강을 힘써서 세우지 않더라도 사람들이 보지 못하는 사이에 서고, 법도를 힘써서 정하지 않더라도 사람들이 듣지 못하는 곳에 정해집니다. 만일 별달리 기강을 만들어서 정사政事의 말단만 가지고 세우거나 별달리 법도를 만들어서 문구文具의 말단만 가지고 정한다면, 이른바 기강과 법도라는 것은 일찍이 서지 못할 것이요 선다고 하여도 나라를 다스리는 체통에 도리어 해가 있을 것입니다. 왜냐하면 그 근본은 서지 않았는데 오직 말단만을 추종해서 그 도를 얻지 못했기 때문입니다.

그러므로 옛적의 명석한 임금은 천변만화千變萬化함이 하나도 임금의 마음에 근본하지 않는 것이 없음을 알아서, 그 마음을 바르게 하여 도를 펴지 않은 이가 없습니다. 그 마음을 바르게 하고 그 도를 펴기 때문에 정치를 함에 인을 얻고 사물을 처리함에 의를 얻어서 사물마다 하나도 도에서 나오지 않는 것이 없어, 부자父子의 윤리와 군신의 구분이 각각 그 이치를 얻고 하늘과 땅의 경륜도 또한 귀결하게 되었사오니 이것이 요, 순, 우의 중용의 도입니다.

엎드려 바라건대 전하께서는 정사와 문구의 말단으로써 기강과 법도를 삼지 마시고 일심一心의 묘함으로써 기강과 법도의 근본을 삼으십시오. 이 마음의 본체로 하여금 광명정대하고 두루 통달하게 해서 천지와 더불어 그 본체를 같이하고 그 작용을 크게 하면, 날마다 시행하는 정사가 모두 도의 작용이 되어 기강과 법도가 족히 세우지 않아도 세워질 것입니다. 비록 그러나, 성誠이 있은 뒤라야 마음의 도가 곧고 굳은 데 서게 되어 마침내 그 성과를 볼 것입니다. 자사子思가 말하기를 "성실하지 않으면 사물도 없다"고 하였으니 성실이란 기강의 근본이 서서 부실함이 없는 것입니다. 천지의 이치는 지극히 성실해 한번이라도 쉬는 망령됨이 없었기 때문에 예부터 이제까지 한 물건도 성실하지 않은 것이 없었으며, 성인의 마음 역시 지극히 진실해서 한번이라도 쉬는 망령됨이 없으므로 처음부터 끝까지 한 가지 일도 성실하지 않은 것이 없습니다. 그러므로 모든 일이 마음에서 나오는 것은 반드시 이 마음의 성실함이 있어서 정치를 행하는 바가 부실함이 없으며 기강이 서므로, 구차스럽지 않고 법도가 정해져서 문구가 되지 않는 것입니다. 전하께서 만약 정사의 말단으로써 기강과 법도의 방법을 삼고 일심의 묘함과 지극한 정성의 도를 오히려 오활하고 더디다 하여 심법에 힘쓰지 않으시면, 이는 산에서 물을 구하고 물에서 나무를 구하는 것이니 끝내 털끝만큼의 적은 효험도 보지 못할 것입니다. 이것이 기강의 큰 근본이며 큰 법식입니다.

만일 법도가 대강이나마 정해진 것과 기강이 대강이나마 선 것은 일찍이 대신을 공경해서 그 정사를 맡겼던 데 있습니다. 임금이 일찍이 혼자서 다스리지 않고 반드시 대신에게 맡긴 뒤라야 다스리는 도가 서는 것입니다. 임금은 하늘과 같고 신하는 사시四時와 같습니다. 하늘이 자신만 운행하고 사시의 운행이 없으면 만물이 이루어지지 못하며 임금이 자신만 맡고 대신의 도움이 없으면 만가지 교화가 이루어지지 않는 것이니, 다만 일어나지 못하고 이루지 못할 뿐만 아니라 하늘만이 운행하고 임금만이 맡으면 하늘이 되고 임금이 되는 도를 크게 잃어버리게 됩니다. 대신의 지위에 두고서 잠시 문서나 봉행奉行하는 것을 직업으로 삼게 하고 소신小臣들의 살핌을 믿어 그들을 막는다면, 위로는 임금이 신하를 부리는 도를 얻지 못하고 아래로는 신하가 임금을 섬기는 방도를 얻지 못하여 군신의 도가 어그러질 것입니다. 그러므로 옛 성군들과 현명한 재상들은 반드시 성의誠意로써 서로 믿고 그 도를 다하여 광명정대한 업적을 함께 이룩할 수 있었던 것입니다. 엎드려 바라건대 전하께서는 대신을 존경해서 그 정치를 맡기시고 그 기강을 대강 세우고 그 법도를 대강 정하시어, 후일에 큰 근본이 서고 큰 법도가 행해질 수 있는 기반을 이루십시오.

　신이 엎드려 성책聖策에서, "여러 유생들은 공자를 배우는 사람들이다"에서부터 "다 말하도록 하라" 하는 곳까지 읽어보았습니다. 신은 거친 말학末學이니 어찌 알겠습니까마는, 공자의 나라를 다스리는 바는 도를 밝히는 것에 불과할 뿐이요 학문하는 바는 홀로 있을 때를 삼가는 것에 지나지 않을 따름입니다. 삼가 명도明道와 근독謹獨 두가지 일로써 전하를 위해 말씀을 올리겠습니다. 나라를 다스리는 바는 도일 뿐이니 이른바 도라는 것은 타고난 본성대로 따르는〔率性〕 것을 말합니다. 대개 성性이 있지 않은 것이 없기 때문에 도道도 있지 않은 것이 없습니다. 크게는 예악형정과 작게는 제도의 문화사업이 인력을 빌리지 않는 것이 없으며 각각 당연한 이치가 있지 않은 것이 없사온데, 이것이 곧 고금의 제왕들이 함께 실천하며 정치를 하시던 것으로써 하늘과 땅에 가득하고 예와 고금을 관철하는 것이로되 실은 일찍이 내 마음 안에서 벗어나지 않사옵니다. 이것을 따르면 나라가 다스려지고 그것을 잃으면 나라가 어지러워지니 잠시라도 떠날 수 없는 것입니다. 이런 까닭에 그 도의 체體가 마음과 눈앞에 환하게 하여 감히 잠시라도 불명不明한 것이 없습니다. 그러나 사람의 정情은 일찍이 드러나는 곳에서는 삼가지 않음이 없고 은미한 곳에서는 소홀해지는 것입니다. 그윽하고 은미한 곳에서는 여러 신하들은 보지 못하고 자기만 홀로 보며, 미세한 일 역시 여러 신하는 듣지 못하고 자기만 홀로 아는 바이니, 이것이 모두 인정의 소홀한 바인데도 사람을 속이고 하늘을 속일 수 있다 하여 반드시 삼가지는 않는 것입니다. 이미 이러한 마음을 가지고 오랫동안 감추고 숨겨두면 그것이 얼굴과 모습에 나타나고 정사를 행할 때 반드시 나타나 감출 수가 없으니, 마침내 정치와 교화를 손상시키는 데에 이르게 되는 것입니다. 그러므로 옛날의 제왕들은 이 도를 경계하고 조심해서 항상 밝혀 어둡지 않게 하고 이 그윽하고 은미한 중에 더욱 삼가며, 기미가 드러날 때에는 반드시 일호 간사한 생각과 거짓의 싹틈이 없도록 하여 의리의 발현에 오로지하였으니, 나라를 다스리는 도가 진선진미盡善全美(착함과 아름다움이 더할 나위 없음)하였습니다. 이것이 기강이 서고 법도가 정해지는 바이라고 하겠습니다.

엎드려 바라건대 전하께서는 진실로 명도와 근독으로써 마음을 다스리는 요체로 삼으시어 그 도를 조정에 세우시면 기강이 어렵지 않게 세워질 것이며 법도도 어렵지 않게 정해질 것입니다. 그런즉 공자께서 "3개월이면 가하고 3년이면 이룩함이 있을 것이다"라고 하신 말씀도 또한 여기에 있지 않음이 없습니다.

신은 임금의 두려움을 무릅쓰고 감격과 간절함이 지극함을 이기지 못하여 삼가 몽매하지만 죽을힘을 다하여 책문에 답합니다.

2장
개혁 의지를 담은 상소문들

계사啓辭

조광조는 사간원, 사헌부, 홍문관 등 언관직에 근무하면서 언로의 개방, 폐비 신씨의 복권을 주장한 김정과 박상을 변호하지 못한 양사의 잘못, 정국공신 책봉에 대한 문제점 등 당시 잘못된 정치 운영에 대해 강한 어조로 비판적인 상소문을 올렸다. 이 글들은 『정암선생문집』 권2 「계사」편에 실려 있다.

사간원이 양사 파할 것을 청하는 계(1) 司諫院請罷兩司啓 一, 을해(1515) 11월

언로言路가 통하고 막히는 것은 국가에 가장 관계된 일입니다. 통하면 다스려지고 평안하며, 막히면 어지러워지고 망합니다. 그러므로 왕이 언로를 넓히기에 힘써서 위로 공경公卿, 백집사百執事로부터 아래로 여항閭巷, 시정市井의 백성에 이르기까지 다 말을 얻을 수 있게 하나, 말에 책임이 없으면 스스로 말은 극진하게 할 수 없습니다. 그러므로 간관諫官을 두어 그 일을 맡게 하는 것이니, 그 말이 혹 지나치더라도 다 마음을 비워놓고 너그러이 받아들이는 것은 언로가 혹 막힐까 염려하기 때문입니다.

　근자에 박상朴祥,[1] 김정金淨[2] 등이 구언求言에 따라 진언進言하였는데, 그 말이 지나친 듯하더라도 쓰지 않으면 그만이거니와 어찌하여 다시 죄주는 것입니까? 대간臺諫[3]이 그것을 그르다 하여 죄주기를 청하여 금부禁府의 낭관郞官을 보내어 잡아 오기까지 하였습니다. 대간이 된 자로서는 언로를 잘 열어놓은 뒤에야 그 직분을 다해낸다고 할 수 있습니다. 김정 등에 대하여 재상宰相이 혹 죄주기를 청하더라도 대간은 구제하여 풀어주어서 언로를 넓혀야 할 터인데 도리어 스스로 언로를 훼손하여 먼저 그 직분을 잃었으니, 신臣이 이제 정언正言이 되어 어찌 구태여 직분을 잃은 대간과 일을 같이하겠습니까? 서로 용납할 수 없으니 양사兩司를 파직하여 다시 언로를 여십시오.

1　박상(1474~1530)의 자는 창세(昌世), 호는 눌재(訥齋)다. 중종 초 사간원 헌납으로 있으면서 종친 등용에 반대하다가 왕의 노여움을 사서 하옥되었으나, 신하들의 상소로 풀려났다. 1515년(중종 10)에는 순창군수 김정과 함께 단경왕후 신씨의 복위를 주장하다 유배되었고 이후에도 지방관을 전전하다가 중앙으로 다시 불려 와 관직을 지냈다. 조광조는 그가 올린 단경왕후 복위 상소를 두고 강상(綱常)을 바로잡은 충언이라며 높이 평가했다. 저서로는 『눌재집』이 있다.

2　김정(1486~1521)의 자는 원충(元冲), 호는 충암(冲菴) 또는 고봉(孤峯)이다. 1515년(중종 10) 순창군수로 재직 중 담양부사 박상과 함께 단경왕후 신씨의 복위를 주장하고 관련자들의 책임을 물을 것을 상소했다가 왕의 노여움을 사서 보은으로 유배되었다. 이후 석방되어 다시 홍문관에 복귀하면서 사림 세력의 부상을 상징하게 되었다. 특히 조광조와 함께 현량과 설치, 향약 실시, 위훈 삭제 등 왕도정치 실현을 위한 개혁에 앞장섰다. 1519년 기묘사화로 금산, 진도, 제주도로 차례로 유배되었으며, 이후 신사무옥에 연루되어 사림파의 생존자 6명과 함께 사사되었다. 문집으로는 『충암집』이 있다.

3　관리를 감찰하고 임금에게 간언하는 벼슬. 정사를 논의하고 관리의 비행을 조사하던 관아인 사헌부의 대관(臺官), 임금에게 간하는 일을 맡아보던 관아인 사간원의 간관(諫官)을 함께 부르는 말이다. 임금에게 직언하던 세 관아인 사헌부, 사간원, 홍문관을 삼사(三司)로 부르기도 했다.

사간원이 양사 파할 것을 청하는 계(2)司諫院請罷兩司啓二

김정과 박상 등이 말한 바의 일은 비록 마땅하지 않았으나, 그 상소上疏를 내버려두고 묻지 않아야 납언納言하는 덕이 밝게 드러날 것입니다. 또한 재상도 상께서 그 말을 쓰지 않은 줄 알고서 시비를 논하지 않았는데, 대간이 억지로 죄주기를 청하여 임금을 불의에 빠뜨려 간쟁諫諍을 거절하는 조짐을 이루어서 만세의 성덕에 누가 되게 하였으니, 이와 같이 한 뒤에는 국가에 비록 큰일이 있더라도 어찌 감히 구언할 수 있겠으며 비록 구하더라도 누가 감히 말하겠습니까? 외방外方의 초야에 있는 사람으로서 일을 말하고자 하는 자가 비록 김정과 박상 등의 일을 듣고서 그만두니, 치세治世에 어찌 이런 일이 있겠으며 그때의 대간이 아직도 모두 관직에 있는데 신이 어찌 그들과 서로 용납되겠습니까?

사간원이 양사 파할 것을 청하는 계(3)司諫院請罷兩司啓三

신의 말에는 다른 뜻이 없습니다. 당시 외방에 있던 대간들이 비록 혹 서로 용납하였을지라도 사람의 소견은 같지 않으니, 신은 곧 그들과 서로 용납하지 못합니다. 신이 아뢴 바는 언로를 위하여 그러한 것인데, 어찌 구차하게 그들과 함께할 수 있겠습니까?

사간원에서 이행 등의 실책을 논하는 계司諫院論李荇等之失啓, 을해(1515) 11월

신씨愼氏[4]는 비록 회복할 수 없으나, 상소 중에 논한 바는 또한 크게 이

---

4   신씨(1487~1558)는 중종의 정비(正妃)다. 연산군의 처남인 신수근(愼守勤)의 딸이라는 이유로 1506년 중종반정 직후 7일 만에 폐위되었고, 사후 230여 년 후인 1739년(영조 15)에 단

치가 있으니 죄를 더할 수 없습니다. 또 대간의 직분은 언로를 맡는 것인데, 도리어 진언한 사람을 죄주어 먼저 스스로 닫고 막아서 인군이 간하는 것을 막는 조짐을 이루게 하였으니 그 잘못이 클 것입니다. 청컨대 모두 파직하소서.

홍문관 전한을 사면하는 계辭免弘文館典翰啓, 정축(1517) 8월

소신이 학문에 뜻을 두고서도 능히 실제로 그 힘을 쓰지 못하므로 날마다 더욱 공허하고 소홀히 하였습니다. 그러나 직임은 매우 무거우니 마음에 스스로 부끄러웠습니다. 사사로이 동료에게 말하여 이르기를, "성학聖學(임금의 학문)이 높고 밝으셔서 바야흐로 잘 다스릴 뜻을 두셨는데, 내가 함부로 시종하는 반열에 가까이하여, 어찌 가히 스스로 편안히 하겠는가? 마땅히 물러가서 힘써 공부해서 학문을 성취한 연후에 와서 벼슬하면 반드시 조그마한 도움이라도 있을 것이다"라고 하였습니다. 소신의 뜻을 또한 이르면, 외진 고을에 보임되어서 5, 6년간 백성을 다스리는 틈에 학술에 뜻을 전념하다가 다행히 버리시지 않고 거두어 쓰심을 입게 되면 치민治民과 치학治學이 거의 둘 다 온전할 것입니다. 그러나 소신이 뜻을 두고서도 감히 우러러 진달하지 못한 것은 전에 응교應教로 특별히 네 등급을 뛰어넘어 승진시켜주시니, 마음으로는 사양하고자 하였으나 멈칫하고 두려워하다가 마침내 할 수가 없었습니다. 만일 이 품계에서 3, 4년간 종사하게 되면 거의 국사를 알 것입니다. 그런데 한달 사이에 또 전한典翰으로 삼으시니 사람됨이 합당하지 않으며, 이전에 세운 뜻과 크게 같지 않을 것입니다. 인군께서 사람을 쓰실 적에 마땅히 그 할 바를 보아야 할 것입니다. 소

경왕후로 추존되었다. 중종이 신씨를 그리워하며 사가 쪽을 바라보는 일이 많았기에 중종이 잘 볼 수 있도록 인왕산의 한 바위 위에 자신의 치마를 펼쳐두어 이 바위를 '치마바위'로 불렀다는 이야기가 전해 온다.

신은 완성되지 못한 사람인데 하루아침에 차례에 맞지 않는 은혜를 입으니, 어찌 가히 그 자리에 무릅쓰고 처해 있겠습니까?

홍문관에서 소격서의 폐지를 청하는 상소弘文館請罷昭格署疏, 무인(1518) 7월, 부제학 때

삼가 아룁니다. 도道가 한결같으면[惟一] 덕德이 밝지 않음이 없고, 정치가 순수하면 나라가 다스려지지 않음이 없습니다. 도가 한결같지 못하고 정치가 순수하지 못하면, 둘이 되어 어두워지고 섞여서 어지럽게 됩니다. 한결같고 순수한 것과 둘이고 섞인 것은 모두 이 마음에서 근원하지 않음이 없습니다. 그러므로 그 근원을 바르게 하면 은미한 것에 통하고 나타난 것에도 두루 미치어, 그 거하는 것에 능히 한결같이 되고 순수한 것으로 정치와 교화가 순수해지니, 덕이 나타나고 나라가 창성해집니다.[5] 그 근원을 혼미하게 하면 기둥이 불살라지고 우둔함에 빠져 그 지키는 것이 두세개로 갈라져서 정치와 교화가 곧 섞이게 되니, 덕이 멸해지고 나라가 망하게 됩니다. 처음에는 비록 기미가 있어 그칠 바를 순히 따랐지만 그러나 잡고 버리는 것이 한결같지 않으니 군자도 오히려 그 끝을 염려하였습니다. 하물며 그 마음과 일의 기미를 삼가지 않으니, 그 근원을 빠지게 하여 흐리고 간사하게 하겠습니까?

이 때문에 옛날의 밝은 임금은 하늘에 순응하여[6] 기미를 알았고 사람들

---

5 『대학연의(大學衍義)』 권1, 「제왕위치지서(帝王爲治之序)」, "천하의 이치가 하나면 순일(純一)하고 둘이면 섞인 것이니, 순일하면 성실하고 섞이면 거짓된 것이다. 자신을 수양함이 전일하지 않으면 선(善)과 악(惡)이 섞이고 현인을 존숭하는 것이 전일하지 않으면 사(邪)와 정(正)이 섞이게 되니, 둘도 아니고 섞이지도 않은 것이 '성실함'이 아니면 무엇이겠는가. 그러므로 순임금은 '오직 한결같이 하라(惟一)'라고 하였고, 이윤(伊尹)은 '한결같이 할 수 있어야 한다(克一)'라고 하였으며, 『중용』에서는 '그것을 행하는 방법은 하나이다(行之者一也)'라고 하였다(天下之理 一則純 二則雜 純則誠 雜則妄 修身不一 善惡雜矣 尊賢不一 邪正雜矣 不二不雜 非誠而何 故舜曰惟一 伊尹曰克一 中庸曰行之者一)".

에게 신임을 주어[7] 드러나는 것을 알았습니다. 한결같이 도를 행하고 순수함으로 정치를 하며, 뛰어난 덕을 널리 운행하고 진실로 임금의 정치를 돈독히 하였습니다. 밝고 밝은 교화는 이르지 않는 곳이 없어서 음양이 화창하여 여러 생물이 생장하니, 작은 간사함과 근심도 그 사이에 끼지 못하게 됩니다. 낮고 쇠함에 미치어서는, 위로 인공寅恭하며[8] 정밀하고 한결같은 학문이 적고 아래로는 좋은 계책[謨明][9]과 바른 것을 지키는 식견이 부족하여, 도는 지극함에 합하지 못하고 정치는 허물에 걸리게 됩니다. 거칠고 순수하지 않은 것에 따라 어두운 곳에 옮겨지고 미혹한 곳으로 끌어들여지니, 바른 것에는 이르지 못하였습니다.

간혹 아름다운 자질을 가진 임금이 있어도 그 도를 힘써 따르다가 이단異端에 미혹됨을 용납하고, 그 정치를 힘써 순수하게 하다가 혹은 궤설詭說에 빠지기도 합니다. 마음이 이미 혼미하고 덕은 날로 자못 치우치니, 도를 체득하고 교화를 펴는 데에 아름답고 착한 것이 있지 않습니다. 백성은 맞는 것이 없으니 아래의 정이 어긋나고 하늘에도 어그러져, 두 기가 막히고 답답해져서 재앙이 일어나 만물이 번성하지 못합니다. 심한 자는 사교邪敎에 빠져 믿으며 아첨하는 일에 공경히 받들고, 신神이 아니지만 정성을 다하고 귀신이 아닌데도 제사를 지냅니다. 백성에게 은혜롭지 못하고 하늘

---

6 『근사록집해(近思錄集解)』 권8, 「치본(治本)」, "하늘이 물건을 냄에 각기 그 성명(性命)을 간직하고, 성인(聖人)이 천하를 다스림에 만물(萬物)이 각기 제자리를 얻으니, 성인 또한 하늘을 순히 따를 뿐이다(夫天生物而各正其性命 聖人治天下而萬物各得其所 聖人亦順乎天而已矣)".

7 『순자집해(荀子集解)』 「유효편 제8(儒效篇 第八)」, "한가지라도 의롭지 않은 일을 행하고 한 사람이라도 죄 없는 자를 죽여서 천하를 얻는 일은 하지 않을 것이니, 이와 같은 도리가 사람들에게 믿음을 주고 온 천하에 두루 알려지면 천하 사람이 떠들썩하게 호응할 것이다(行一不義 殺一無罪而得天下 不爲也, 此君義信乎人矣 通於四海 則天下應之如謹)".

8 『서경(書經)』 「고요모(皐陶謨)」, "군신(君臣)이 공경함을 함께하고 공손함을 합하여 만물이 올바름을 얻게 한다(同寅協恭 和衷哉)".

9 『서경』 「고요모」, "진실로 그 덕을 따르면 신하들의 계책이 밝아지고 보필이 조화로울 것이다(允迪厥德 謨明弼諧)".

에 상응하지 못하면서, 도리어 어둡고 아득하여 헤아리지 못하는 것에 헛된 보응報應과 긴 수명을 기원하는 것이 심하니, 그 또한 비루한 것입니다.

지금 소격서昭格署[10]를 설치한 것은 도교를 행하여 백성들에게 사악함을 가르치는 것인데, 좇아 받드는 것을 기꺼이 하며[憲憲] 그릇되고 아득한 것을 기뻐 따르니[泄泄], 분명하고 명백한 의리에는 멀어지고 거짓되고 어두운 형상은 명백해집니다. 진실로 임금의 마음에 있어서 사邪와 정正이 나누어지는 것이고, 정치에 있어서는 순수함과 잡스러움의 이유가 되며, 상제에 있어서 기쁨과 성냄의 기미이고, 왕정王政에 있어서는 특별히 막아야 할 것입니다. 이 도교를 신봉하는 것이 여항과 백성에 있더라도, 총명하여 임금이 된 자는[11] 진실로 마땅히 예의를 밝히고 의리를 보여 능히 큰 도를 밝히고 바른 방향으로 말미암아 나아가게 하여 그 극한 것을 사용하여 보존해야 합니다.

다만 도리어 존숭하고 관사를 두고 관리를 세워 봉사하고 초제를 펴서 섬기니, 마치 마땅히 제향하는 신과 같이 공경하고 축수祝壽와 기도祈禱를 더욱 빈번히 하여 음귀陰鬼가 간악함을 빚어냅니다. 이는 곧 임금의 계책에 법령法令이 없는 것이니, 하민下民들이 무엇을 본받겠습니까. 비록 전상典常(일반적인 규칙이나 규범)과 같이 받들어 나라에 모범을 보이더라도, 어리석어서 사리에 밝지 못하고 좋아하는 것을 좇아 어그러짐이 퍼지게 됩니다. 이에 백성들은 항상 훈화薰化로 보존하기 어려운데, 하물며 허황된 가르침으로 인도하여 온 세상을 궤괴詭怪(이상함)한 지경으로 몰고 가겠습니까?

---

10   조선시대 도교 의식인 재초(齋醮)를 주관하기 위해 설치된 관청으로, 고려의 소격전에서 유래했다. 태조 때 서울 삼청동 인근에 설치되었으며, 초기에는 왕실의 관심 속에 활발히 운영되었지만 조선은 성리학 국가였기에 지속적으로 존폐 논란에 놓일 수밖에 없었다. 특히 조광조를 중심으로 한 사림 세력이 소격서 폐지를 강력히 주장했고 1518년(중종 13) 결국 소격서는 혁파되었다.

11   『서경』 「태서상(泰誓上)」, "천지는 만물의 부모요, 사람은 만물의 영장이다. 이 가운데에서 진실로 총명한 사람이 임금이 되고, 임금은 곧 백성의 부모가 되는 것이다(惟天地萬物父母惟人萬物之靈 亶聰明作元后元后作民父母)".

아, 백성은 일정한 덕이 없고 임금의 교화를 덕으로 여기니, 하늘을 받들고 아랫사람을 거느리며 몸소 실천함으로써 백성들을 교화하는[12] 의리가 어떻겠습니까. 조정에서는 이를 생각하고 염려하여, 사악함을 없애려는 뜻이 간절하고 바른 것을 부식하는 뜻에 오로지하여야 합니다. 이를 논열한 지 열흘 남짓하였습니다. 처음 대신으로부터 논하여 대간이 극진히 하니, 그 시종들도 또한 간절히 진달하는 것이 이에 이르렀습니다. 한 나라의 신료들이 삼가 새로이 스스로 힘써, 대도를 함께 생각하고 덕스러운 말씀을 기다리며 바라보았으나, 임금의 귀〔天聽〕는 오히려 아득하게 멉니다. 강단剛斷을 버리고 유약柔弱한 마음을 가져서 머뭇거리고 돌아보아서 용단을 내리지 못하시니, 상응하여 감동하는 것이 막혀 임금과 신하가 둘에 이르러 상하가 각각 덕으로 여기는 것이 있게 되었습니다. 이와 같이 한다면, 큰 조화를 성하게 하고 순박한 풍속〔淳風〕에 스며들게 하여 여러 신하들로 하여금 선에 힘쓰게 하는 것은 어렵지 않겠습니까?

제왕이 교화를 독실하게 하고 풍속을 아름답게 하여 민중을 거느리고 선을 행하는 것은, 그 공론을 따르며 그 뜻을 빼앗지 않는 것입니다. 그러므로 그 마음을 경계하여, 백성을 작다고 하지 않고 민첩한 용기와 과감한 결단으로 물정物情에 따르기를 힘써야 합니다. 대저 시비是非를 아는 것을 총聰이라 하고, 사정邪正을 살피는 것을 명明이라 하며, 미혹迷惑하지 않는 것을 강剛이리 히고, 확고하여 의심하지 않는 것을 단斷이라 합니다. 무릇 이 네가지는 모두 임금이 마음 써야 하는 것으로, 하루라도 떠날 수 없는 것입니다. 이를 보존하여 어긋나는 것이 없다면, 일에 응하여 처리함에 항상 혼란함과 어찌할 줄 모르고 배회함을 용납하는 병통이 없을 것입니다.

---

12 『통감절요(通鑑節要)』권8,「한기(漢紀)」태종효문황제(太宗孝文皇帝) 하(下) 7년, "『한서(漢書)』「서전(敍傳)」에 말하였다. 태종(太宗)이 공경하고 공경하여 진실로 공손하고 깊이 침묵하였다. 몸소 실천함으로써 백성들을 교화하고 아랫사람들을 덕으로 통솔하였다(敍傳曰 太宗穆穆 允恭元〔玄〕默注 化民以躬 率下以德)".

전하께서는 어찌 이런 것이 있으시겠습니까?

또한 도가道家의 설은 어두움에도 증거할 것이 없고 밝음에도 증거할 것이 없으니, 이는 여러 사람들이 밝게 아는 바입니다. 그러나 전하께서는 오히려 고집하시며 굳이 거절하시고는 반드시 조종祖宗(선왕들의 법도와 전례)으로써 말씀하십니다. 조종께서 과연 신봉하셨다 하더라도 이같이 조종께 돌리신다면 이는 선조의 허물을 드러냄으로 무례함이 되며, 우연히 남은 것을 따른 것으로 인하여 조종에게 돌리신다면 이는 선조에게 누를 끼치게 되니 불경하게 됩니다. 불경과 무례는 사람이 감히 할 수 없는 것입니다.

고려 말에 교화가 참되지 못하여 사람들이 이교를 따랐는데, 그릇된 것을 이어받아 법식이 오늘날에 이르렀으니, 정말로 전하께서 오염된 것을 맑게 씻을 때인데 어찌 의심하고 주저하십니까. 전하께서는 천명을 공경하여 두려워하시고, 왕업을 삼가고 두려워하며, 학문을 부지런히 하시며 덕업에 나아가시니, 사치스럽고 방탕한 것에 뜻이 빠지지 않으셨습니다. 삼대〔虞夏, 요순시대와 하나라를 아울러 가리킴〕의 도를 탐구하여 몸소 깨치시니 무릇 괴이한 무리를 누르고 바른 도를 세우는 것에는 마음과 힘을 다하셨습니다. 그러나 유독 이 한가지 일에는 비록 전하의 밝음이 가려져 장차 없애려 하시다가 다시 믿으시고, 혁파하고자 하다가 도리어 의심하시니, 하늘처럼 굳세며 깨끗하고 순수한 덕을 크게 잃었습니다. 신등은 오히려 전하의 마음이 정일精一한 공부에 혹 이르지 못한 바가 있는 듯합니다.

한결같으면 곧고 바르게 되어 의리의 바른 것을 지키게 되며, 정밀하면 순백해져 사정邪正의 구분을 변별하게 됩니다. 이를 자신에게 사용하면 도가 밝아지고 이를 일에 베풀면 정치가 좋아지니, 왼쪽이나 오른쪽에 전일專一하지 않은 공功이 없을 것입니다. 만약 혹시라도 미진하였다면 간사한 생각이 몰래 숨었다가 무리를 끌어들여 몰래 자라는지라 뭇 잡념들이 틈을 타서 일어나고, 많은 거짓된 것들이 작당하여 일어나 모이는지라 아침

하고 간사한 무리가 또 인연하여 서로 맺으니, 곧 장차 올 화는 이루 다 말할 수 없습니다. 신등은 바로 이를 두려워하는 것입니다. 전하께서는 어찌 굳센 결단을 아껴 여러 사람들의 뜻을 의심하고 답답하게 하십니까?

사람의 기가 답답하면 하늘의 기도 답답해집니다. 답답하면 괴이함이 생기고, 통창通暢(조리가 밝아 환함)하면 화和가 생깁니다. 그러므로 재앙을 구제하는 방법은 여러 사람의 뜻을 통창하게 열어서 천심을 화하게 하는 것입니다. 무릇 도에 어긋나고 정치에 해로움이 되어 인심을 억울하고 답답하게 하는 것은 반드시 통창하게 없애서 그들을 위로하고 기쁘게 하면, 사람의 기가 자연히 화창하게 되고 하늘도 괴이함을 만들지 않을 것입니다. 또한 천도의 근원은 아래에서 도를 어기는 일이 있다면 하늘이 노하여 곧 재앙을 내리니, 그러므로 재앙의 도는 천리를 따르고 정도를 닦아 인심을 화하게 하는 것이 제일입니다. 신등이 본디 일부러 이를 끌어대어 말씀 드리는 것이 아니라 마침 이때에 실로 이런 이치가 있기 때문이니, 원컨대 전하께서는 깊이 생각하소서.

아, 왕도王道는 한결같지 않을 수 없고, 왕정王政도 순수해야 합니다. 한결같고 바르면 백성의 뜻이 정해지고, 순수하고 간편하면 백성이 따르기 쉽습니다. 천지의 도는 또한 순수하고 한결같음에 근본하여 사시四時를 운행하고 만화萬化(한없이 변화함)를 형통하니, 일기一氣(만물의 원기)가 아닌 것이 없습니다. 이로써 성왕의 공경은 천도이며, 한결같음에 도를 쌓고 순수함에 정치가 서니, 응접하고 시행하는 것이 하나의 이치로 통관해야 곧 황극皇極(제왕이 나라를 다스리는 표준이 될 만한 지극히 올바른 법)을 세울 수 있게 됩니다. 삼가 원하옵건대 전하께서는 학문으로 마음을 밝히시고, 밝음으로 정일하여 이단에 미혹되지 마시고, 궤설詭說에 빠지지 마시고, 하나의 덕을 능히 좇아 바른 것으로 백성을 교화하신다면, 오도吾道(유생들이 유교의 도를 다른 것과 구분하여 이르는 말)에 매우 다행이겠습니다.

양사에서 정국공신의 개정을 청하는 계(1)兩司請改正靖國功臣啓一, 기
묘(1519) 10월

정국공신靖國功臣[13]은 이미 오래된 일입니다. 그 당초에 대신이 만약 멀리
내다보는 생각이 있었거나 대간들이 만약 공론을 가졌다면 어찌 개정하지
않았겠습니까? 공신을 책록할 때 성희안成希顔[14]이 유자광柳子光[15]을 경사經
事로 삼아서 일찍이 그로 하여금 정리하게 한 것이 많았기 때문에 참람됨
을 무릅쓴 것이 매우 많사오니, 가히 통탄할 만합니다. 유자광이 자제들을
위해 계책으로 먼저 세 대장의 자제들을 쓰고 그 자제를 책록하였는데, 성
희안 등은 그 꾀에 빠지는 것을 알지 못하였습니다. 성희안은 비록 큰 공이
있으나 학식이 없사옵고, 박원종朴元宗[16]도 또한 배우지 않은 자였습니다.

---

13 1506년(중종 1) 중종반정에 공을 세운 인물들에게 내려진 칭호로, 연산군의 폭정에 맞서 반
정을 주도하거나 참여한 이들이 대상이었다. 성희안, 박원종, 유순정 등이 중심이 되어 연산
군을 폐위하고 그의 이복동생 진성대군(훗날 중종)을 옹립하면서 이루어졌다. 반정 직후 공
신 책봉이 이루어졌고, 처음에는 1등에서 3등까지 총 101명이 정국공신으로 선정되었다. 그
러나 정치적 이해관계와 논란 속에서 등급 조정과 인원 추가가 이어져 최종적으로 1등 8명,
2등 13명, 3등 31명, 4등 65명 등 총 117명이 정국공신에 책록되었다. 하지만 연산군 측근이
던 인물들까지 공신으로 포함되자 비판이 거세졌다. 결국 1507년(중종 2)부터 시작된 삭훈
(削勳) 조치로 일부 공신의 자격이 박탈되었고, 1519년(중종 14) 조광조 등 사림이 공신 책
봉의 부당함을 지적하면서 대대적인 삭훈 상소가 이루어졌다. 소격서 폐지와 함께 정국공신
개정은 1519년 11월 기묘사화로 조광조 등 사림 세력이 축출당하게 되는 주요 요인이었다.
14 성희안(1461~1513)의 자는 우옹(愚翁), 호는 인재(仁齋)다. 연산군 때 이조참판으로서 왕의
횡포를 풍자하는 시를 지어 좌천되었으나, 중종반정을 이끈 공으로 창산군(昌山君)에 봉해
지고, 후에 영의정이 되었다. 대표적인 훈구파 인물이다.
15 유자광(1439~1512)의 자는 우후(于後)다. 1467년(세조 13) 이시애의 난 때 군공을 세워
서얼 신분임에도 벼슬이 허통되었고, 이후 성종의 신임 아래 정계에서 승진을 거듭했다.
1498년(연산군 4) 무오사화의 핵심 인물로 김종직과 그 문인들을 숙청해 큰 권세를 잡았으
며, 연산군의 신임을 등에 업고 조정에서 위세를 떨쳤다. 1506년(중종 1) 중종반정 당시 성
희안과의 인연으로 다시 정국공신 1등에 책봉되고 무령부원군에 봉해졌으나, 사림과 언관
의 지속적 탄핵으로 훈작이 삭탈되고 광양으로 유배되었다.
16 박원종(1467~1510)의 자는 백윤(伯胤)이다. 공신 가문 출신으로 어려서부터 무과에 급제해
성종의 총애를 받았다. 1506년(중종 1) 중종반정을 주도한 공으로 정국공신 1등에 책록되고
평원부원군에 봉해졌으며, 후에 우의정이 되었다.

성희안과 유자광이 서로 잘 알았기에 대사를 간신에게 맡겼으니, 식견이 적은 것을 알 수가 있습니다. 그 후에는 비록 분연히 몸을 돌보지 아니하고 국사를 바루려고 하는 이가 있었으나 감히 개정하기를 청하지 못한 것은, 임금의 학문이 고명한 지경에 이르지 못하여 너무 큰 어려움이 될까를 두려워했기 때문이었습니다. 이익의 근원이 열리는 것은 국가의 고질병이 됩니다. 인심이 모두 답답하게 생각하여 급히 고칠 것을 논하고자 하였으나, 일에 기회가 있어 이제야 비로소 다시 드러내었습니다. 만일 이익의 근원을 맹렬하게 막아내지 못하면 이익과 욕심은 사람들이 빠지기 쉬운 것이니 반드시 차마 말할 수 없는 일이 있을 것입니다.

양사에서 정국공신의 개정을 청하는 계(2)兩司請改正靖國功臣啓二

신하는 스스로 공이 있다고 여길 수가 없는 것입니다. 사직이 위태로워서 한 터럭과 같이 되면 백성들은 읊조리며 참된 임금을 생각하였으니, 천명과 인심이 자연히 이와 같습니다. 박원종, 유순정 등이 비록 공이 있다고 하더라도 만일 스스로 공이 있다고 한다면 신하의 도리가 아니옵니다. 반정할 때에 신의 나이가 스무살 남짓이었습니다. 벗들과 더불어 서로 말하기를 "지금 만일 공신을 책록함에 참람된 것이 많으면 반드시 국사를 그르칠 뿐이라"고 하였더니, 과연 그러하였습니다.

양사에서 정국공신의 개정을 청하는 계(3)兩司請改正靖國功臣啓三

전부터 누가 이 논의를 펴고 싶지 않았겠습니까? 다만 임금께서 믿어주실지 알지 못하는 까닭에 펴지 못했을 뿐입니다. 저 폐조廢朝(연산조) 때에 있어서 유순柳洵[17]이 나이가 많고 지위가 극에 달했는데도 한번도 규간規諫(일의 이치를 말하여 간함)하지 아니하고 불분명한 태도로 구차히 용납하

다가 그 반정하는 데 미쳐서는 도리어 공신의 훈적에 참여하였고, 김감金
勘,[18] 구수영具壽永[19] 같은 무리들은 폐주(연산군)에게 아첨하여 행실이 개돼
지와 같았으니, 비록 밝고 바르게 법대로 처벌함이 가할 것인데 또한 공신
명단에 참여하였습니다. 비록 한 집안의 일이라도 오히려 바름으로써 유
지할 수가 있는데 하물며 국가가 모든 시초를 올바르게 하는 방도가 어찌
이와 같을 수가 있겠습니까? 작은 나라에서 선비의 원기를 배양하지는 않
고, 이에 이익의 근원을 열어서 조정의 사대부로 하여금 물결치듯 쫓아다
니게 하는 것이 어찌 이치이겠습니까? 천지를 기만했으니 무엇으로 정치
를 할 수 있겠습니까? 대간들이 망극한 은혜를 입었는데 국가의 병의 근본
을 보고서도 묵묵히 있을 수 있겠습니까? 비록 죄와 벌을 받더라도 또한
몸으로써 감당하려 합니다. 만일 옛날과 같으면 임금께서 어찌하여 이와
같이 굳게 거절하시며, 신하는 어찌하여 이와 같이 뜻을 얻지 못함에 이르
렀겠습니까? 이는 반드시 그 신하가 착하지 못하여 족히 취하여 믿을 만한
것이 없기 때문입니다. 선비란 모름지기 임금에게 믿음을 보인 연후에야
이에 나아가서 임금을 섬길 수가 있으니, 신과 같은 무식한 자가 어찌 능히
믿음을 취할 수가 있겠습니까? 매번 물러가서 독서하고자 하면서도 능히

---

17 유순(1441~1517)의 자는 희명(希明), 호는 노포당(老圃堂)이다. 개국공신 유만수의 후손
이다. 중종반정 이후 정국공신 2등에 책록되고 문성부원군에 봉해졌지만, 반정에 실질적으
로 관여하지는 않았다. 이후 연산조의 총신이었다는 이유로 대간의 탄핵을 받고 물러났다가
1514년(중종 9) 다시 영의정으로 기용되었다.

18 김감(1466~1509)의 자는 자헌(子獻), 호는 선동(仙洞), 일재(一齋)이다. 연산군의 폭정이
심해져 금표(禁標)를 세워 도성 주변의 백성을 먼 곳으로 이주시키고 사냥을 일삼을 때 금
표 안내문을 지었고, 추천시(報儒詩)로써 연산군에게 아첨했다. 중종반정 후에는 정국공신
2등으로 책록되고 연창부원군에 봉해졌으며 『연산군일기』 편찬에도 참여했으나, 연산군의
총신이었다는 이유로 줄곧 사림에게 비난을 받았다..

19 구수영(1456~1523)의 자는 미숙(眉叔)이다. 12세에 영웅대군(세종의 여덟째 아들)의 사위
가 되었고, 1505년(연산군 11) 장악원 제조로서 연산군의 유흥을 도와 1506년(연산군 12)
한성부판윤이 되었다. 중종반정 때 박원종 등과 함께 참여해 정국공신 2등에 오르고 능천부
원군에 봉해졌으나, 이후 연산군의 충복이었다는 이유로 탄핵을 받았다.

뜻을 이루지 못했을 뿐입니다.

양사에서 정국공신의 개정을 청하는 계(4)兩司請改正靖國功臣啓四

신은 이와 같이 정성된 마음을 진달하였으나 이제껏 쓰임을 보지 못하였는데, 또 장차 부끄러움을 무릅쓰고 직책에 나아간다면 다만 한때에 죄를 짓게 될 뿐만이 아니라 또한 반드시 만세에 비웃음을 남길 것입니다. 말세의 대간들은 임금이 비록 중하게 대하더라도 오히려 쇠퇴하고 나약해지는 버릇이 있습니다. 대하기를 이와 같이 하시면 조정에 장차 기강이 없어질 것입니다.

공신을 개정하는 일에 따르지 않음으로 인해서 사직하는 계(1)因不從改正功臣事辭職啓一, 기묘(1519) 11월

뜻과 일이 어긋나 장차 큰 기회를 잃을 것이기에 진실로 훌쩍 물러나 다시는 구차하게 왕래하지 아니하고자 하나, 때를 아끼는 생각과 임금을 사랑하는 정성이 오히려 차마 못할 바가 있어서 여러 날을 머뭇거리면서 바로 결단치 못하였습니다. 임금을 섬기는 도리가 옛 사람에게 깊이 부끄러움이 있습니다.

공신을 개정하는 일에 따르지 않음으로 인해서 사직하는 계(2)因不從改正功臣事辭職啓二

재앙이 드러난 데에 있는 것은 보기가 쉽고, 재앙이 은미한 데 있는 것은 더욱 두려워할 만합니다. 이 일은 정사의 실수와 같은 것이 아니며, 사람마다 다만 이익이 있는 것을 알고 인의가 있는 것을 알지 못하니, 이것으로 풍속을 이루게 되면 장차 이르지 않는 곳이 없을 것입니다. 염려가 이에 이르렀으니 어찌 마음을 움직이지 않겠습니까?

공신을 개정하는 일에 따르지 않음으로 인해서 사직하는 계(3)因不從改正功臣事辭職啓三

선비가 세상에 나서 업을 삼아 학문하는 자는 그 품은 뜻을 펴서 백성에게 보탬이 있기를 바랄 뿐입니다. 맹자는 아성亞聖으로서 제나라와 양나라를 두루 찾아가셨으니, 어찌 다른 뜻이 있었겠습니까? 다만 그 도를 행하고자 하였을 뿐이었습니다만, 후세에 선비들의 일은 스스로 사사로이 할 뿐입니다. 신등이 여섯일곱번 면대하였는데 한갓 입으로만 임금을 감동시키고자 하였으니, 이것은 특히 말단일 뿐입니다. 다만 임금은 임금의 도리를 하고 신하는 신하의 도리를 하면 조정이 맑아지고 다스림의 도리가 이루어질 것입니다.

3장
조광조 사상의 증언들

조광조의 사상과 학문적 위치

경연에서 존양에 대해 말하다[1]

진강이 끝나자, 임금(중종)이 말하였다. "이 책(『맹자』)에서 마음이란 붙잡고 있으면 보존되지만 놓아버리면 잃어버린다고 말하였소. 『서경』에서는 '성인이라도 방심하면 광인이 되고, 광인이라도 생각마다 잘 경계하면 성인이 된다'라고 하였소. 하지만 존양과 성찰 공부가 어찌 어렵지 않겠소?"

조광조가 말하였다. "임금께서 말씀한 성인이 되고 광인이 된다는 설은 매우 긴요하고 절실합니다. 마음은 수시로 변동할 수 있는 물건입니다. 마음이 외물에 감촉되어 움직일 때, 사태에 대처하고 있는 마음은 혼란하지 않은 듯해 보입니다. 그러나 외물과 접촉하기 전에 보통 사람의 마음은 더욱 산만하고 혼란합니다. 만일 마음을 한곳에 붙들어두려고 하면, 이것은 전

---

1   『정암집(靜菴集)』 권5, 「연중기사일(筵中記事一)」, 무인 10월 5일.

일하게 하려는 강박관념으로 마음을 곧게 하는 방식일 뿐 존양하는 방법이 아닙니다. 이른바 존양은 매번 착한 생각이 있을 때마다 반드시 보존하는 그런 것이 아닙니다. 단지 비어 있으면서도 고요한 마음을 견지하여 전일해진 상태로 마음을 곧게 해서, 비록 사물과 응대하는 때가 아니어도 항상 마음이 깨어 있는 것을 말합니다." 김정국金正國이 말하였다. "성인의 경계에 이미 도달하였다면, 잠깐 생각을 놓아도 졸지에 광인이 되는 지경에 꼭 이르지는 않을 것입니다. 그런데 옛사람이 광인이 되다고 말한 것은 무슨 이유입니까?" 조광조가 말하였다. "본성은 선하지 않음이 없지만, 기품이 같지 않습니다. 사람이 선하지 않은 짓을 하는 것은 기가 그렇게 하게 만든 것입니다. 성인이라도 인심人心이 없을 수 없습니다. 처음 생각이 일어나는 기미처에서 살피지 않으면 안 됩니다."

『정암선생문집』서문靜庵先生文集序[2]

오호라. 천하가 생긴 것이 오래되었도다. 도술道術이 분열하였는데도 이를 구원하지 못하더니, 오성五星이 규성奎星(문을 주관하는 별)에 모이면서부터 송나라의 정치가 밝았으나 순희淳熙와 희풍熙豐[3] 이래로 피사詖辭(편파적인 말)와 음사淫辭가 멋대로 행해져서, 도덕과 강상綱常이 천하에 쓰일 수

---

2   『정암선생문집(靜庵先生文集)』은 이기주(李箕疇)가 수집한 조광조의 유문(遺文)·사적과 이선(李選)이 수집한 유문, 5대손 조위수(趙渭叟)의 가장초본(家藏草本)을 모아 박세채(朴世采)가 교정·편차하고 부록과 연보를 붙여 1683년에 펴낸 것을 정고본(定稿本)이라 한다. 그후 조위수가 정고본의 부록을 줄이고 연보를 제외해 1681년에 남원에서 목판으로 간행한 것을 호본(湖本)이라 한다. 1685년 박세채가 정고본대로 대구에서 중간한 것이 영본(嶺本), 1892년 능주 삼지재(三芝齋)에서 목판으로 중간한 것이 삼지재본(三芝齋本)이다. 이 책에서는 1683년본의 서문과 행장, 1892년본의 서문을 실었다.

3   순희(1174~89)는 남송 효종(孝宗)의 세번째 연호. 북송 시기 때 태종(太宗)이 사용한 순화(淳化)와 옹희(雍熙)에서 한 글자씩 따왔다. 효종이 양위하고 난 후에 광종(光宗)이 소희(紹熙)로 개원할 때까지 사용했다. 희풍(1068~85)은 남송 신종(神宗)의 연호로 희녕(熙寧)과 원풍(元豐)에서 한 글자씩 따왔다.

없게 하였다. 이에 곧 주부자朱夫子(주희)께서 이를 두려워하여 극력 창언하여 이것들을 배척하셨다.

대개 구주의 토지는 천하의 바른 거처가 되어 요堯, 순舜, 탕蕩, 문왕文王이 다스리던 곳이다. 주공周公, 공자孔子, 자사子思, 맹자孟子가 가르치신 곳인데도 오히려 이와 같거늘, 하물며 우리 동국은 중국에서 수천리나 멀리 편벽되게 떨어진 곳임에랴! 그러나 옛날에 기자箕子께서 오셔서 교화하시고 그 뒤에 공자 성인께서 여기에 살고자 하셨으니, 그 풍기와 물성이 한번만 변혁하면 노나라가 될 수 있고 또 한번 변혁하면 왕도정치를 바라볼 수 있을 것이다.

천년 후에 고려 말에는 포은 정문충공鄭文忠公(정몽주)이 분연히 일어나서 황극의 실마리를 찾았는데, 그 학문을 하신 바는 실로 주자의 글에 근원하였다. 당시에 주자의 글이 처음 우리나라에 들어왔지만 사람들은 이것을 알지 못하였다. 다만 공만이 그 근원을 소급하여 그 물결에서 노셨고, 본조의 한훤寒喧 선생[4]에 이르러서는 오로지 『소학小學』으로서 수기修己와 교인敎人의 방법을 삼아서 호학湖學이 그 근본을 얻은 것에 비겼다.

또 한번 전해서 정암靜庵 선생에 이르러서는 타고난 품성이 순수하게 아름답고 매우 맑아서 허물이 없으신 데다가 일찍이 성현의 연원을 들으시고 항상 "학문이 아니면 도를 알 수가 없고, 도가 아니면 정치를 할 수가 없나"고 여겨 그 학문을 하는 것은 오로지 『근사록近思錄』을 위주로 하였다.

대개 주부자가 여기시기를 "이정二程(정명도程明道와 정이천程伊川)의 글 중 그 문인들의 기록에서 나온 것에는 혹 순수하지 못한 것이 있었고, 그리고 장자張子(장재)도 혹 지나친 것이 있기에, 이에 여 선생呂先生(여조겸呂祖謙)과 함께 깨끗하고 중요한 것을 가려서 이 글(근사록)을 만들었다"고 하셨으니,

---

4   김굉필(金宏弼, 1454~1504)의 자는 대유(大猷), 호는 한훤당(寒喧堂), 사옹(蓑翁)이다. 김종직(金宗直)의 문인으로, 형조좌랑을 지냈고 무오사화 때 유배되었다가 갑자사화 때 사사되었다. 저서에 『한훤당집(寒喧堂集)』『경현록(景賢錄)』 등이 있다.

세상에서 말하는 사자四子(『논어』『맹자』『중용』『대학』)의 사다리가 된다는 것이 참으로 명확한 논평이다.

선생은 이 글에 대해서 맛있는 음식을 입으로 즐기는 것처럼 한 것만이 아니었고 참뜻을 알고 실천에 옮겨서 이미 수신하고서는 장차 미루어 남을 다스렸으며, 그러한 후에 배움으로써 도를 삼고 도로써 정치를 해서 그 체와 용이 한 근원으로 되고 천리와 사물이 서로 상응해서 도덕으로 하여금 천하가 분열되지 않게 하였다. 그런즉 주부자께서 공언하신 "정치는 하나에서 나온다"라는 것이 환하게 다시 세상에 밝혀졌다.

비록 그 중도에 놀랍고 괴이한 기미가 졸지에 일어나서 그 포부를 펴지는 못하였으나, 성인의 도를 밝혀서 후세인을 열어준 공은 도리어 한때의 좋은 정치보다도 더 큰 것이 있었다. 얼마 뒤에 세도가 다시 흥하자 높이 숭상하고 보답하는 은전이 성무聖廡(공자를 모신 사당인 대성전)에 따라서 배향하기에 이르렀으니 유감이 없다고 이를 수 있겠으나, 다만 그 아름다운 말과 선행이 자칫하면 장차 없어져서 전하지 못하였을 것이다. 대개 당시 참벌斬伐(쳐서 없애버림)을 당할 무렵에는 사람마다 선생의 성명을 말하기를 꺼렸으니, 그 나머지 일은 가히 알 만하다.

식자들의 맺힌 한이 자못 이제 이백년이 되었는데, 근래에 완산 이기주李箕疇가 선생의 유문과 사적을 처음으로 수집하였고, 달성 서문숙徐文淑이 또 선생의 오대손 위수渭叟에게서 몇 가지를 얻었고, 이보다 앞서서 또 선묘조께서 명하여 찬집한 『유선록儒先錄』이 있는데 선생은 여기에서 세번째에 있다.

서문숙이 문집 편찬하는 일을 박세채朴世采에게 위탁하고, 박세채가 또 강화도 유수 이선李選에게서 유적遺蹟을 가져와 제가諸家의 소장한 것을 모두 취해서 비로소 책을 이룰 수 있었다. 원집이 4편이고 부록이 5편인데, 그 말씀과 그 행실을 비록 하나도 빠짐없이 보존했다고는 할 수 없으나, 또한 족히 바른 학문을 밝히고 바른 도를 오래가게 하는 대략을 보여준 것이니 제공들의 마음 씀이 부지런하다고 할 수가 있겠다. 서문숙이 또 나에게 서문을 부탁하니 나는 이미 선생의 유사에 여러 번 옳지 못한 죄를 범하였기에 이제 사양할 수가 없었다.

문득 마음에 의심나는 것은 이황李滉 선생이 일찍이 선생의 행장을 지으매 그 찬미함을 일컬으신 바가 지극하였는데, 그 문인과 더불어 주고받은 말에 이르러서는 자못 만족스럽지 못한 의사가 있고 또한 때때로 공손치 못한 말이 있었으니 반드시 곡절이 있을 것인데, 그 문하에 나아가 질정할 수 없는 것이 한스럽다.

또 일찍이 생각해보니 주부자가 이정 선생에게 직접 요, 순, 공, 맹의 도통을 계승한 것으로 말씀하시되 그 의리를 변론하는 곳에 이르러서는 또한 일찍이 털끝만 한 것도 굽힌 바가 있지 않으셨으니 아마 문순공文純公(이황)도 또한 받은 바가 있어 그런 것이 아니겠는가? 나는 후인들이 그러한 것은 알지 못하고서 선생에게 의미를 두지 않으면 혹 문순공에게 의심을 두지 않을까 하였기 때문에, 간략히 나타내서 뜻을 아는 군자를 기다린다.

숭정 계해(1683년) 12월 일에 후학 은진 송시열宋時烈은 서序한다.

『정암선생문집』중간 시문靜菴先生文集重刊序

동방의 도학道學(성리학)이 일찍이 포은으로부터 시작해서 정암 선생에 이르러 크게 천명闡明하여 성리의 근원을 미루어 밝혀서 염락관민濂洛關閩(주돈이周敦頤, 정호·정이, 주희, 장횡거張橫渠의 출신 지명)의 도통道通이 환연하게 다시 세상에 밝혀졌으니, 그 성덕과 대공이 이와 같이 큰 이가 그 누구겠는가!

아아! 명덕과 신민은 곧 성현이 참된 정성(血誠)을 기울여 하고자 하는 것이었지만 그러나 혹 한때엔 능히 행해지지는 못하였어도 멀리 천년을 전할 수는 있었고, 혹 능히 당세에는 용납되지 못하였지만 마침내 백세의 스승은 되는 것이다. 대개 선생이 조정에서 하신 사업은 개연히 요순군민堯舜君民으로서 자임하시니 이에 한번 정치를 하려는 기회가 성대하였다. 만일 대중지정大中至正한 법규가 마치 해가 중천에 있는 것과 같이 하여 이것을 폐단 없이 전하여서 모든 안목을 열어주었더라면, 그 은택과 복리가 사물에 미침이 어찌 그 한때나 당세에만 그쳤겠는가?

요순의 교화는 때맞게 내리는 비와 같고 맹자의 덕택은 강과 같아서, 때맞게 내린 비는 사해를 고루 적실 것이요 강하의 흐름은 만고에 마르지 않을 것이다. 이것이 재아宰我가 공부자孔夫子를 찬미하면서 요순보다도 낫다고 한 것이다. 아아! 선생께서 앞을 빛내시고 뒤에 공이 있음이 저와 같이 탁월하시니 내 어찌 감히 무엇을 묻겠는가?

그러나 선생의 문집이 영남본·호남본, 두 본이 있는데, 호남본은 능주綾州(현 화순군 능주면) 죽수서원에 보관되어 있다가 서원이 훼철되자 학포學圃의 후손 양정환梁珽煥이 판본을 거두어 보관하였으나 곧 재난을 만났고, 영남본 또한 파손되고 완전하지 못하여서 진실로 사림士林의 한이 되었다. 정환의 아들 회연會淵이 호남의 모든 선비와 더불어 중간할 것을 도모하고, 안찰사按察使 민정식閔正植이 즐거이 이 역사를 도와 양본을 거두어 네 권을 만들고, 머리에 명릉明陵(숙종) 어제시御製詩를 게재하고, 또 열성조의 치제문과 몇 제가의 서술을 수집해서 한권을 만들어 그 뒤에 붙였다. 나는 이 역사에서 선생의 덕업이 사람에게 깊은 감동을 주니, 높은 덕업과 큰 행적[高山景行]이 실로 인을 좋아하는 것임을 더욱 알 수가 있었다.

회연이 선생의 후손과 몇 선비들의 뜻으로서 나에게 서문을 요구하였다. 돌아보건대 말단의 학문과 얕은 견문으로 어찌 감히 감당하겠는가! 그리고 또 우리 선대[先子, 송시열]의 서문이 있어서 지극하고 곡진하시니 다시 어찌 여기에 보탬이 있겠는가!

일찍이 들으니 문자가 성하고 쇠하는 것은 기수氣數로 더불어 서로 관계된다고 한다. 이제 세상이 쇠하고 도가 미약해져서 정학은 밝지 못하고 사악한 것이 일어나는 판국인데, 이런 때에 선생의 글을 중간해서 그 전하심을 넓혔으니 이 또한 어찌 사문斯文(성리학)과 세도의 다행함이 아니겠는가? 깨닫지 못하고 크게 기뻐하여 참람함과 외람됨을 잊고서 드디어 선대의 서문 밑에 이것을 썼으니, 또한 각각 그 뜻을 말한 것일 뿐이다.

숭정 후 다섯번째 임진(1892)[5] 첫날에 후학 송병선宋秉璿이 삼가 씀.

조광조 행장

선생의 성은 조씨趙氏이고, 이름은 광조光祖이며, 자는 효직孝直이고, 스스로 정암靜菴이라 호號하였다. 조씨는 한양의 이름난 성인데, 7대조인 양기良琪가 고려에 벼슬하여 총관摠管이 되었고, 원나라 세조世祖(쿠빌라이) 때에 부수副帥로서 합단哈丹(몽골의 반란 세력) 군대를 쳐부수고 포로를 바치니 황제가 도포와 띠를 주어 격려하였다.

고조의 이름은 온溫인데, 본조本朝의 개국공신이 되어 한천부원군漢川府院君에 책봉되었으며, 시호는 양절良節이었다. 한천이 의영고 사義盈庫使 육育을 낳으니 뒤에 이조참판으로 증직되었고, 참판이 성균관 사예 충손衷孫을 낳았고, 후에 예조판서로 증직되었다. 판서가 원강元綱을 낳으니, 벼슬은 사헌부 감찰에 이르렀고 뒤에 이조참판으로 증직되니, 이 사람이 선생의 아버지이다.

어머니는 여흥민씨驪興閔氏로 현감 권의權誼의 딸인데, 성화成化[6] 임인년

---

5   원문의 "오회임진(五回壬辰)"은 명나라 마지막 연호인 숭정(崇禎)을 기준 삼아 명나라가 무너진 이후 다섯번째 맞은 임진년이라는 의미다.

(1482, 성종 13) 8월 10일에 선생을 낳았다. 선생은 좋은 자질을 타고나서, 어려서 장난치며 놀 때에도 이미 장성한 사람의 풍도가 있었고, 조금이라도 남의 잘못을 보면 즉시 지적해서 말하였다. 성장하여 글을 읽고 학문을 닦을 줄 알면서부터는 의연하게 큰 뜻이 있으나 오직 과거 보는 글에는 뜻을 두지 않고, 성현의 위엄과 풍모를 사모하여 넓게 배우고 힘써 행하여서 이룩함이 있기를 기약하였다. 19세에 아버지가 돌아가시고, 어머니를 모시고 집에 있으면서 지극한 정성으로 안색을 살펴 봉양하여 효성스럽다는 칭찬이 나라에 드러났다.

정덕正德⁷ 경오년(1510, 중종 5)에 진사시進士試에서 장원을 차지하였다. 신미년(1511)에 모친상(內艱)을 당하였다. 을해년(1515) 여름에 이르러 조정의 신하가 효렴孝廉으로 천거하여 조지서 사지造紙署司紙⁸에 제수되었고, 이해 가을에 중종이 실시한 알성별시謁聖別試에 응시하여 을과에 수석으로 급제하여 성균관 전적成均館典籍이 되었다. 얼마 뒤 사헌부 감찰司憲府監察, 예조좌랑禮曹佐郎, 사간원 정언司諫院正言으로 옮겼다.

장경왕후章敬王后의 상喪에 담양부사潭陽府使 박상朴祥과 순창군수淳昌郡守 김정金淨이 함께 상소하여, 신씨愼氏의 왕후의 위를 회복시킬 것을 청하였다. 조정의 의론은 이들이 말할 사안이 아니라고 여겨 체포해서 국문하기를 청하였다. 일이 장차 예측할 수 없는 상황이 되자 선생만이 홀로 힘쓰며 간쟁하기를, "신씨는 실로 복위시켜서는 안 됩니다. 그러나 상소의 내용에서 논한 것 또한 일리가 있으니, 죄를 주어서 언로를 막는 것은 옳지 않습니다" 하니, 두 공公은 이로 말미암아 죄를 면하였다. 홍문관弘文館에 뽑혀 들어가서 수찬修撰, 교리校理, 응교應敎, 전한典翰을 지냈다. 정축년(1517) 여름 5월에 통정대부通政大夫 승정원 동부승지承政院同副承旨에 올랐

---

6   명나라 헌종(성화제)의 연호.

7   명나라 무종(정덕제)의 연호.

8   조선시대에 종이를 만든 관청인 조지서(造紙署)의 종6품 관직.

다. 모두들 "옥당玉堂(홍문관)의 장長이 되어 임금의 덕을 기르는 데는 이 사람이 아니면 안 된다"라고 하여, 겨울에 옥당으로 돌아와서 부제학副提學이 되었다.

주상께서 평소 유학을 숭상하고 문치文治에 깊은 뜻을 두어 당우唐虞(요순) 삼대처럼 번성하기를 바랐으므로, 더욱 선생을 의지하고 중하게 여겼다. 선생은 이에 세상에 보기 드문 대우에 감격하여서, 임금을 존경받게 만들고 백성에게 혜택을 주고 유학을 번성하게 하는 것을 자기의 임무로 삼아서, "임금의 마음은 다스리는 근본이 되므로, 그 근본이 바르지 않으면 정체政體가 의지하여 서지를 못하고, 교화가 이로 인해 행해지지를 못한다" 하여 입대入對할 때마다 반드시 마음을 가라앉히고 생각을 엄숙히 하여 신명神明을 대하는 것과 같이 해서, 아는 것은 다 말하였고, 말할 때에는 충직忠直하게 하였다.

주상께 경계할 것을 진언한 말에, "사람의 마음은 본래 천지와 같이 크고 사시四時와 함께 운행합니다. 그런데 그 이理가 욕심에 가려짐으로 말미암아 큰 것이 작아지고, 기氣가 사욕私慾에 얽혀짐으로 말미암아 운행하는 길이 막히는 것입니다. 보통 사람에 있어서도 그 피해를 이루 다 말할 수가 없는데, 하물며 임금은 지위가 높아 교만하고 방탕하기가 쉬워서 아름다운 소리와 여색女色의 유혹이 보통 사람보다 만배나 더합니다. 마음이 한번 바르지 못하고 기운이 한번 순하지 못하면 재앙의 징조가 어두운 중에서 서로 응하고 재앙의 싹이 밝은 곳에서 일어나 인류는 막히고 만물이 이루어지지 못합니다. 무릇 이와 같으니, 주상께서 하늘을 섬기는 데 마음을 두어서 중화中和의 지극한 공을 이루고자 하시려면 마땅히 어떻게 되겠습니까" 하였다.

정의와 사리私利, 왕도와 패도霸道의 구별과 고금의 성쇠하는 징조, 군자와 소인의 거취와 성패에 관한 경계警戒에 이르기까지 그 마음속에 품은 것을 상세히 논의하고 극진히 말하여서 어떤 때는 해가 기울어질 때까지

하였다. 임금이 겸허한 마음으로 모두 귀를 기울여 들었고, 날마다 더욱 장려하였다.

무인년(1518) 봄에 조정에서 현량과를 설치하여 인재를 얻고자 하였다. 선생이 아뢰기를, "주상께서 잘 다스리고자 하는 뜻을 가지고 있는데도 오랫동안 성과를 보지 못한 것은 인재를 얻지 못하였기 때문이니, 만약에 이 법을 행하면 인재를 얻지 못할 것을 근심하지 않아도 될 것입니다" 하였다. 양사兩司에서 옥당玉堂과 함께 소격서昭格署를 혁파할 것을 청하였는데도 임금이 여러 달을 허락하지 않자, 선생이 승정원에 나아가 동료들에게 말하기를 "오늘 허락을 얻지 못하면 물러갈 수 없다" 하고는, 저녁이 되어 대간은 다 물러갔는데도 옥당은 그대로 머물러서 논계論啓하여 허락을 얻은 후에야 나왔다.

처음 회령부會寧府(함경북도 회령군) 성 주변에 살던 야인野人 속고내速古乃가 몰래 깊은 산중에 있는 야인과 공모하여 갑산부甲山府의 경계에 들어와 사람과 가축을 많이 약탈하였다. 이에 이르자, 남도병사南道兵使가 올린 비밀 장계에 따라 먼저 밀지密旨를 보내 함경도에 유시하고, 이지방李之芳을 파견하여 틈을 엿보아 덮쳐서 법에 따라 처치하려고 하였다. 임금이 선정전宣政殿에 거둥하여 파견하려던 때 장상將相과 모든 신하가 둘러 모셨는데, 선생이 밖에서 들어와 임금을 면대하기를 청하여 아뢰기를, "이 일은 도적이 교활하게 속이는 꾀와 똑같으니 왕으로서 오랑캐를 방어하는 도리가 아니고, 또 당당한 큰 나라로서 한 조그마한 오랑캐를 사로잡는 데 도적의 꾀를 행하는 것은 나라를 욕되게 하고 위신을 훼손하는 것이니, 신은 내심 부끄럽습니다" 하였다.

임금이 즉시 다시 의논하도록 명하니, 좌우의 사람들이 다투어 말하기를, "병가兵家에는 모략과 정도正道가 있고, 오랑캐를 방어하는 데에는 경도經道와 권도權道가 있습니다. 중의衆意가 이미 같은데, 한 사람의 말 때문에 갑자기 바꿀 수는 없습니다" 하였다. 병조판서 유담년柳聃年이 "밭 가는 것은 마땅히 남자 종에게 묻고, 베 짜는 것은 마땅히 여자 종에게 묻습니다. 신은 젊을 때부터 북방을 출입하여 저 오랑캐의 정상을 실로 다 압니다. 신의 말을 들으소서" 하였으나, 임금은 오히려 중의를 물리치고 파견하는 일을 중지하게 하였다. 임금이 선생을 대우한 것과 선생이 임금의 마음에 든 것이 다 지극하다고 하겠다.

당시에 선류善類로서 같이 선발되어 임금의 우대를 받은 자가 한둘이 아니었는데, 서로 함께 협력해서 사업을 일으켜 오래된 폐해를 없애고 교화를 닦고 밝혀서 옛날 현철한 왕의 법도를 차례로 거행하였고, 『소학』을 인재를 기르는 근본으로 삼고 향약鄕約을 풍속을 교화하는 법도로 삼으니, 모든 관리가 자각하여 힘쓰고 모든 사람들이 분발하였다.

그러나 여러 공들이 너무 조급하게 효과를 보고자 하는 잘못을 범하여, 모든 건의하고 시설하는 데 있어 날카로움이 너무 드러났는가 하면 장황하고 과격하였다. 또한 젊고 일 만들기 좋아하는 사람이 있어서 유리한 기회를 노려 시세에 영합하는 분란을 부추기는 자들이 그 사이에 많이 끼어 있었고, 구신舊臣들 중에는 시대의 의론에 용납되지 못해 이로 인해 공격을 받게 되자 원한이 골수骨髓에 사무쳤다. 선생이 일찍부터 이미 그렇게 될 조짐을 보고 도道가 행해지기 어려울 것을 알아서 오래전부터 직위를 사퇴하고자 하였다.

이해 겨울에 임금이 특명으로 선생을 가선대부嘉善大夫로 올리고, 사헌부 대사헌 겸 세자좌빈객世子左賓客 동지성균관사同知成均館事에 제수하였다. 선생은 관직이 너무 빨리 오르는 것을 크게 두려워하여 극렬 간절하게 사양했으나, 임금의 신임은 갈수록 융숭해져서 더욱 허락하지 않았다. 어떤 이가, 선생이 끝내 사양을 허락받지 못하고 물러나면서 얼굴 가득 근심스러운 빛을 띠고 어떻게 할 수 없다는 눈치였다고 운운하였다.

기묘년(1519) 봄에 김우증金友曾이란 자가 사림을 무함한 일이 있었다. 일이 발생하자 조정에서 심문하는데, 선생이 사헌부의 장長으로 거기에 참여하였다. 양사에서 선생이 김우증을 끝까지 다스리려고 하지 않는다고 논박하여 파직시켰으나, 곧 정부가 아뢰어서 다시 유임되었다. 그 후에 조정의 의논이 정국공신 중에 공이 없는 자에게 함부로 주었던 녹권錄券(공을 기록한 문서)을 추탈하게 되었는데, 선생이 또한 그 의논에 동참하였다. 이때에 선생이 이미 물러갈 수도 없게 되었으니, 기강을 세워 탐욕한 자를 물리치고 깨끗한 이를 드러내며, 명령하면 시행되고 금지하면 그치게 하는 것이 당연히 해야 할 일이었으나, 시세時勢를 돌이켜 보건대 그때는 크게 근심될 만한 일이 있는 형편이었으므로 일에 임하여는 조금 조화하려는 뜻을 가지지 않을 수 없었던 것이다. 그 외에 신상申鏛, 이자李耔, 권벌權橃의 의견이 다 그러하였으니, 이것은 곧 시대를 따르는 의리로서 중도中道가 아님이 없었다.

그런데도 저 과격하고 경솔한 무리들은 도리어 선생이 정도에 어긋난 것을 따라 임시방편으로 일을 처리하여 그 자취가 간사한 무리들과 같다고 하여 여러 번 배척하고 탄핵하였다. 전날 원망하던 모든 사람들이 곁에서 이를 갈고 입술을 깨물며 날마다 틈을 노리는 것을 알지 못하여, 큰 화가 갑자기 신무문神武門을 여는 변으로까지 되었으니, 슬프다. 어찌 이루 다 말하겠는가, 어찌 이루 다 말하겠는가. 그날의 일은 당연히 국가 문서에 기록되었을 것이나, 수상首相이 울면서 임금의 옷깃에 매달려 간해서 그 정성이 하늘에 감동되어 다행히 벼락 같은 위엄을 조금 그치게 하였다. 그러나 유도들이 궐문을 지키고 울부짖으면서 다투어 의금부에 갇히고자 한 것은 참소하는 자들에게 더욱 구실을 주었을 뿐이니, 이것은 소식蘇軾이 자기를 구제하려는 장방평張方平의 소疏를 보고 놀라서 탄식한 것과 같다.

선생은 11월 어느 날 능성綾城으로 귀양 갔고, 후명後命(최후에 죽음을 내리는 명)이 이른 것은 12월 20일이었다. 선생이 곧 목욕하고서 옷을 갈아입고 조용히 도사都事에게 말하기를, "임금이 신에게 죽음을 내리시니 마땅히 죄명이 있을 것이다. 청하건대, 죄명을 공손히 듣고 죽겠노라" 하니, 도사의 대답이 없었다. 선생이 또 말하기를, "임금 사랑하기를 아비와 같이 하였으니, 하늘의 해가 나의 속마음을 비출 것이다" 하고 드디어 세상을 떠났으니, 향년 38세였다. 이듬해 모월 어느 날에 용인현龍仁縣 어느 동리 선인先人의 묘소에 장사 지냈다.

선생은 타고난 자질과 품성이 특이하여 동류 중에서 뛰어나니, 마치 화려한 난새가 머무르고 고상한 고니가 우뚝 선 것과 같고, 옥같이 윤택하며 금같이 순수하고, 또 무성한 난초가 향기를 풍기고 밝은 달이 빛나는 것과 같았다.

17, 8세에 분연히 도학道學을 공부할 뜻을 가졌다. 그때에 참판공參判公(아버지 조원강)이 어천찰방魚川察訪이 되었는데, 때마침 한훤寒暄(김굉필) 김 선생이 희천熙川에 귀양 가 있었다. 선생이 본래 한훤의 학문이 근원(淵源)이 있음을 들었으므로, 그곳으로 가서 부친을 모시고 있으면서 한훤에게 찾아가 종유하며 학문하는 큰 방법을 들었다.

대개 우리 동국의 선현先賢 중에 도학에는 비록 문왕文王 같은 성군을 기다리지 않고도 창시한 자가 있었으나 결국에는 절의節義, 장구章句, 문사文詞를 닦는 데 그쳤고, 진실로 실천하는 것으로써 학문의 근본을 삼은 이는 오직 한훤이 있을 뿐이었다. 마침내 선생은 어지러운 세상을 당하여 능히 험난함을 무릅쓰고 그를 스승으로 섬겼다. 비록 그 당시 강론하고 주고받은 뜻은 직접 듣지 못했으나, 선생이 그 후에 그처럼 도학을 공부하는 정성과 업적이 탁월한 것을 보면 그 발단發端이 진실로 여기에 있었던 것이다.

우선 볼 수 있는 실정만으로 말하면, 학문을 하는 데 있어 『소학』을 독실히 믿고, 『근사록』을 존숭하여 모든 경전經傳에 적용하였다. 평상시에 거처할 때에는 밤낮으로 몸가짐을 살피고 삼가서 의젓하고 엄숙하여 의복과 태도가 조금도 법도에 어그러지지 않았고, 말씀을 하실 때나 행동을 하실 때는 반드시 옛 훈계에 따랐으니 아마도 지경持敬하는 방법이었으리라.

언젠가 천마산天磨山에 들어갔고 또 용문산龍門山에 들어갔는데, 공부하는 여가에 꼿꼿이 앉아서 마음을 가라앉혀 상제上帝를 대하는 것과 같이 해서 본심을 함양涵養하기를 힘쓰는 것이 남이 미칠 수 없었으니, 아마도 꼿꼿하게 애써 정靜을 주로 하는 학문을 하였기 때문이리라.

효도하고 우애하는 행실은 천성에서 나온 것이어서, 바람이 불거나 비가 오거나 날마다 가묘家廟에 절하고, 어버이를 봉양하고 뜻을 어김없이 받드는 데 모두 곡진하였다. 집을 바르게 다스려서 안과 밖의 분별이 엄하였고 사랑과 훈계를 같이 베풀었다. 깨끗한 절조節操로 자신을 갈고 닦아 몸가짐을 빈한한 선비와 같이 하였다. 언젠가 부인에게 말하기를, "나는 나랏일을 전심하여 집안일은 생각할 여지가 없다" 하고는 가정 살림에 신경쓰지 않았으며, 청탁이 통하지 않았고 거마비車馬費를 받지 않았다. 자신을 살피고 사욕을 이겨내는 데에는 항상 남이 따르지 못할 점이 있었다.

젊은 날 우연히 여색女色을 가까이할 수 있는 기회가 있었으나 곧 물리쳐 피하였고, 더욱 술이 성품을 해친다는 경계를 지켜서 친구가 술을 마시고 체통을 잃는 것을 보면 준절하게 책망하였다. 상중에는 지극히 슬퍼하고 제사에는 정성껏 공경을 다하였으며, 후생後生은 각각 그 재질을 따라 장려하여 이끌고, 이단을 물리칠 것을 논하되 먼저 근본을 바르게 하고자 하였다. 평소의 행동이 널리 알려진 데다 재주가 세상을 영도하기에 충분하였고 영특한 기품이 밖에 드러나니, 풍모가 사람을 감동시킬 만하였다.

일찍이 하련대下輦臺에 임금이 앉았을 적에, 선생이 대사헌大司憲으로 시종하다가 일이 생겨서 몸을 빼어 나가기도 하고 빠른 걸음으로 몸을 구부리고 앞으로 지나기도 하였는데, 그 몸가짐을 바라보고 백관이 다 주목하였으며 교문橋門에 둘러섰던 자가 감탄하며 말로 표현할 바를 몰랐으니, 한 시대의 존경을 받음이 이와 같았던 것이다. 스스로 무거운 책임을 지워 우리 임금을 요순처럼 만들고 우리 백성을 어질고 편하게 사는 지경에 오르게 하리라고 생각하였으니, 그 충성은 금석을 뚫고 그 용맹은 분육賁育[9]보다 뛰어났다. 자기 몸을 돌보지 않고 오직 왕의 일만을 생각하는 신하로서 착한 임금의 성대한 시대를 만나, 조정에 나아가서는 날마다 세번씩 알현하고, 물러나서는 사람들이 다투어 손을 올려서 존경하였으니, 이는 상하가 서로 기뻐하여 천년에 한번 있을 수 있는 좋은 때라고 할 것이다.

그런데 어찌하여서 하늘이 그사이에 마魔가 들게 하여, 위로는 그 뜻이 크게 행하여지지 못하고 아래로는 그 혜택이 넓게 미치지 못하게 하였는가. 이것은 시대의 운수와 나라의 액운과도 관계되어 천지에 유감된 일이며 귀신이 농간을 부린 것이니 선생인들 어찌하겠는가. 하물며 선생은 언젠가 상사上舍 허백기許伯琦[10]와 함께 "철없는 젊은이들이 세속을 놀라게 한다"라고 말하였고, 또 수재秀才 성수침成守琛[11]을 만나서는 향약의 실행하기 어려운 점을 근심하였으니, 스스로의 맡은 일은 비록 중대하였지만 고집해서 반드시 하려는 뜻은 없었다. 그가 사헌부의 대사헌 자리를 극력 사양하다가 허락받지 못했을 때 그처럼 깊이 근심하였고, 기준奇遵[12]이 언젠가 산림에 홀로 갔으면 하는 탄식을 하니 자주 칭찬하며 마음에 들어하신 것을 보면, 물러서기 어려운 때에 용감하게 물러서는 것은 평소 선생의 뜻이었다.

그러나 근세에는 사대부를 대우함이 예전 의리를 따르지 않아서 물러가

---

9 옛날 중국의 용사였던 제(齊)나라 맹분(孟賁)과 위(衛)나라 하육(夏育)을 의미함.

10 허백기(1493~1563)의 자는 여진(汝珍), 호는 삼송(三松), 호재(浩齋)이다. 조광조의 문인으로 1519년 진사시, 별시문과 을과에서 급제한 뒤 사관(史官)과 주서(注書)가 되었다.

11 성수침(1493~1564)의 자는 중옥(仲玉), 호는 청송(聽松), 죽우당(竹雨堂), 파산청은(坡山淸隱), 우계한민(牛溪閒民)이다. 조광조의 문인으로 1519년 현량과에 천거되었다. 그해 기묘사화가 일어난 이후 벼슬을 단념하고 청송이라는 편액을 내걸고 은거해 경서 공부에 전념했다. 문하에서 아들 성혼(成渾)을 비롯한 많은 석학이 배출되었다. 저서로는 『청송집(聽松集)』이 있다.

12 기준(1492~1521)의 자는 자경(子敬), 경중(敬仲), 호는 복재(服齋), 덕양(德陽)이다. 조광조의 문인으로 매우 가깝게 교유했으며, 기묘명현의 한 사람이다. 저서로 『덕양유고(德陽遺稿)』『복재집(服齋集)』 등이 있다.

기를 구하여 허락을 얻은 예가 없고, 신하가 벼슬에서 물러가는 길이 끊겨 한번 조정에 서면 병으로 폐하거나 죄로 물러나는 것 외에는 국사를 떠날 방도가 없으니, 비록 선생이 화합하지 못하여 물러가기를 도모하고 기미를 보아 일어나고자 했으나 어찌 자신의 뜻을 이룰 수 있었겠는가. 이미 선생이 물러나려는 뜻을 이루지 못했으니, 또 어찌 화가 오는 것을 지혜와 꾀로써 면할 수 있었겠는가. 이것이 선생의 더욱 어려웠던 점이다.

그러나 일월의 빛은 전처럼 가렸던 구름이 사라지면 밝아지고, 의리의 감정感情은 오래될수록 더욱 시비의 판단이 명백해지기 마련이다. 중종이 말년末年에 하늘의 뜻을 통찰하고 여론도 선생의 누명을 벗겨주고자 하여 실로 이미 은택을 내릴 뜻이 있었고, 인종이 즉위하자 묘당廟堂의 거듭된 논의와 유생의 호소로 말미암아 마침내 중종의 뜻을 따라서 선생의 관작을 예전처럼 회복하도록 명하였다.

아아, 천도는 본래 바르고 인심은 진실로 속이기 어려운 것이니, 요임금이 뜻했던 바를 순임금이 이어받아 실행한 것이었다. 이로부터 선비의 학문은 방향을 알 수 있게 되었고 세상의 다스림은 이로 인해 거듭 밝아질 수 있었으며, 도학은 이에 힘입어 타락하지 않을 수 있었고 나라의 기맥도 이에 힘입어 무궁해질 수 있었으니, 이러한 사실로 본다면 당대 사림의 화禍는 비록 슬프다 하겠으나 선생이 도를 높이고 학문을 창도한 업적은 후세에 영향을 끼쳤다고 할 수 있겠다.

또 한가지 말이 있으니, 주周나라가 쇠망한 이래로 성현의 도가 그 당대에는 행해지지 못했으나 만세萬世에는 행해질 수 있게 되었다는 것이다. 대개 공자, 맹자, 정자, 주자의 덕과 재주는 그것을 써서 왕도王道를 일으키는 것은 손바닥을 뒤집는 것처럼 쉬울 것인데도 결국에 성취된 것은 교훈을 세워서 후세에 남기는 데 지나지 않을 뿐이었다. 그 까닭은 무엇인가? 하늘에 있는 것은 본래 알 수 없지마는, 사람에게 있는 것도 역시 일괄적으로 논할 수는 없다.

선생이 추구한 도를 이미 공자, 맹자, 정자, 주자의 도라고 하였으니, 선생이 세상에서 큰일을 못 한 것은 괴이할 것이 없고, 다만 벼슬길에서 물러나 그 도의 실상을 크게 천명하여 우리 동방의 후세 사람들에게 복이 되게 하지 못한 것이 한탄스러울 뿐이다. 또 대개 하늘이 큰 임무를 사람에게 내리려 할 적에 어찌 젊을 때에 한번 이룬 것만으로 대번에 만족하게 여기겠는가. 필시 중년과 말년에 풍족하게 공을 쌓은 후라야 자격이 크게 갖추어지는 것이다.

가령 선생이 애초에 성세聖世에 갑자기 등용되지 않고 집에서 한가히 지내며 궁벽한 마을에 숨어 살며 더욱 이 학문에 힘을 다하여 오랜 세월에 걸쳐 깊이 연구했더라면, 연마한 것이 관철되어 더욱 고명해지고 수양한 것이 높고 깊어 더욱 넓고 해박해져서, 환하게 낙건洛建(정자와 주자)의 근원을 찾고 수사洙泗(공자)의 영향을 받을 수 있었을 것이다.

대개 이와 같이 되었더라면 당대에 받는 지우知遇는 받아도 좋고 못 받아도 괜찮았을 것이다. 믿는 것은 이 도道요, 도학자를 위하는 길은 교훈을 세워 후세에 전하는 한가지 일이 있을 뿐이었다. 이제 선생은 그렇지 못하였으니, 첫째 불행은 등용되어 발탁된 것이 너무도 갑작스러웠다는 것이고, 둘째 불행은 벼슬에서 물러나기를 구하였으나 뜻을 이루지 못하였다는 것이고, 셋째 불행은 귀양 가서 일생을 마친 것이어서, 앞에 말한 중년·말년에 풍족하게 공부할 만한 겨를이 없었던 것이다. 교훈을 세워 후세에 전하는 일은 더더군다나 이룰 수가 없었다. 그렇다면 하늘이 이 사람에게 큰 책임을 내린 뜻은 결국 무엇이었던가.

이 때문에, 오늘날 선생이 남긴 것을 찾아 사람들의 마음을 맑게 하고 바른 학문을 열어주는 방법으로 삼으려 하여도 의거할 만한 단서가 거의 없었다. 헐뜯는 무리의 끝없는 담론이 화복과 성패의 결과만으로 판단하는 데서 벗어나지 못하여 세도世道가 더욱 투박해졌다. 그리하여 마침내 멋대로 지목하여 서로 헐뜯자, 몸조심하는 이들은 말하기를 꺼리고 자식을 가르치는 자는 이를 경계로 삼았으며, 선량한 이를 원수로 여기는 것이 여기에서 비롯하게 되어서 더욱 우리 도에 병폐가 되었다.

아아, 이것이 어찌 실로 요임금의 유지遺志를 순임금[重華]이 계승하여 이 도학을 보호하고 나라의 기맥을 길이 이어가게 하는 장한 뜻이겠는가. 이것은 또 뒤에 오는 어진 임금과 현명한 재상 및 무릇 세상을 다스릴 책임을 진 자가 마땅히 깊이 근심하고 영구히 거울삼아서 힘써 구제할 점이다. 그러므로 몇 년 전부터 태도를 바꾸어서 새롭게 혁신하고 좋아하고 미워함을 분명하게 보인 자가 한두 사람이 아니다.

세상의 선비 된 자가 여전히 왕도王道를 높이고 패술霸術(남을 교묘히 속이는 기술)을 천하게 여길 줄 알며, 바른 학문을 숭상하고 이단을 배척하며, 정치하는 도리를 반드시 몸을 닦는 데에 근본을 두어서, 모시고 심부름하는 것으로부터 이치와 성性을 연구하는 데 이르러 점차로 분발해 일어나서 하고자 하는 것이 있게 되었으니, 이것이 누구의 공이며 누가 그렇게 하도록 만들었는가. 하늘의 뜻을 여기에서 볼 수 있겠고, 성조聖朝의 교화가 여기에서 무궁하게 될 것이다.

선생의 아내는 첨사僉使 이윤형李允泂의 따님이다. 두 아들을 낳았으니, 맏이는 정定인데 일찍 죽었고, 막내는 용容인데 지금 전주의 판관判官이다. 선생이 돌아가실 때 두 아들이 다 어렸고 또 세상을 두려워하여 피해야 할 형편이었으므로, 선생의 뜻과 행적을 기술하는 일을 오랫동안 부탁한 일이 없어서 사람의 이목에 남을 사적事蹟이 점차로 인멸되기에 이르렀다.

중간에 상사上舍 홍인우洪仁祐가 행장 하나를 지었는데, 지난해에 판관 아들이 그 종질인 충남忠男을 보내와서 홍 상사가 지은 행장을 나에게 주며 말하기를, "비석碑石은 이미 마련되었으니, 명문銘文을 지어 묘 앞에 표하기를 청합니다" 하였다.

내가 문장을 못한다고 사양하고 또 말하기를, "비문을 짓고자 하면 마땅히 먼저 행장을 구하여야 할 것인데, 홍 상사가 지은 행장을 보니 너무 간략합니다. 반드시 다시 널리 방문하여 많은 사적을 찾아내고 당대의 훌륭한 문장가를 구하여 행장을 보완補完한 후에 천천히 비문을 만들어도 늦지 않습니다" 하였다.

근래에 판관이 또 사람을 보내어 편지를 전하고, 아울러『음애일록陰崖日錄』[13] 등 두가지 서적을 보이면서 말하기를, "사적을 더 찾을 수가 없고 사방으로 돌아보아도 저의 선인을 위하여 기꺼이 붓을 잡을 자가 없으므로, 감히 두번 세번 번거롭게 청합니다" 하였는데 사정이 매우 애처로웠다. 나는 혼자 '비록 선생의 문하에서 직접 배우지는 못하였으나 선생에게 받은 영향은 많은데, 이미 비명碑銘을 사양한 데다 또 행장을 짓지 않는다면, 어찌 정이 지극하면 일이 따른다 하겠으며, 또 홍 상사는 학문에 뜻을 둔 선비요 또 선생과 한 동리 사람이니, 그 행장이 비록 간략하더라도 필시 증거가 있을 것이다'라고 생각했다.

그러므로 그가 적은 것을 바탕으로 하고 나중에 얻은 서적을 참작해서 더하고 덜어내어 이 글을 지었으니, 이는 우선 조금이라도 판관의 효성에 보답하고자 해서요, 또 이어서 듣고 본 것이 있으면 이것을 바탕으로 하여 행장을 완성하는 자료로 삼고자 해서이다. 만약 이것이 뒷날 사필史筆을 잡는 자의 참고가 될지라도 선생의 학문과 사업, 언론과 풍모가 사책史冊에 실리고 추모하는 노래에 스민 것이 더욱 많을 것이니, 어찌 이 행장에만 국한되겠는가?

가정嘉靖 43년 갑자(1564) ○월 ○일에 진성眞城 이황이 삼가 적다.

13　조선 중종 대의 문신 이자(李耔, 1480~1533)가 1509년(중종 4)부터 1516년(중종 11)까지 약 3년간 매일의 일상을 기록한 일기다. 현재 경기도 용인시 한산이씨 문중에서 소장하고 있다.

연보를 통해서 본 조광조의 사상

『정암선생문집』5권靜菴先生文集附錄卷之伍, 연보年譜

1498년(연산군 4), 17세

비로소 한훤당 김 선생의 문하에 들어가 배우다. 선생이 이미 자랄 때 강개하고 큰 뜻이 있어서 널리 배우고 힘써 실천하였다. 때에 사초史草 사건[14]으로 인한 선비의 화가 크게 일어나 김 선생 굉필이 김종직金宗直의 문하생이라 하여 희천熙川으로 유배를 갔다. 마침 참판공(조광조의 부친 조원강)이 어천찰방이 되어 선생도 또한 부친을 따라갔다. 평소에 김 선생이 학문의 연원이 있다는 말을 들었기에 드디어 품의하여 그 문하에 들어가서 수업을 하였다. 김 선생은 그를 심히 사랑하고 중히 여겼는데 선생은 이로부터 한결같이 성현의 학문으로써 자기의 소임을 삼았다.

그는 스승의 문하에 있으면서 뜻을 가다듬고 학업을 정돈하여 확고하고 독실하여서 일과의 규칙을 어기지 아니하여, 낮에 강講함에는 반드시 절실히 묻고 밤에 물러와서는 반드시 생각하여 태만한 용태는 조금도 갖지 않았고 문장의 연습에 이르기까지 또한 조금도 마음에서 떠나지 않았으며, 사람들이 혹시 과거 공부를 권하면 번번히 문사文辭를 익히지 못하였다고 거절하였다.

김 선생이 일찍이 한마리의 꿩을 얻어서 이것을 말려서 어머님께 보내려 하였는데, 마침 고양이 새끼에게 먹히고 말았다. 김 선생이 지키던 종을 심하게 꾸짖으며 언성을 너무 높이자 선생이 나아가서 말하기를, "어머님을 봉양하려는 정성이 비록 절실하지만, 군자의 언사와 기분은 반드시 살피지 않을 수 없습니다. 소자小子는 가만히 마음에 의심된 바가 있으므로

---

14   1498년에 사초 문제로 일어난 무오사화를 말함.

감히 청합니다"라고 하니, 김 선생이 일어나 손을 잡으며 말하기를, "나도 바야흐로 스스로 후회를 하고 있는데, 너의 말이 또한 이와 같으니 나는 깨닫지 못한 것이 너무나 무안하다. 나는 너의 스승이 아니요, 내가 너의 스승이 아니로다" 하시며 이후로 더욱 공경하고 중히 여겼다.

1500년(연산군 6), 19세

이해에 아버지 참판공의 상을 당하였다. 무릇 곡하고 울며 최질衰絰(상중에 입는 삼베옷)의 제도와 마시고 먹고 기거하는 절차를 모두 한결같이 주문공 주희의 가례를 따라서 초상初喪 때부터 장례가 끝날 때까지 감히 조금도 어기지 아니하였다. 이미 묘 옆에다 묘막을 짓고 반드시 묘를 대하여 앉아 제수를 올리고, 여가에는 또한 묘를 두루 살핌을 혹한 때나 더울 때나 비올 때나 폐하지 아니하였다. 비록 만나기를 청한 자 있어도 더불어 담소를 하지 아니했으며 일찍이 다른 일로 바깥에 나가지 않았으니, 그가 예에 삼가고 슬픔을 이루는 데 돈독함이 이와 같았다.

1502년(연산군 8), 21세

상복을 마치고 용인龍仁 선영 묘 밑에다 집을 지었다. 선생은 이미 상을 벗었으나 애통함은 다하지 않아서, 묘 밑에다 초당草堂 수간數間을 짓고 영원히 사모하는 곳으로 하고, 또한 못을 피고 축대를 만들어 연꽃과 잣나무의 두 종류를 심어놓고 쉬는 바탕을 만들었다.

어머니를 봉양하는 데 맛있는 음식을 드리고 거처를 잘 보살폈으며, 힘이 남으면 글 읽는 것을 그치지 아니하였다. 『소학』과 『근사록』, 사서四書로서 주를 삼고, 다음에 모든 경서와 성리학에 대한 글들과 『통감通鑑』 『강목綱目』 등을 읽었고, 매일 닭이 울면 세수하고 빗질하며 엄숙하고 단정히 앉아 심기를 편안히 하고 굽어 읽고 우러러 생각하였다. 생각하여 체득하지 못하면 비록 날이 다하고 밤을 새워도 얻음을 기약하였고 스스로를 한정

지을 생각은 없었다. 진실로 학문을 쌓은 것이 오래되어 덕의 그릇을 성취하였으나, 오히려 스스로를 속이지 않고 신독愼獨을 하는 것으로 힘을 삼았다. 대개 이때에 사초史草의 화 사건이 일어난 때이기에 사람들은 선생의 하는 꼴을 보고 어떤 사람은 미치광이라 칭하고 어떤 사람은 재앙의 근원이라 칭하여 친구들이 왕왕이 끊어지기도 했지만 선생은 거리끼지 않았다.[15]

1506년(중종 원년), 25세

이때부터 학업에 종사한 사람이 대단히 많아졌다. 이해에 중종의 반정으로 연산군의 잔학한 정치가 모두 혁신되어 선비의 기세가 더욱 상승되었고 선생이 비로소 그 학문으로써 모든 선비를 가르치니, 원근에서 풍문을 듣고 와서 배운 자가 대단히 많아져 닦고 다스리고 진작한 공이 이리하여 성황을 이루게 되었다.

1509년(중종 4), 28세

봄의 진사시험에 장원으로 합격하다. 「춘부春賦」를 이존오李存吾에게 보내어 장사감무長沙監務를 폄한 시로써 장원을 했는데 시험관들이 놀라 칭찬함을 그치지 않았다.

여름에는 송도松都의 여러 산을 다니며 글을 읽다. 5월에 선생은 천마天磨, 성거聖居의 두 산에 가서 놀았으며, 기묘한 절경을 만나면 문득 소요하고 읊으며 티끌 같은 세상을 떠날 취향을 가져, 청아하고 깊숙한 곳을 택하여 그곳에 들어 앉아 조용히 잠겨 있는 성리와 의리 깊음을 독파하여 경전의 뜻을 탐색하고 정신을 모아 단정히 앉으니, 그 우뚝함이 조각한 사람 같았다. (…) 선생은 일찌기 횡산사橫山寺에서 『맹자』 호연장浩然章을 읽고 한

---

15   무오사화로 화를 입은 사림파의 성리학에 몰두했기에 비난과 조롱을 받은 것이다.

달 동안에 그 진의를 해득했다.

1511년(중종 6), 30세

이해에 어머니 민씨 부인의 상을 당했다. 상례에 이르러 삼가함이 한결같이 아버님 상을 당할 때와 같이 하였다.

1515년(중종 10), 34세

여름 6월에 성균관의 추천을 받다. 때에 선생의 명성과 행실이 뚜렷이 나타나자 조정에서 장차 크게 쓰려 하므로 성균관에서는 의논하여 천거하였다. (…) 판서 안당安瑭이 아뢰기를, "조광조는 경술經術에 밝고 행의行誼가 있어서 성균관의 으뜸으로 추천을 받았으니 만약 자격에 구애한다면 이것은 선비들을 권장할 수 없으니 선무랑宣務郞에 준한 주부主簿에 직책을 올려주어서 그 재능을 관찰하기를 청합니다" 하였다. 조지서 사지를 제수하였다.

가을에 알성시에 2등으로 합격하다. 11월에 사간원 좌정언으로서 이행李荇 등의 직위를 파할 것을 청하여 이를 좇았다. 이에 앞서 정국靖國의 처음에 성희안, 박원종 등이 의논하여 왕후인 신씨를 폐하고 다시 장경왕후章敬王后 윤씨尹氏를 세웠다. 이해 2월에 원자를 낳고 죽으니 왕후의 자리가 오래 비어 있어 조야에서 근심하고 두려워하였다. 7월에 담양부사인 박상과 순창군수 김정이 상소를 올려 신씨를 다시 복위할 것을 청하였다. 대사간 이행 등이 사특한 말이라고 지목하고 대사헌 권민수權敏手는 이에 화답하여 체포할 것을 문의하여 일이 장차 예측하기 어렵게 되었다. (…) 이때 선생이 정언으로 있으며 아뢰기를, "언로가 통하고 막힘은 가장 나라에 관계되는 것이니 통하면 다스려지고 막히면 어지러워지며 망할 것입니다. 박상 등은 마땅히 구언求言에 의하여 말을 올린 것인데, 그 말이 비록 지나치더라도 쓰지 않을 뿐이지 어찌 다시 죄를 주십니까? 대간이 이에 다시 죄를 청함은 스스로 언로를 해치는 것이니 크게 그 직분을 잃은 것입니다. 신이 지금 정언이 되었는데 어찌 감히 직분을 망각한 자와 더불어 대간에서 같이 일하겠습니까? 서로 용납지 못할 것이오니 청컨대 이행 등을 파직시키고 다시 언로를 열어야 합니다"라고 누차에 걸쳐 아뢰기를 그치지 않았다.

왕은 양사를 모두 교체할 것을 명하여 홀로 선생만이 나오게 되었다. 직제학 김안로金安老 등은 다시 양시론兩是論을 일으켜, "조광조는 언로를 위하여 부식扶植(영향을 미쳐 세력을 뿌리박게 함)한 것이다"라 하고 이행 등은 "종사를 위하여 죄를 청한 것이다"라 하여, 이때로부터 조정의 의논은 각을 세워 서로가 공격하고 배척하여 마침내 사화士禍의 근원이 되었다.

1516년(중종 11), 35세

선생은 이미 선발되어 벼슬을 한 바에는 뜻을 가다듬고 임금을 바르게 하여서 요순시대의 임금과 백성이 되게 하여 사문斯文(성리학)을 일으킬 것을 자기의 임무로 삼았다. 매양 경연에 들어가 강의할 때마다 전날 밤 미리 심신을 가다듬고 장차 강의할 글을 단정히 앉아 익혀 읽으며 새벽이 되면 의복을 갈아입고 임금 앞에 나아가서 마음으로 엄숙히 생각하되 신명을 대하듯 되풀이하면서 아뢰고 설명하여 반드시 임금이 들을 때 감동이 있게 했으니, 이는 하늘과 사람의 성품과 감정의 구분, 그리고 왕도와 패도, 의리와 이익의 분별로부터 몸을 닦고 정치에 미치는 도리에 이르기까지 정성을 다하지 않음이 없이 극론하여 혹은 해가 기우는 데 이르기도 했었다. 임금도 또한 마음의 부담 없이 열심히 들어 조정이나 백성이 서로 태평시대를 가히 이룰 것으로 기대하였다.

겨울에 계심잠戒心箴을 지어 올렸다. 이때 임금이 홍문관에 계심잠을 지어 올릴 것을 명하였다. 선생은 잠의 머리말에, "사람은 하늘과 땅 사이에 있어 강유剛柔의 형체를 품부하고 건순健順을 본성으로 받습니다. 기절氣節

은 사시四時이고 마음은 바로 사덕四德입니다. 그래서 기의 큼은 호연하여 포괄하지 않음이 없고, 마음의 신령함은 묘연하여 통하지 않음이 없습니다. 하물며 임금의 한마음은 하늘의 큼을 본받았습니다. 하늘과 땅의 기운과 만물의 이치가 다 내 마음의 운용運用하는 가운데 포함되었으니, 하루의 기후나 한 물건의 성품이라도 나의 법도에 불순하게 하여 이치에 어긋나서 사특하고 굽어지게 해서야 되겠습니까? 그러나 사람 마음에는 욕심이 있어서, 이른바 영특하고 절묘함은 잠겨지고 인정과 사사로움에 얽매어 유통치 못하게 됩니다. 하늘의 이치는 어두워지고 호연한 기운 또한 비둔否屯(꽉 막힘)해지며 떳떳한 윤기는 허물어져 모든 사물이 완수치 못하게 되니, 하물며 인군人君으로서 성색聲色 같은 나쁜 취미의 유혹이 날로 앞에서 연주되고 위세가 더할 수 없이 높게 되면 또 쉽게 교만해지지 않겠습니까? 성스러운 임금님께서는 이러한 점을 생각하시고 이러한 점을 두려워하셔서 신에게 명하시어 경계를 경계하는 글을 짓게 하셨으니, 아! 지극하십니다"라고 하였다. 털요 한벌을 내리셨다.

1517년(중종 12), 36세

경연 석상에서 아뢰기를, "하늘이 경계를 표시함에 두가지 의의義가 있습니다. 위태롭고 망할 징조가 이르려 하는데 혼미하여 깨닫지 못한다면 하늘은 재앙을 내려서 이것을 꾸짖어 알리고, 일들이 다스려지려는 기미가 있는데도 위아래가 또한 늦추며 의심할 것 같으면 또한 재앙을 내려서 깨우쳐 더욱 힘쓰게 합니다. 이때를 당하여 위아래가 만일 서로 노력하여 힘쓰지 않으면 천심은 무상無常하여 마침내 반드시 망하고 마는 것이 가히 두렵지 않겠습니까?"라 하였다. 또 나아가 이르기를, "임금과 신하는 위아래가 모름지기 지성으로 서로 돕고 통하여 간격이 없게 한 연후에야 가히 다스려질 것이니, 대신이나 대간을 대함에는 마땅히 이 도리를 써야 할 것입니다. 또한 임금과 재상은 항상 선비를 보호함으로써 마음을 삼고 착한 자로 하여금 믿을 데가 있게 하며, 그 착함을 알면 표창하여 이를 기용하고 어진 이와 미련한 자를 혼돈치 않는다면, 지치至治의 세상을 볼 수 있을 것입니다"라고 하였다.

8월에 나아가 아뢰어, 김굉필의 벼슬과 시호를 주고 문묘에 종사할 것을 청하였다. 허락하지 아니하다. 이보다 앞서 아뢰기를 "지금의 학술이 심히 흐트러지고 성균관의 모든 학생들은 뜻을 세움이 심히 비열하여 특출한 인재를 볼 수가 없으니, 선비의 행위가 퇴폐함이 더할 수 없는 큰 근심이 아닐 수 없습니다마는 그것을 어찌 변화시킬 도리야 없겠습니까? 김굉필과 정여창鄭汝昌[16] 같은 사람을 높이 표창하심이 옳습니다"라고 하였다. 이로부터 성균관 선비들이 상소하여 정몽주, 김굉필을 문묘에 종사하자고 청하고, 선생도 또한 부제학 김정 등과 더불어 아뢰어 이르기를, "김굉필은 성품과 도량이 온순하고도 세며 재주와 지식이 밝고도 민첩하여, 젊어서 큰 뜻을 품고 성현의 학문에 힘써, 충실하고 신의가 있으며 돈독하고 공경하여 행동에는 예의를 따르며, 학문은 정밀하고 깊으며 도덕을 성립시켜 학통이 끊어짐을 분히 여겨 세상에 선비의 우두머리가 되었으니 그 유학에 대한 공로가 크옵니다. 청컨대 벼슬을 높이고 시호를 주어서 문묘에 종사하여 선비들의 방향을 밝히십시오"라 하였다.

경연에서 아뢰기를, "김굉필, 정여창의 일에 대해서는 이미 대신들에게서 논의된 바이지만 성삼문, 박팽년 등도 또한 마땅히 아울러 논의되어야 할 것이니 이것은 크게 공평하고 지극히 정당한 뜻이옵니다. 또 주계부 정朱溪副正 심원深源[17]은 나이 20세에 그의 고모부인 임사홍任士洪의 간특한

---

16   정여창(1450~1504)의 자는 백욱(伯勖), 호는 일두(一蠹), 수옹(睡翁)이다. 김종직의 문인이자 연산군의 스승이었으며, 1498년 무오사화로 함경북도 종성으로 유배되었다. 1504년 귀양지에서 병사해 제자들이 함양으로 2개월간 시신을 운구해 장사를 지냈으나, 직후 일어난 갑자사화 때 부관참시를 당했다. 1610년(광해군 2) 문묘에 승무(陞廡)되었다.

17   이심원(李深源, 1454~1504)의 자는 백연(伯淵), 호는 성광(醒狂), 默齋(묵재), 太平眞逸(태평진일)이다. 김종직의 문인이자 김굉필의 문인이다. 성종 때부터 훈구파의 퇴진, 사림파의

증상을 알고 성종께 면대를 청하여 아뢰기를, '이는 뒷날 나라와 집안을 망칠 사람이니 조정에서 구차히 용납함이 불가합니다' 하고 통곡하며 눈물로써 간했으나, 성종은 멀리 물리치지 못하고 몇 번이고 나라를 망칠 화를 일으켰습니다. 그의 충성된 말과 곧은 절개는 꼭 알 만한 것이옵니다" 라고 하였다.

정몽주의 문묘종사를 논한다. 이때 처음으로 정몽주의 문묘종사를 허락하였다. 대신 중에서 다른 말을 인용하여 이를 비난하므로 선생이 아뢰기를 "신우辛禑가 왕씨이니 아니니 하는 것은 그때의 사람들도 또한 명확히 알지 못한 일이며 몽주는 본시 신우에게서 공명과 부귀를 구하려 하지도 않았고 하물며 공양왕을 세운 후에 순절하여 돌아가셨으니, 그 어짊은 대개 옛날에 적인걸狄仁傑이 무후武后(측천무후)를 섬기다가 마침내 당실唐室로 돌아옴을 생각함이니 몽주가 어찌 적인걸의 마음으로써 마음을 삼음이 아니겠습니까? 고려 오백년 종사가 한 사람의 몸에 달려서 그 몸이 없어지자 종사도 망했거늘 지금 어찌 이 사람을 경솔히 논하겠습니까?"라 하였다.

1518년(중종 13), 37세

1월, 『대학』 성의장誠意章을 진강進講함으로 인하여 몸을 닦고 사람을 다스리는 도리를 논한다. 선생이 문헌에 의하여 아뢰기를, "옛말에 '지성이면 귀신이 감동한다'고 했고, 또 '정치 아니하면 물체가 없다'고 했으니, 임금이 신하를 대우하는 것이나 신하가 임금을 섬기는 것 모두 성실로써 한다면 정치와 교화는 가히 그 성공을 기약할 것입니다. 우리나라는 지방이 아주 적어서 임금님께서 한 말씀을 하신다면 팔도의 사람이 하루아침에 다 들어 알게 되니, 유독 대신은 공경하고 모든 신하는 몸과 같이 하고 백

등용을 주장했으며, 고모부 임사홍의 비행과 비리를 성종에게 고했다. 갑자사화 때 연루되어 두 아들, 동생과 함께 사형당했다. 1519년 조광조의 상소로 죄를 면하고 주계군으로 증직되었다.

공百工은 와서 살게 하고 서민은 자식처럼 여기면서, 내가 신하를 대우하고 백성을 사랑하는 데 정성치 못함이 있을까 근심할 것이요 그 교화하기 어려움은 근심할 것이 아닙니다. 근래에 사기士氣가 차츰 떨쳐 일어나고 백성들의 향하는 바가 또한 점점 좋아지옵니다. 오직 원하건대 위로부터 신독愼獨을 날로 더하고 성실한 공부가 끝과 처음이 변하지 않는다면 정치와 교화는 가히 이룰 것입니다. 소위 삼대의 정치를 지금 가히 다시 이룰 수 있다는 것은, 비록 쉽게 말하지는 못하지만 어찌 전혀 이룰 수 없는 도리이겠습니까? 위로부터 몸소 자신의 덕을 기르고 이것을 미루어 일을 행한다면 사람마다 진실로 복종하여 꼭 변화하고자 하지 않아도 자연히 교화가 될 것입니다. 만약 나의 덕은 닦지 않고 단순히 일하는 사이에서 이룩하려고 한다면 또한 무슨 이익이 있겠습니까? 모름지기 그 덕을 돈독하고 두텁게 하여 만가지 조화가 밝은 덕으로부터 흘러나오게 한다면, 아래 백성은 자연 보고 감동하여 그만둘 수가 없게 될 것입니다. 또한 다만 팔짱을 끼고 그 덕을 지킬 것이 아니라 반드시 예악과 형정刑政으로써 경각심을 끌어올리고 베풀 방도를 마련하여, 가히 해야 할 일이 있다면 마땅히 떨쳐 일으켜 힘써 행해야 할 것입니다"라고 하였다.

의리의 분별을 논하다. 아뢰기를, "임금이 의리와 공사의 분별에 있어서 불가불 밝게 살피셔야 합니다. 진실로 의리와 공사의 분별을 알아서 혹하지 않는다면 안팎으로 수양하여 마음씨가 맑아져서 옳고 그르고 좋고 나쁨이 모두 그 정도를 얻어서 일을 처리함과 사물을 접함에 정당치 않음이 없을 것입니다"라고 하였다.

공물貢物의 폐단을 논하다. 아뢰기를, "전하께서 즉위하신 지 10여년에 선비의 습관은 점점 교화하여 지금은 일반 사람이 또한 예로써 상을 치르는 자가 있습니다. 선비의 습관이 바로잡히면 백성들의 생활이 이룩될 것입니다. 우리나라의 전세田稅는 30분의 1이 되는데 공물은 너무 많습니다. 이런 까닭으로 백성의 생활이 곤란하게 되오니 경비의 씀을 마땅히 재량

하여 줄이게 된 후에 가히 백성을 편안케 할 것입니다. 나라의 법과 제도는 비록 경솔히 고치지 못할 것이나, 학문이 고명하여 사리를 통찰한다면 대신과 더불어 한마음으로 힘을 합하여 가히 덜 만한 것은 덜고 가히 더할 자에는 더하여 꼭 융성하고 평안함을 기약하는 것입니다. 이것이 바로 조종이 이루어놓은 헌장을 올바르게 준수하는 것입니다"라고 하였다.

또 이르기를, "수령이 현명하면 백성은 일푼의 은혜를 받으나, 규모를 고치지 아니하고 한갓 그 일의 말단만을 책임으로 하면 그 다스림은 효험이 없을 것입니다. 지금 여러 고을의 공물을 보니 지방 산물은 고르지 않은 데다가 또한 모두 방납防納한 뒤에 한말을 거두고 한필에다 세필로써 거듭니다. 오래 내려온 묵은 폐단이 이와 같이 극단에 이르렀으니 조정에서는 어찌 백성을 위하여 생각하지 않겠습니까? 만약 백성의 일에 있어서 합당함이 있다면 또한 가히 그 조정의 법을 따라 그 규모를 이와 같이 고쳐서 정신을 가다듬어 좋은 정치를 구한다면 가히 다스린 도리의 아름다움을 볼 것입니다"라고 하였다.

7월에 상소하여 소격서를 혁파할 것을 청하였는데, 이에 상이 따르다. 이때에 대간에서 소격서를 파할 것을 청했으나 몇 달이 되어도 윤허가 없었다. 홍문관에서 또한 날마다 논의하여 아뢰다가 선생이 드디어 도와 정치는 오로지하고 순수하여야 이룩된다는 것을 극단적으로 진술하고, 이어서 소격시에서 사악함을 가르친 잘못을 진술하였다. 또한 이르기를, "전하께서는 천명을 공경하여 두려워하시고 왕업의 기틀을 염려하셔서 학업을 부지런히 하여 우하虞夏 황제[18]의 도리를 더듬어 연구하여 몸소 체득하시고, 무릇 괴이한 부류를 억제하고 정도를 치켜올리는 것을 극진히 하지 않음이 없었습니다. 다만 이 한가지 일에는 오직 임금님의 총명을 가려서 장차 제거하려다 다시 믿으시고 개혁하시려다 도리어 의심하여 임금의 권위

18　우(虞)는 순임금이 세운 전설상의 왕조로, 순임금을 우제(虞帝)라고도 함. 하(夏)는 하나라 왕조를 세운 우(禹)임금을 뜻함.

와 정수한 덕을 크게 잃으시니, 신등은 오히려 전하의 마음이 그 정일精一한 공부에 있어서 혹 이르지 못한 바 있는 것이 아닌가 하여 걱정이 됩니다. 첫번째로, 마음을 곧게 하여 의리의 바른 것을 지킬 것입니다. 정밀하게 한즉 순수하고 결백해서 사악함과 바름의 구분을 분별할 것입니다. 몸에 쓰이면 도가 밝아지고 일에 쓰면 정사가 잘되어서 좌우를 막론하고 전일專一한 공이 없지 않을 것입니다. 진실로 혹 다하지 못하게 되면 간사한 생각이 숨겨져 있다가 무리를 이끌고 암암리에 성장하여 거짓이 떼지어 일어나며, 아부하고 사특하고 망령된 무리들에 기대게 됩니다. 또한 인연하여 결탁하게 되오면 장래의 화근은 가히 말로 다 할 수 없습니다. 신등은 바로 이렇게 되는 것을 두려워합니다"라고 하였다.

야인野人을 몰래 습격하지 말라고 청하다. 과거에 회령부會寧府의 야인 속고내速古乃가 몰래 우리나라의 깊은 산중에 있는 야인과 내통하여 갑산부甲山府의 경내에 들어와 사람과 가축을 많이 약탈해 갔다. 이때에 남도병사南道兵使가 올린 비밀 장계에 의하여 먼저 밀지密旨로 본도에 효유하고, 이지방李之芳을 파견하여 틈을 엿보아 나포하게 하였다. 임금께서 선정전에 어거하자, 파견에 임하여 장상將相들이 둘러 서 있었다. 선생이 밖으로부터 들어와 뵈옵기를 청하여 진언하여 이르기를, "왕자가 오랑캐를 대함에는 마땅히 변방을 굳게 하고 백성의 힘을 길러서 일이 일어나지 않게 하고, 저쪽에서 만일 먼저 우리의 변경을 소란하게 하면 부득이 대응해야 합니다. 그러나 비밀리에 병력兵力과 사세事勢를 헤아려 가볍게 움직여서는 안 됩니다. 하물며 이름 없는 인물의 거동이 아닙니까?" 하였다.

10월, 『근사록』을 강론해 올리고, 인하여 원자를 보양할 도리를 논하다. 임금께서 불시에 경연에 납시었는데 선생이 『근사록』을 강론해 올렸다. 강론이 끝나자 임금께서 이르기를, "이 글에는, '마음을 잡아두면 존하고 버려두면 망한다'고 했고, 『서경』에는 이르기를, '오직 성인이라도 생각을 버리면 광인이 되고 오직 광인이라도 생각을 해간다면 성인도 될 수 있다'고 했으니, 마음을 잡아두어 존하게 하며 살피고 관찰하는 보람이 어찌 어렵지 않겠는가?" 하였다. 선생이 이르기를, "임금께서 성인과 광인의 말을 말씀하심은 심히 긴요하고 절실한 것입니다. 마음은 살아 있는 것이어서 만일 느낌이 있어 움직일 때는 일이 주가 되기 때문에 어지럽지 않은 것 같으되 사물과 접하지 않을 때에는 보통 사람의 마음은 더욱 산란해집니다. 만약 한곳에 천착하고자 한다면 이것은 경敬으로서 안을 바르게 하는 것이지 마음을 잡아두는 도리가 아닙니다. 이른바 마음을 잡아둔다는 것은 반드시 언제나 착한 마음을 가지고 있음이 아니요 다만 허심과 정숙을 견지하고 경으로서 안을 바르게 하는 것입니다. 비록 일에 응하거나 사물에 접하는 때가 아니더라도 항상 성성惺惺(깨어 있음)하는 것을 말하는 것입니다"라고 하였다. 임금이 이르기를, "칠정七情은 사람이 다 같이 갖고 있지만, 절도에 맞게 발함이 어렵다"고 하니, 선생이 이르기를, "요순걸주堯舜桀紂는 함께 칠정을 갖고 있지만 착하고 악함이 뚜렷이 다름도 그 감정이 일어남이 중도에 맞느냐 맞지 않느냐에 달렸습니다. 비록 착한 사람이라 할지라도 기氣가 격한 바가 되면 기쁨과 노함이 혹 중절의 선을 넘는 것이니, 오늘 이 자리에 있는 사람으로서 누가 착한 사람이 되고자 하지 않겠습니까? 다만 능히 자기의 사심을 버린다면 가히 성인을 배웠다고 할 것입니다."(…)

또한 이르기를, "원자는 점점 성장하여 지식이 보통 사람과 다릅니다. 그러나 요즈음 글을 읽음이 어떠한지를 듣지 못했으니 우려가 실로 큽니다. 비록 정식 동궁으로 대접하여 그 요속僚屬을 설치했더라도 다만 어진 재상을 가려 보양관輔養官을 늘려서 정하시고, 혹은 승지나 혹은 사관이나 혹은 홍문관의 젊은 관리로 하여금 때때로 나가 뵙게 하여 그 노는 것을 보고 가르쳐 인도함이 옳을 것입니다. 정자程子(정이·정호)는 사대부의 어린 아이로 하여금 태자太子를 모시도록 청하였는데, 마땅히 어린 나이부터 어진 사대부와 친근함이 있게 하려는 마음에서였습니다. 다만 너무 급하게 서두른 것은 옳지 않은 것입니다"라고 하였다.

11월, 이때 선생과 더불어 같은 해에 진사가 된 사람이 있었는데 그 부인과 불화하여 부인을 쫓아내고자 하여 사람을 시켜 알려왔다. 선생이 정색을 하고 대답하여 이르기를, "부부라는 것은 인륜의 시작이요 만복의 근원이어서 관계된 바가 지극히 중한 것이다. 부인의 성품이 사리에 어둡고 비록 실수한 바가 있다 하더라도 군자된 사람은 마땅히 정도로서 그를 감화시켜야 한다. 집안의 도리를 이루어가는 것이 덕을 후하게 하는 것이니, 혹은 인솔하는 도리를 나타내지 못하고 급하게 쫓아내고자 한다면 박절함에 가깝지 않겠는가?"라고 했다. 듣는 이가 모두 탄복했다.

현량과賢良科를 실시할 것을 청하였는데, 이를 따랐다. 이때 의정부와 예조가 합하여 아뢰어서 서한西漢의 효렴孝廉(효성과 청렴)과 현량과 사례를 본받아 서울이나 지방에 영을 내려 각각 아는 사람을 추천하게 하였다. 궐내에서 직접 시험할 것을 청했으나 임금의 마음이 정해지지 않았다. 선생이 진언하여 이르기를, "임금께서 정치에 뜻을 둔 것이 오래이나 그 이루어진 효과를 보지 못함은 인재를 얻지 못한 연유입니다. 만약 이 법을 시행한다면 인재를 얻지 못함은 걱정이 없을 것입니다" 하니 드디어 청함에 따랐다.

안자顔子의 학문 좋아함을 논하고 사물잠四勿箴[19]을 자리 옆에 걸 것을 청하다. 선생은 일찍이 경연에서 입시하면서, 맹자가 학문을 좋아하는 공을 이르기를, "안자는 능히 자기의 사심을 버려서 이理가 기氣에 시키는 바가 되지 않았습니다. 그러므로 능히 성性(본성)을 보이지 아니하고 허물을 두번 하지 않았던 것입니다. 인하여 이기의 분수를 논하여 이르기를 이가

---

19 사물(四勿)에 대하여 정이(程頤)가 지은 잠언(箴言). 시잠, 언잠, 청잠, 동잠(動箴)을 이른다. 『논어집주』「안연」에서 안연이 자기를 극복하여 예를 회복하는 조목을 묻자, 공자가 예가 아니면 보지도, 듣지도, 말하지도, 움직이지도 말라고 했다. 정이는 시(視), 청(聽), 언(言), 동(動)의 네가지를 제어하는 것이 마음을 기르는 공부라고 생각했다. 이에 스스로 경계하기 위해 사물잠을 지었다.

주가 되고 기는 쓰임이 되면 옳을 것입니다. 안자는 의리가 밝고 차차 기운은 사라졌으므로 능히 이렇게 된 것입니다. 대저 귀와 눈, 입, 코, 소리[聲], 취미의 욕망이 기에서 나오지 않음이 없는 것이니, 이것으로 하여금 이치에 합당하게 한다면 선이 되는 것입니다"라고 하고, 이어서 남녀 간의 욕망을 논하여 이르기를, "남녀는 사람 도리의 큰 윤리이나 지나치면 해가 되는 것이니, 위로는 공경으로부터 아래로는 백관에 이르기까지 항상 이에 실수하여 마침내 그 본심을 잃게 된 자가 있습니다. 안자의 사물四勿은 공부의 착수할 곳이고 정자의 사물잠은 마땅히 좌우에 걸어두고서 살피고 열람함을 갖춰야 할 것입니다"라고 하였다.

1519년(중종 14), 38세

6월, 다시 대사헌을 제수받다. 선생이 사헌부에 있을 때 법을 집행함에 평등케 하고 교도敎導함이 겸하여 이르렀다. 풍습이 변천되어서 시중市中의 소민小民들도 그 부모를 섬김에 정성으로 보양하고 장사를 지내면서 슬픔으로 하여 삼년간 최마衰麻(부모, 조부모 상에 입는 상복)를 입으며, 군졸이나 천한 종까지도 또한 여묘廬墓를 하고 제사에는 신주를 쓰며 묘에는 반드시 입석을 하니, 멀고 가까운 곳에 그 영향이 전파하여 언제나 시가에 나서면 사람들은 말 앞에 늘어서 절하며 이르기를, "우리의 상전上典이 오신다"라고 하였다.

문소전文昭殿[20]과 능침陵寢의 모든 제사를 논하다. 경연에 나아가 아뢰기를, "지금은 폐습이 많습니다. 문소전에 세번 하는 전제奠祭와 능침에 초하루와 보름의 제사를 올리는 것은 모두 정도가 아닙니다. 세종 때부터 비롯되었는데, 이것으로 본다면 세종은 재주가 있어 총명한 결단이었지만 학

---

20 태조와 정비 신의왕후(神懿王后)의 위패를 모신 사당. 창덕궁 북쪽에 위치했으며 1432년(세종 14) 광효전(廣孝殿, 태종의 왕비 원경왕후의 혼전魂殿)과 합하여 경복궁 북쪽에 조성되었다.

문에 미진한 바가 있는 것이 두렵습니다. 이것은 선조를 공경하는 도리가 아니라 도리어 번거롭고 모독이 되는 것입니다. 다만 아래에서 그것을 고집할 수는 없는 일이니, 모름지기 위에서 낮에 생각하고 밤에 헤아려 임금의 충심으로 단행하는 것이 신을 섬기는 도리를 얻을 것입니다. 이윤伊尹이나 여상呂尙과 같은 보좌를 얻어 더불어 정치를 도모하고자 한즉 반드시 먼저 이와 같은 일들을 제거하는 것이 옳습니다"라고 하였다.

7월, 또 이르기를, "대저 우리나라는 개국한 이래로부터 선비에게 화가 그치지 아니하여 가령 군자가 있어 나라의 일에 힘을 써서 거의 이루어지려 하면 패퇴하지 않음이 없으니 심히 두렵습니다. 소신小臣은 눈으로 폐조廢朝(연산조)의 화를 보고 절대로 벼슬길에 나가고 싶은 생각이 없었는데, 선비로 이 세상에 태어난 것을 생각하면 모른 체함은 불가했습니다. 그러므로 부득이 벼슬길을 좇아 조정에 서게 되었지만, 다만 그 두려운 마음은 사람들이 모두 갖고 있습니다. 예로부터 나라가 비록 한때에는 견고하였으나 후의 계승자에 있어서 위태롭지 않음이 없었으니, 이 기회에 모름지기 사기士氣를 진작시켜서 나라의 기본을 튼튼하게 정하여 후일의 근심을 미리 막음이 옳습니다. 옛사람이 이르기를, '사람이 망했다 하는 것은 나라가 병든 것이다'라고 했으니, 착한 사람이 국가에 관계됨이 어찌 크지 않겠습니까? 지금에 이르러 더욱 부지런히 노력해야 할 것입니다"라고 하였다.

10월, 정국공신靖國功臣을 개정할 것을 청하다. 이전 무인년(1518) 겨울에 선생이 아뢰기를, "정국공신을 봉할 때 조정 신하들의 식견이 높지 못하여 공신들의 벼슬과 작위를 남발함이 너무 심했습니다. 소신이 요사이 헌장이 되어 국사를 하고자 하나 이익 근원이 한번 열려 있어서 구할 바를 알지 못합니다. 생각이 여기에 미치니 몸을 버리고 극언을 하고자 하옵니다. 이 폐단을 개혁하지 아니한다면 나라가 장차 지탱하지 못할 것입니다"라고 하였다. 이에 이르러 양사兩司의 여러 관리들이 복합伏閣(대궐문에 엎드려 상소하는 것)하여 논하여 아뢰기를, "정국공신은 이미 오래된 일입니다. 그 처음에 대신이 만약 먼 생각이 있었고 대간이 만약 공론을 가졌다면 어찌 개정하지 않았겠습니까? 성희안은 비록 큰 공은 있으나 학식이 없었고, 박원종도 또한 학문을 한 자가 아닙니다. 성희안은 유자광과 더불어 서로 아는 사이인 까닭으로 대사를 마감할 무렵에 여러 간특한 사람에게 위임하였던 것입니다. 그 후에 비록 분발하여 몸을 돌보지 않고 나랏일을 바로 잡고자 한 자가 있더라도 오히려 감히 개정할 것을 청하지 못한 것은, 임금의 학문이 고명한 지경에 이르지 못하여 너무 큰 어려움이 될까를 두려워했기 때문이었습니다. 이익의 근원이 열려서 확장되는 것은 고칠 수 없는 나라의 큰 고질입니다. 사람의 마음이 모두 답답하게 생각하여 급히 고침을 논하고자 했으나, 일에는 점차적으로 해나갈 것이 있었으므로 지금 비로소 다시 발언을 합니다. 지금 만일 과감하게 막아내지 못하면 반드시 차마 하지 못할 일이 있을 것입니다"라고 하였다. 거듭 아뢰기를 그치지 않았다.

11월, 을사일에 남곤南袞, 심정沈貞, 홍경주洪景舟 등의 밀고로 인하여 옥에 갇혔다가 능주綾州로 귀양 가다. 이때에 여러 현인들이 임금의 총애를 입고 발탁되어 조정에 포열되어서, 아는 것은 말하지 않음이 없고 말한 것은 시행되지 않음이 없었다. 연소 신진들이 개혁을 하는 데만 용맹하여, 때의 마땅함을 헤아리지 못하였다. 끈질긴 의론들이 더욱 준엄하니 사람들이 눈을 흘겼다. 경연에서 입시 중에는 진강하는 글 뜻을 종횡으로 올렸고, 그 말이 너무 산만하여 아침 강의가 해 늦게 되어야 파하게 되었다. 성체聖體가 때로는 피로하고 권태하여 기지개와 하품을 하며 혹은 자리를 옮겨가며 불쾌한 소리를 하였으나, 여러 현사들은 깨닫지 못했다. 남곤, 심정, 홍경주 등은 일찍이 논박과 배척을 받은 바가 되어 다른 구신舊臣의 흩어진 자와 입을 맞대고 옆에서 엿보면서 분풀이할 생각을 가진 지가 오래되었다. 이에 임금이 여러 현신들을 싫어하는 빛이 있음을 알아차리고, 바야흐로 경주는 그 딸 희빈熙嬪에게 백성들이 선생의 설을 도리로 삼는다고 칭하며 한 나라의 인심이 모두 조씨에게 돌아간다고 말하게 시켰다. 또한 감즙甘汁으로, '주초위왕走肖爲王' 네 글자를 후원의 나뭇잎에 써서 산 벌레가 갉아 먹도록 하였다.

12월, 을해일에 스스로 목숨을 끊을 것을 명하다. (…) 도사都事 유엄柳渰이 명을 받들고 가니 선생이 도사에게 이르기를, "주상이 신하에게 사사賜死를 함에는 죄명이 있음이 합당하리니 청컨대 공손히 듣고서 죽겠다"고 하니 도사는 응답이 없었다. 선생은 뜰로 내려 앉아서 북쪽을 향하여 두번 절하고 꿇어앉아 교지를 받으며 묻기를, "임금의 옥체는 어떠하신가?" 하고 다음에 삼공, 육경, 대간, 시종의 성명을 물은 다음에 집에 보낼 편지를 쓰는데 한 글자도 그릇됨이 없었고 선영의 묘지에 반장返葬(객지에서 죽은 사람을 고향으로 옮겨 장사지냄)할 것을 유언으로 남겼다. 도사가 재촉하는 뜻이 있으니 선생이 탄식하며 이르기를, "옛사람은 조서를 안고 엎드려 통곡을 함도 있거늘 명을 전하는 그대는 어찌 그렇게 다른가?" 하고 드디어 목욕을 하고 옷을 갈아입고 단정히 자리에 앉아서 회포를 담아 써서 이르기를, "임금 사랑함은 아버지를 사랑함과 같이 하고 나라 걱정은 집을 걱정한 것 같이 했도다"라 하였고 또 이르기를, "밝은 해가 아래 땅을 비추니 밝고 밝은 이 충심을 알아주리라" 하고 드디어 약을 마셨으나 아직 절명치 않았다. 능주부의 군종이 목을 조르려 나아가자 선생이 이르기를, "성상도 미신微臣의 목을 보존하고자 하거늘 너는 어찌 감히 이와 같은가?" 하며, 더욱 독주를 마셔서 드러누웠다. 일곱개의 구멍에서 피를 토하고 운명하였다. 옛일을 상고하면, 무릇 대신에게 죽음을 내릴 때는 어보御寶 문자를 쓰지 않고 다만 왕의 교지로서 행하였다. 도사가 왕의 뜻을 전할 때 선생은 "국가에서 대신을 대함에는 이와 같이 소홀할 수 없다. 그 폐단은 장차 간사한 사람으로 하여금 미운 사람을 마음대로 죽일 수 있게 할 것이다" 하였으나, 필경 그렇게 되지 못하였다.

1545년(인종 원년) 6월, 관작을 회복시켜줄 것을 명하다. 이때 태학생 박근朴謹 등이 상소를 올려 선생의 학문 덕행 및 무고를 당한 이유를 극론하였다. 또 이르기를, "조광조는 어려서부터 도를 얻으려는 뜻이 있어 김굉필에게서 학업을 받았는데, 김굉필은 김종직에게서 배우고 종직의 학문은 그 아버지 숙자叔滋에게서 전했으며, 숙자의 학문은 길재吉再에게서 전해졌고 길재의 학문은 정몽주의 문하에서 얻었으니, 몽주는 사실상 동방 성리학의 시조입니다. 이것이 조광조 원류입니다. 청컨대 직첩을 돌려주셔서 선비의 취향을 바르게 하십시오"라 하였다. 세번 소를 올리자 임금은 답하여 이르기를, "너희들은 수선首善(태학생)의 지위에 있으면서 옛일을 좋아하고 현실을 논하여 소장을 세번 올린 것이 말은 간절하고 뜻은 솔직하니 배운 바의 올바름이 어찌 이에 더하겠는가? 나의 선왕의 교육한 덕택이 또한 가히 상상이 간다. 그러나 이렇게 말하고 시행을 못 함은 뜻한 바가 있었다. 태학太學(성균관)은 비록 공론이 그렇다고 하나 옳고 그름을 정하는 것은 본디 조정에 있는 것이다. 너희들은 옳고 그름을 말할 수는 있지만 기어이 옳고 그름을 결정지으려 하는 것은 여러 유생들의 일이 아니다. 잠시 물러가 다시 생각해보라" 하였다.

1567년(선조 원년) 9월, 임금께서 경연에서 판중추부사 이황에게 물어보기를, "조정의 의논이 조광조에게 추증을 하고자 하는데 그 사람의 학문과 행동은 어떤가"를 물었다. 대답하여 이르기를, "광조는 천품이 뛰어났고 일찍이 뜻을 성리학에 두어서 집에 있어서는 효도와 우애를 하였습니다. 중종께서 선정을 구함이 목마른 것같이 하여 장차 삼대의 정치를 이룩하려 했고, 조광조 또한 세상에 없는 만남을 받게 되었습니다. 김정, 김식金湜,[21] 기준, 한충韓忠[22] 등과 더불어 서로 한마음이 되어서 협력하여 법과

---

21 김식(1482~1520)의 자는 노천(老泉), 호는 사서(沙西), 동천(東泉), 정우당(淨友堂)이다. 1519년 현량과에서 장원으로 급제해 성균관 사성에 임명되었다. 같은 해 기묘사화로 선산에 유배되었고, 이후 신사무옥에 연좌되어 절도로 이배된다는 소식을 듣고 절명시를 남긴 후

조례를 만들었으며, 『소학』으로 가르치는 방도를 삼았고, 또한 여씨향약을 거행하고자 하였습니다. 사방에 바람이 일어나고 오래도록 폐하지 않았다면 다스리는 도리는 행하기 어렵지 않았을 것입니다. 다만 당시의 연소배들이 빨리 하고자 하는 폐단이 없지는 않아서, 구신舊臣으로서 배척을 당한 자들이 관직을 잃고 원망하여 더할 수 없는 거짓을 만들었습니다. 한 때 선비가 혹은 귀양 가고 혹은 죽었는데 그 남은 화근이 지금까지도 뻗쳤사옵니다"라고 했다. 또 이르기를 "기묘己卯의 사화는 바로 남곤의 간계에서 연유하였지만 마침내는 중종의 누累가 되어 가히 죄가 하늘을 통한다 할 것입니다. 이제라도 만일 광조를 포상해주고 곤을 죄주시게 된다면 옳고 그름이 분명해질 것입니다"라고 했었다.

자결했다.

22 한충(1486~1521)의 자는 서경(恕卿), 호는 송재(松齋)다. 조광조, 김정 등과 교유했다. 기묘
   사화 때 거제도에 유배되었고, 이후 신사무옥에 연루되어 투옥되었다가 사망했다.

부록: 조광조에 대한 후대의 기록들

조원기趙元紀(조광조의 숙부), 조광림趙廣臨(조광조의 사촌)은 다 착한 사람이다. 정암의 가학家學 연원이 또한 우연히 아니다.【『퇴계어록退溪語錄』에 나온다.】

조문정 광조는 젊어서 김굉필을 좇아 수학하였다. 자질이 매우 아름답고 지조가 굳었다. 세상의 도리가 쇠미함을 보고는 개연히 도를 행하는 것을 자기 임무로 삼아, 행동은 법도를 따르고 팔짱을 높이 끼고 무릎 꿇고 단정히 앉으며, 말을 반드시 때에 따라 하매 세속에서 손가락질하고 비웃었지만 끝내 조금도 흔들리지 않았다.

뛰어난 행실卓行로 천거받아 사지司紙가 되었다. 광조가 탄식하기를, "내가 벼슬과 관작을 구하지 않았으나 이 벼슬에 제수되었으니, 차라리 과거로 출신出身하여 착한 임금을 섬기는 것이 낫겠다" 하고, 드디어 과거에 응시 급제하여 옥당玉堂에 뽑혀 들었다. 경연에서 매양 도학을 높이고 인심을 바로잡으며 성현을 본받고 지극한 정치를 일으키는 데 대한 말로써 되풀이 계달하여 그 뜻을 간절히 하자 중종이 귀를 기울였다. 일년 안에 부제학에 뛰어 제배되었다.

광조는 드디어 경제經濟하는 왕이 되게 하는 것을 뜻으로 삼아, 아는 것은 말하지 않음이 없었다. 청류淸流를 많이 끌어들여 조정에 배치하고 근대에 얽매인 습관을 혁신하여 옛날 명철한 왕의 법을 따르려 하였다. 그때 세속 대신들이 많이 달갑지 않으나 감히 말하지 못하고, 사림이 흥기하였으나 간간이 명예를 좋아하는 자가 뒤섞여 나와서 논의가 너무 날카롭고 일을 하는 데 점진적으로 함이 없으니, 광조는 "일을 하는 데는 급박하게 해서는 안 되고 마땅히 점진적으로 해야 한다" 하고, 매양 무리 중에 일을 벌이기를 좋아하는 무리들을 억제하였다. 이에 경박한 무리들이 도리어 광조를 색장色莊이라 하여 논의하여 탄핵하려는 자까지 있었다. 광조는 일이 반드시 실패할 것을 알고서 중종에게 아뢰기를, "신은 학술은 부족한데 작위는 너무 높으므로, 한가하고 외진 고을로 나가 독서하여 학문이 진취한 뒤에야 다시 조정에 서려 하였으나, 성상께서 허락하지 않으시기 때문에 은총을 연모하여 머뭇거리니, 신의 죄가 큽니다"라고 하였다.【이이李珥의『경연일기經筵日記』에 나온다.】

우리나라에는 이학理學(성리학)이 전하지 않았는데, 고려왕조 때 정몽주가 비로소 그 단서를 열었으나 규모가 정밀하지 못하였다. 우리 왕조에 김굉필이 그 실마리를 접했으나 크게 드러나지는 못하였다가, 조광조에 미쳐서 창도倡道하게 되어서야 학자들이 흡족하게 추존하였다. 지금 성리학이 있는 줄 알게 된 것은 광조의 힘이다.

백인걸白仁傑 공이 이이李珥와 더불어 정암과 퇴계에 대한 우열을 논하였다. 이이가 말하기를 "그 작품을 논하면 정암이 훨씬 훌륭하고, 그 조예를 말하면 퇴계가 낫습니다"라고 하니, 백인걸은 머리를 젓고 손을 흔들며 말하기를, "절대 그렇지 않소. 퇴계가 어찌 감히 정암을 따를 수 있겠소?"라 하였다.

그 후에 백인걸이 성혼成渾과 이이를 추천하면서, "두 사람은 크게 쓸 만하나 이이는 경솔한 병통이 있다"고 하였다. 어떤 사람이 그를 나무라니, 인걸은 "그가 정암을 부족하게 여겨 퇴계의 아래에 두려 하므로 내가 그렇게 말했다"고 하였다.

우리나라의 학문은 기자箕子 때의 일은 서적이 없어 상고하기 어렵고, 삼국 때는 천성이 순수하고 아름답기는 하지만 학문의 공이 없었으며, 고려 때는 학문을 하기는 하였으나 다만 사장詞章의 화려함을 주로 하다가, 고려 말엽 우탁禹倬, 정몽주에게 이르러서야 비로소 성리학이 있는 줄 알았으며, 우리 세종조에 이르러서는 예악문물이 환연히 새로워졌다. 동방의 학문이 서로 전해 온 차례를 말하면, 정몽주가 동방 이학의 조종이 되고, 길재는 정몽주에게 배우고, 김숙자金淑滋는 길재에게 배우고, 김종직金宗直은 숙자에게 배우고, 김굉필은 종직에게 배우고, 조광조는 굉필에게 배웠으니, 절로 원류가 있다.

다만 정암은 나이 38세에 세상을 마치고, 일시 조정에 벼슬하여 책을 지어 후세에 전할 겨를이 없었으므로 학문의 깊고 얕음은 알 수 없으나, 그가 한 일은 사람들이 다 흠모하고 추앙하였다. 근래 여항간 아래의 천한 무리들이 모두 상례를 거행하고 혹 청춘에 과부가 되어도 개가하려 하지 않는 것은 기묘제현己卯諸賢[1]이 진작시킨 효력이다. 【기대승奇大升 고봉高峯의 『논사록論思錄』에 나온다.】

조 선생은 학문이 순정純正하고 문장이 고결하여 사문斯文의 영수가 되고 오도吾道의 의탁하는 바가 되었다. 중종이 신임하고 의심 없음을 조우遭遇하여 스스로 생각하기를, "천년 만의 한때이니, 내 몸에서 요순 같은 임금을 친히 볼 수 있게 되었다" 하고, 김정, 김식, 윤자임尹自任, 기준, 박훈朴薰, 이자, 김안국金安國, 김정국金正國 같은 이들이 조정에 배치되었다. 경연에 가까이 모시게 되어서는 아는 것은 말하지 않음이 없고 말은 하지 않음이 없으며, 시시로운 길을 통렬히 막고 공도公道를 널리 열었다. 자기를 닦고 남을 다스리는 방도로써 선비를 가르치고, 어버이에게 효도하고 형에게 공경하는 윤리로써 백성을 가르치며, 악을 제거하고 선을 권장하며 허물을 고치고 선해지게 하니, 삼사년 사이에 풍속이 크게 변하였다. 그런데 어찌하여 뭇 소인들이 원숭이처럼 몰래 엿보아 마침내 참소로 죄를 주며 일망타진하였으니, 오호 통재라. 【임보신任輔臣의 『병진정사록丙辰丁巳錄』

---

1   1519년(중종 14) 기묘사화 때 화를 입은 사람들을 가리킨다. 주로 조광조, 김식, 기준, 김정, 한충 등으로 성리학적 이상국가 실현을 꿈꾸었다.

에 나온다.】

　조정암은 천성이 지극히 효성스럽고 젊어서부터 강개하고 큰 뜻이 있어 널리 배우고 힘써 행하였으며, 대과에 급제한 뒤에 청현직淸顯職을 다 거쳤다. 모든 계획을 시행하는 것은 사람에게서 흔들리지 않고 도에서 떠나지 않으니, 사림이 다 중요하게 밀어주었다.

　국가가 중흥하는 운수를 당하여 조야가 그 유신維新의 다스림을 바랐으므로, 공이 홀로 의젓하게 건의하여 선왕의 법도를 복구할 것을 청하였다. 아는 것은 말하지 않음이 없고 말하는 것은 좋지 않음이 없으매 스스로 세상에 드문 만남이라 생각하여, 교조敎條를 닦아 밝혀 거의 다시 개혁하게 되자, 임금의 총애는 날로 높아져 차례를 뛰어 등용하여 특별히 대사헌에 제수하여 여러 사람의 소망에 맞추었다. 그래서 기강을 잡고 명령을 내려 금지할 것을 행하였다. 그러나 나중에 나온 제현들이 나이 젊고 기운이 날카로워 개혁을 점진적으로 하지 않고 험난함을 무릅쓰고 하니, 물정이 크게 어그러졌다.【이자李耔의『음애일록陰崖日錄』에 나온다.】

　신축년 정월 초하룻날 민공閔公을 보러 가서 유숙하게 되었다. 밤에 얘기하다가 조 선생의 마음가짐과 자기 단속에 대해 물었더니, 공은 말했다. "선생은 집에 거하여 자신을 단속함이 옛사람에게 부끄러움이 없다. 학문을 독실히 하여 단정히 꿇어앉아 익히고 의관을 반드시 단정히 하여 아침부터 저물녘까지, 초저녁부터 삼경까지 오뚝이 앉아 움직이지 않았다. 새벽에 일찍 일어나서 머리를 빗고 갓을 쓰며, 비록 뜨거운 여름, 짧은 밤일지라도 조금도 변함이 없었으니, 그의 학문이 정자程子나 주자에 못지않음을 알 수 있다. 다만 계획의 시행을 약간 시험하다가 문득 불행하게 되었으니, 당시의 일을 차마 말하겠는가?"【홍인우洪仁祐의『치재집致齋集』에 나온다.】

군자가 가죽 장인들 사이에 자취를 숨겼는데, 정암이 그의 어짊을 알고 찾아가 학문을 묻고 때때로 혹 함께 자기도 하였다. 그 사람이 말하기를, "공의 재능은 한 시대를 경세제민할 수 있지만 임금을 얻은 후에야 할 수 있습니다. 바야흐로 지금 임금께서는 비록 공의 이름 때문에 공을 쓰고 계시지만, 실제로는 공을 잘 아시지 못합니다. 만일 소인이 사이에 끼어 이간한다면 공은 반드시 화를 면하지 못할 것입니다"라고 하였다. 정암이 그에게 벼슬하기를 권하였으나 응하지 않았고 끝내 그의 성명을 말하지도 않았다. 【김육金堉의 『기묘록己卯錄』에 나온다.】

선생의 죽음에 대해 정광필鄭光弼이 가장 슬퍼하였고, 비록 남곤南袞이라도 매우 슬퍼하였다. 성세창成世昌의 꿈에 선생이 생시처럼 시를 지어 세창에게 주었으니, 그 시는 다음과 같다.

해가 지니 하늘은 먹처럼 검고	日落天如墨
산 깊으니 골짝은 구름 같구나	山深谷似雲
군신 간 천년의 의리는	君臣千載義
슬프다, 한 외로운 무덤일세	惆悵一孤墳

이 시를 듣는 자는 모두 슬퍼하고, 심지어는 눈물을 흘리는 자까지 있었다. 당시 의론하는 사람 중에 세창이 가벼이 퍼뜨린 것을 불가하게 여기는 자도 있었다. 【허봉許篈의 『해동야언海東野言』에 나온다.】

가정嘉靖 임오년(1522, 중종 17)에 강령현康翎縣에서 세 사람이 함께 들에 나가 논을 매고 있었다. 그중 한 사람이 "가뭄이 이와 같으니 올해도 반드시 흉년이 들겠다. 근년에 듣건대, 조 재상 광조가 극히 청렴 간결하여 백관이 경외하고, 각 도의 주군에는 청원하는 편지가 아주 없어졌기 때문에 향리 안에도 횡포를 부리는 아전이 없었다 하더니, 이제 들으니 그가 귀양을 가서 죽었다 한다. 천재天災가 아마 이로 말미암은 것이리라"고 하였다. 【어숙권魚叔權의『패관잡기稗官雜記』에 나온다.】

조 선생이 젊었을 적에 어떤 인가에 들어가니 한 여자가 기쁘게 가까이 하였다. 선생은 날이 저문 것을 의심하여 종을 시켜 짐을 싣고 딴 집으로 옮기니 그 여자가 비녀를 뽑아서 주었는데, 선생은 벽에 꽂아놓고 가버렸다.【이언적李彦迪의『관서문답關西問答』에 나오지만 지금 간행본에서는 없어졌다.】

선생에 관한 일은 내가 들은 바로는 반드시 이러하지 않았다. 선생은 얼굴이 구슬처럼 맑아 어질거나 어리석은 사람을 막론하고 보기만 하면 반드시 사모하고 좋아하였다. 젊을 적에 여행을 나섰다가 저녁에 여관에 들어 머리를 빗는데, 역시 서울에서 온 고운 아낙 하나가 가까이 와서 추근대며 가지 않았다 한다. 그런데 선생이 정을 억제하기 어려울 듯하여 옮겼다는 것은 아마 실제 전하는 것은 아닐 것이다. 선생은 지금 사람인데, 사람의 말이 이와 같이 일치하지 않으니, 모두 믿을 것이 없다.【조식曺植의『남명집南冥集』에 나온다.】

성공成公 수종守琮은 자는 숙옥叔玉, 호는 절효節孝, 청송聽松 수침守琛의 아우다. 조정암이 바야흐로 옛사람의 사업으로서 스스로 기약하여, 많은 선비가 그의 문하에서 나왔다. 수종을 얻게 되어서는 매우 기특하게 여겨 칭찬하여 마지않으며, "수종은 재기才氣가 수침보다 낫다"고 하였다.【성수침의『청송집聽松集』에 나온다.】

양공梁公 팽손彭孫은 자는 대춘大春, 호는 학포學圃, 선생보다 일곱살이 적다. 자품이 순수하고 아름다우며 학문이 순정하다. 일찍부터 선생과 도의道義의 교분을 맺었다. 경오년(1510, 중종 5)에 같이 진사에 합격, 서로 추종하여 강론하며 헛날이 없었다. 선생이 한번은 말하기를, "내가 양동년梁同年(양팽손)과 더불어 말할 적에는 마치 지초와 난초의 향기가 사람에게 풍기는 것과 같아 나도 모르게 비루함이 절로 사라진다"라고 하였다. 또 그 기상을 찬양하여, "가을 하늘에 흰 달이요, 사람의 탐욕이 씻은 듯 깨끗하다" 하였다. 선생이 과거에 합격한 이듬해 병자년에 학포도 과거에 합격하였다. 일찍부터 호당湖堂에 뽑혀 들었다가 곧 영관瀛館(홍문관)에 들어갔다. 당시 경연하던 네명의 학사는 기준, 박세희朴世熹, 최산두崔山斗에다 양팽손이 나머지 한명이다. 명성이 심히 자자하였다.

하루는 양공(양팽손)이 옥당에 있는데, 남곤이 밤에 대지팡이에 편복 차림으로 찾아와서 공에게 말하기를, "오늘날 조정의 경제經濟의 책임을 나혼자서 담당하기 어렵소. 돌아보건대, 조정에서 함께 협조해나갈 만한 이로는 공보다 나은 이가 없소. 공은 나를 버리지 않겠소?" 하였다. 양공은 낯빛을 바루며 답하기를 "공이 만일 경제의 뜻이 있다면 어째서 조광조를 찾아가보지 않고 오늘밤 나를 찾아오는 걸음이 있소" 하였다. 남곤이 백가지로 달래고 타일렀으나 공은 끝내 응하지 않았다. 【『조야요언』에 나온다.】

이때 상上이 유학을 숭상하고 문치에 뜻을 집중하여 선생에게 의지함이 더욱 중하여, 선생은 세상에 드문 대우를 감격히 여겼다. 매양 입대하러 갈 적마다 반드시 미리 재계하고 오래 성경誠敬을 쌓았다. 그 모시고 진강할 적에는 마음을 전일하게 하고 생각을 엄숙히 하기를 신명을 대하듯 하였다. 아는 것은 말하지 않음이 없고 하는 말은 곧지 않음이 없으니, 상은 다 허심탄회하게 귀 기울여 듣고 다른 사람은 그사이에 한마디도 말할 수 없어 같이 모시는 자들이 그를 많이 꺼렸다. 그리고 양팽손, 기준, 박세희, 최산두 등의 말도 지루하여, 더러 조강朝講이 해가 져서야 파하기도 하였다. 남곤 등이 상이 제현들을 싫어하는 뜻이 있음을 헤아려 알고서 드디어 화를 엮었다.【안은봉安隱峰의『기묘유적己卯遺蹟』에 나온다.】

선생은, "이욕의 근원을 막고 세상의 도리〔世道〕를 지키는 데에는 훈록勳錄을 삭제하는 것보다 급한 것이 없소" 하고, 드디어 대사간 이성동李成童과 더불어 합계하여 훈록을 삭제할 것을 청하니, 상은 윤허하지 않았다.

양공梁公 산보山甫는 자는 언진彦眞이다. 나이 열너댓살 때에 아버지 창암공蒼岩公을 따라 북방에서 노닐며 공부하다가, 정암 조문정공이 정학으로 후진을 가르친다는 말을 들었다. 장차 학문의 업을 하고자 창암공에게 청하니, 창암공이 그 뜻을 가상히 여겨 허락하였다. 공이 드디어 책 상자를 지고 문을 두드렸다. 문정공은 그가 일찍 스승을 찾는 성의가 있음을 보고, 먼저『소학』을 주면서, "진실로 학문에 뜻을 둔다면 마땅히 이 책부터 시작해야 한다"라고 하였다. 공은 부지런하게 공부하고 가슴에 새기며 책을 손에서 놓지 않으니, 문정공이 자주 칭찬하였다.【『양씨가록梁氏家錄』에 나온다.】

을사년(1545, 인종 1)에 인묘仁廟가 즉위하자, 태학생 박근朴謹 등이 상소하여 공의 원통함을 호소하고 변무하면서 복직하기를 청하였다. 상이 수찰手札(손편지)로 답하기를 "너희들이 수선首善의 지위에 있으면서 옛것을 좋아하고 시사를 논하며, 소장을 세번 올렸다. 말은 간절하고 의리는 곧아서 학문의 바름이 어찌 이보다 더할 수 있겠는가? 우리 선왕께서 교육하신 은택을 또한 상상할 수 있다. 그러나 말을 좇지 않는 것은 뜻한 바가 있어서이다. 또 태학太學은 비록 공론이 있는 곳이라고는 하나, 시비를 정하는 것은 조정으로부터 나옴이 있다. 너희들이 시비를 말하는 것은 알았거니와 꼭 시비를 정하려는 것은 여러 유생들의 일이 아니다. 우선 물러가서 생각해보라"하였다.

상의 병이 위독함에 미쳐 하교하여 말하기를, "조광조, 김정, 기준 등을 복직하는 일 및 현량과를 복구하는 일에 나는 선왕 때의 일이라고 여겨 가히 조용히 하려 하였다. 이제 내 병이 이와 같으므로, 불가불 조광조 등을 아울러 복직하고, 현량과 또한 (직첩을) 환급해주는 것이 옳다"라고 하였다. 【이정형李廷馨의『황토기사黃兎記事』에 나온다.】

태학생들이 글을 올려 말하기를, 일두一蠹(정여창), 한훤寒暄(김굉필), 정암, 회재晦齋(이언적), 퇴계 다섯 선생을 모두 문묘에 종사從祀하고자 하였다. 백인걸이 조정에서 먼저 주창해 말하기를 "일두, 한훤은 중종께서 관직을 추증하고 그 집에 제사를 지내게 하셨으니 지금 다시 의논할 것이 없다. 어떤 사람은 '회재와 퇴계는 모두 어록을 세워 후세에 끼쳐주었으나 정암은 그렇지 못하다'고 하였는데, 정암을 어찌 회재나 퇴계에 비하겠는가? (정암이) 정치를 한 지 일년 만에 시정市井의 가난한 백성들이 그 부모를 섬기되 살아서는 효성으로 봉양하고 죽어서는 슬픔으로 장사 지내고 최마衰麻를 삼년 입는다. 군졸과 천한 종들 또한 여막살이를 하였다. 제사에는 나무 신주를 쓰고 무덤에는 반드시 비석을 세웠다. 그래서 지금 북망산北邙山[2]의 두렁과 언덕에 표서標石이 나란히 놓여 있는 것도 대개 가르침을 베풀어서 독려한 것이 아니고 원근이 감화된 것이다. 사람들이 착한 일을 할 줄 알고 풍속이 효도와 우애를 숭상한 것도 곧 자연히 그렇게 된 것이다. 만약 수년간만 정치를 하였다면 풍습이 흥기하고 본성이 완성되며, 풍속이 바뀌어서 이륜彛倫이 크게 변화함을 또한 가히 상상할 수 있다. 옛날 사람 중에는 몸소 다스림과 교화를 행한 분도 있고, 다스리는 도를 헛되게 말한 사람도

---

2   중국 하남성 낙양에 있는 산으로, 무덤이 많이 조성되어 있어서 사람이 죽을 때 '북망산에 간다'는 표현을 쓴다.

있다. 다스림과 교화를 행하는 것과 다스리는 도를 말하는 것이 비록 그 공부에 어렵고 쉬움이 있고 효과에 다다름에 더디고 빠름이 있으나, 그 교화가 행해지는 것은 하나이다. 그러나 몸소 사람을 가르쳐 감화시켜 빨리 행한 것은 정암과 같은 인물이다. 삼대三代 이후에 몇 사람이나 있겠는가?" 하고, 드디어 상소하여 운운하였다. 【『기묘록보유己卯錄補遺』에 보인다.】

선생(조광조)이 능성綾城으로 귀양 갔을 적에 학포學圃(양팽손)도 또한 파직되어 능성의 옛 고장으로 돌아와서 밤낮으로 상종하였다. 선생이 말하기를, "우리 두 사람이 여기서 종유從遊하게 된 것은 우연이 아닐 것이다. 서로 간절히 권면하여 당초의 뜻을 이루어 큰 허물이 없게 되는 것이 어찌 천운이 아니겠는가?" 하였다. 학포가 말하기를, "돌아보건대, 지금 인정이 핵상核喪(각박함)하고 우리가 사방 변지로 내쫓기었는데, 하늘이 우리로 하여금 여기서 모여 마침내 평일 마치지 못한 일을 하게 하였으니, 이는 하늘의 뜻이 또한 사람을 이길 수 있다는 것일까요?" 하였다. 선생이 말하기를, "우리의 이번 화는 실로 시운時運이 달렸으니, 탄식한들 소용이 있으랴? 나는 죽음이 있을 따름이다"라고 하고, 서로 손을 잡고 눈물을 흘리며 그쳤다. 12월 20일에 선생이 후명後命을 받자, 학포는 손을 잡으면서 둘 다 한마디 말도 없고 다만 말하기를, "각자 우리 임금에게 충성을 다할 따름이오. 우리도 얼마 못 되어 상종하지 않겠소?" 하였다.

이날 흰 무지개가 해를 꿰고 눈이 한자 남짓 쌓여, 바람은 써늘하고 날씨는 혹독하여 사람들은 그 추위를 견디지 못하였지만, 공만은 적려謫廬(유배지) 밖에서 밤새도록 울며 친히 염습斂襲을 점검하고 전奠을 배설하고 슬픔을 펴고서 돌아왔다.

선생의 "아비 사랑하듯 임금 사랑하고, 집 걱정하듯 나라 걱정하였네〔愛君如愛父 憂國似憂家〕"라는 시구를 외고 무릎을 치며 비통해하기를, "이 사람과 같이 지하에 돌아가서 충암冲菴(김정) 등의 제공諸公을 보지 못하는 것이

애석하다. 평소 서로 권면한 의리가 어디 있는가?"하고, 항상 선생의 일이 언급되면 곧 개연히 눈물을 흘렸다.

선조 3년(1570) 경오에 능성읍 동쪽 연주산聯珠山 천일대天日臺 위에다 옛 사당의 위패를 옮겨 봉안하였으니, 곧 죽수원竹樹院이다. 사계沙溪 김장생金長生이 창론하기를, "양학포가 정암 조 선생에게는 사우의 의리가 있었는데, 선생이 이 고을에 귀양 온 일도 우연이 아니며, 또 뜻도 같고 화도 같으니, 죽은 뒤에 서원에 함께 모시는 것이 실로 나의 의견에 맞는다"고 하고서 함께 배향하는 축문祝文을 지었다.

"하늘에서 낸 인걸이요, 산악이 내린 자질이네 / 학문은 밝고 빛나며 실천은 독실하다 / 집에서는 효우하고 나라에는 충절이라 / 솔개는 대궐 섬돌에 서 있고 봉황은 조정 반열에 깃들었도다 / 누구와 함께 일하였는가? 정암 선생이었네 / 두 사람이 함께 곧게 하여 힘쓴 일이 무엇인가? / 형서邢恕를 탄핵하고 임금을 바로잡는 데 직간을 피하지 않았도다/ 한 무제의 등은 가시를 짊어진 듯하고, 당 현종의 얼굴은 야위어졌네 / 여러 소인들이 틈을 타서 모함이 번갈아 일어났도다 / 북문北門(신무문)이 한번 열리자 남방 천리로 유배되었네 / 혹은 사사賜死되고 혹은 삭직되어 고르게 재앙에 걸렸도다 / 후에 죽어 그를 따라가 지하에서 서로 조문하네 / 공은 이미 도를 같이하여 선생의 벗이었다 / 어찌 선생은 죽은 벗이 될 것을 헤아렸으랴 / 살아서나 죽어서나 태산북두처럼 함께 우뚝하다 / 연주聯珠의 산아이요, 죽수竹樹의 사당이네 / 선생이 여기 계시니 공은 귀의하십시오."【양팽손의 『학포집學圃集』에 나온다.】

무인년(1518) 5월 16일에 상이 친히 정사하여 이조판서 안당安瑭을 우의정으로 삼았다. 이날 지진이 세번 일어나 전각이 흔들리자, 드디어 재신들을 맞아들여 구언하였다. 예조판서 조계상曹繼商이 아뢰기를, "이 무리들은 사람의 재앙이 있을 뿐 아니라 반드시 하늘의 벌이 있을 것이다" 하였다. 그래서 대간이 드디어 조계상에게 죄주기를 청하고 또 욕심이 많고 더럽다 하여 병조판서 장순손張順孫을 논핵하였다. 그때 부제학 조광조는 휴가를 받아 지방에 있었다. 조정에 돌아오게 되어서는 또한 조계상의 잘못을 극력 말하였다. 【허봉의 『해동야언』에 나온다.】

정덕正德(명나라 무종의 연호) 무인년(1518, 중종 13)에 양사와 옥당, 예문관이 번갈아가며 소장을 올려 소격서를 혁파하기를 청하였다. 대신들도 아뢰었으나, 여러 달 동안 윤허하지 않았다. 부제학 조광조가 면대를 청하여 그것을 극력 논하고, 다음날에도 관원을 거느리고 복합하여 돌아가며 계를 올렸으나 윤허하지 않았다. 조광조는 정색을 하며 동료들에게 말하기를, "날이 이미 저물어 언관은 모두 물러갔으니, 우리들이 비록 죄책을 당하더라도 정성을 다하여 논열論列하여 밤새도록 물러가지 말고 임금의 마음을 돌리기를 기약하자"고 하였다.

잠시 후에 하교하기를, "이 일은 낸들 어찌 생각하지 않았겠는가? 다만 그 유래가 오래되어 어렵게 여겼던 것이다. 내일 대신들을 불러 의논하여 혁파하겠다"고 하였다. 그 후 조광조 등이 죄를 당하자, 드디어 다시 세웠다. 【『동각잡기東閣雜記』에 나온다.】

무인년에 소격서를 혁파할 때에 삼사, 대신, 육조가 혁파하기를 청하였으나 오랜 기간 좇지 않았다. 부제학 조광조가 극력 고집하여 손수 차자箚子(간단한 상소문)를 만들어 논열하여 곧 밤중에 이르렀다. 마침 실시할 기일은 임박한데 양사가 사직하여 감찰을 서경署經(인사 등 국정에 대해 임금이 대간들에게 동의를 구하는 일)할 수 없으므로, 상이 부득이 좇았다. 【『해동야언별집東海東野言別集』에 나온다.】

날이 저물어 대간은 다 물러가되 조광조는 나가지 않고 그대로 남아서 밤새도록 논계하여 닭이 울 때까지 그만두지 않으니, 상이 부득이 윤허하였다. 승지들이 책상에 기대어 깊이 잠들었으니, 모두 싫증과 괴로움을 품었던 것이다. 대궐 안 엄밀한 곳에 내시들이 밤새도록 드나들며 번거롭게 아뢰어 마지않으니, 임금인들 또한 어찌 듣기 싫은 생각이 없겠는가? 신하가 임금에게 간할 적에는 납약자유納約自牖[3]해야 하는데, 이와 같이 하고서도 무사한 자가 있을 수 없었다. 조광조가 실패한 후에 곧 명하여 다시 세웠다.【『사재집思齋集』에 나온다.】

대사헌 조광조가 바야흐로 총애를 받아, 면대할 적마다 반드시 의리를 끌어내어 말하고, 거리낌 없이 드나들며 말이 그칠 적이 없었다. 다른 사람은 그사이에 한마디도 할 수 없었다. 비록 한겨울과 한더위 때에도 한낮이 되도록 그치지 않았다. 면대가 끝날 적에는 말한 것을 윤허하지 않은 일이 없었으나, 같이 입시한 자는 매우 괴로워서 다 싫어하는 빛이 있었다. 한번은 대사헌으로서 아문으로 출사出仕하는데, 중도에서 찬성贊成 고형산高荊山을 만나 예를 하지도 않고 지나가니, 그를 미워하는 자는 다 이를 갈았다.

오직 소격서를 혁파하는 일 또한 임금을 바로잡는 한가지 일이었다. 여러 날 논계하여도 윤허를 받지 못하였으면, 반드시 그 임금의 마음을 돌리는 성의가 극진하지 못한 바가 있기 때문이다. 그러므로 그 임금에게 공경하는 의리를 일으키고 나하지 못한 성의를 넓혀서, 여러 번 아뢰는 것을 그치지 않아 밤이 늦기에 이르렀으니, 정성으로 바로잡은 바는 마침내 하늘을 감동시켰다. 생각건대 그가 복합할 때에는 반드시 미리 재계하고 깊이 생각하며 성의를 다하여 감동시키고자 한 것은 정자程子가 진강할 때에 성의를 다한 것처럼 하였으니, 보통 사람이 능히 엿보고 헤아릴 수 없는 것이다. 또 그의 계사啓辭를 보지는 못하였으나, 반드시 그 밝은 곳을 따라서 깨

---

3   남에게 설명할 때 상대방이 알기 쉬운 것부터 설명하여 깨닫도록 인도함. 『역경(易經)』 「감괘(坎卦)」에 나옴.

우쳐 인도한 것이 이르지 않음이 없었을 것이다. 어찌 하기 어려운 일을 가지고 억지로 하였겠는가? 옛날 정명도程明道는 소대召對했을 때에 한낮이 되어서야 물러나고 회암晦菴(주자)은 조정에서 진강하고 일을 아뢸 적에는 다하지 않는 말이 없었으니, 선생의 한 바 또한 이와 같았다.

또 말하기를, "면대할 적마다 말을 그칠 적이 없어서 다른 사람은 그사이에 한마디도 할 수 없었다" 하였는데, 이는 다 선생이 강론을 되풀이하여 의리로 하여금 귀에 익숙하게 하여 함양涵養하고 훈도薰陶(덕으로 감화함)되어 모르는 사이에 성인의 덕이 이루어지게 하려는 것인데, 하물며 상이 부지런히 끌어들였으니 선생이 아는 바를 다 말하지 않고 다른 사람에게 미루겠는가? 옛날 정이천程伊川은 진강할 적에 항상 문장의 뜻 외에 반복하여 밝음을 끌어내어 듣는 이가 탄복하였다. 선생이 한 것도 이와 같았다.

무인년 겨울에 의정부와 예조가 함께 의논하여 "우리나라에서 사람 쓰는 것은 오직 과거 한 길로, 구두句讀나 쓰는 선비를 모아다가 하루의 장점을 비교할 뿐이기 때문에 덕망 있고 훌륭한 선비는 초야에 늙으면서 벼슬을 구하지 않는다. 유일遺逸(집에 묻혀 있는 선비)을 찾아 조정에 배치하는 것은 곧 삼대의 아름다운 정치이지만, 선왕의 법전을 가벼이 고칠 수 없다. 사표師表와 논사論思의 소임에는 구애되는 바가 많이 있으니, 천거하여 뽑고 시험하여 등용하는 한나라 때의 좋은 법을 따르는 것만 같지 못하다"고 하였다.【『기묘유적』에 나온다.】

정덕 기묘년(1519, 중종 14)에 사정전에 나와 원자元子(후에 인종)의 글 읽는 것을 보는데, 보양관輔養官 남곤, 조광조 및 승지, 사관 등이 입시하였다. 원자가 강사포 직령直領에다가 옥띠를 띠고 흑화黑靴를 신었으며, 두 손을 단정히 모으고 책상을 대하였는데, 의젓하여 어른스러웠다. 『소학』을 물이 흐르듯이 읽으며 훈고訓詁를 분석하는데, 음성이 인자하고 두터웠다. 사관이 몰래 임금의 안색을 엿보니, 기쁨을 감추지 못하였다.

연산군이 황음荒淫한 짓을 할 적에 문무관 및 유생, 삼색三色의 사람들로 하여금 연輦(임금이 타던 가마)을 메는 하인에 충당하였다. 어떤 사람이 대간도 또한 거기에 충당시킬 것인가를 물었더니, 연산군이 이르기를, "대간도 충당시키지 않을 수 없다" 하였다. 그래서 무릇 놀러 다니고 희롱하는 곳에는 연을 메고 다니게 하고 때로는 글짓기를 시험하여 상을 주니, 갓을 쓴 선비의 욕됨이 지극하였다. 조정암이 한번은 중종에게 아뢰기를 "연산군이 유생들로 하여금 가마를 메게 하여도 선비란 자가 부끄러운 줄도 모르고 소매 속에 붓과 벼루를 넣고 다니면서 상 받기를 바라기까지 하여 선비의 풍습이 아주 무너졌으니, 어찌 한심스럽지 않습니까? 지금 마땅히 선비의 풍습을 바꾸어 취향趣向을 바로잡는 것을 급선무로 삼아야 할 것입니다"라고 하였다.【『동각잡기』에 나온다.】

기묘년 10월에 대사헌 조광조, 집의 박수문朴守紋, 장령 김인손金麟孫, 지평 조광좌趙廣佐와 이희민李希閔, 대사간 이성동, 사간 유여림兪汝霖, 헌납 송호지宋好智, 정언 김흠金欽과 이탁李卓 등이 합사하여 궐문 앞에 엎드려 논하기를, "병인년 반정 때의 녹훈한 공이 너무 외람되게 되어 네 등급으로 나누기에 이르렀습니다. 공이 없으면서 외람되게 녹훈된 자가 많습니다. 이익의 근원이 한번 열리면 사람마다 모두 이익을 탐내는 마음이 있으니, 후일의 폐난을 막기 어렵습니다. 청컨대 외람되게 녹훈된 자는 사제하십시오"라 하였다. (…) 상은 좇지 않았다. 양사가 사직하기에 이르니, 상이 인견하고 매우 어렵다는 뜻으로 타일렀다. 조광조는 외람한 녹훈을 삭제하지 않을 수 없다는 뜻으로 극력 간하였다.【『동각잡기』에 나온다.】

기묘년 11월 15일 밤 이경에 밀지를 내려 신무문을 열고 여러 재신을 불러들이면서 승정원이 알지 못하게 하였다. 입직하던 승지 윤자임尹自任과 공서린孔瑞麟, 주서 안정安珽, 검열 이구李構 등이 듣고 합문 밖으로 달려가

보니, 남양군 홍경주, 공조판서 김전, 예조판서 남곤, 병조판서 이장곤李長坤, 호조판서 고형산, 화천군 심정, 병조참지 성운成雲 등이 촛불을 밝히고 앉아 있었고, 군사들이 둘러싸고 서 있었다.

잠시 후에 성운이 나와 소매 속에서 작은 쪽지를 이장곤에게 주며, "이것은 어필인데, 이 사람들을 의금부에 곧 가두어라 하십니다" 하였다. 쪽지에 쓰인 성명은 곧 윤자임, 공서린, 안정, 이구 및 응교 기준, 수찬 심달원沈達源 등이었다. 모두 바야흐로 입직하였는데, 조금 이따가 대사헌 조광조, 우참찬 이자, 형조판서 김정, 도승지 유인숙柳仁淑, 좌부승지 박세희, 우부승지 홍언필洪彦弼, 동부승지 박훈, 부제학 김구金絿, 대사성 김식 등을 모두 궁궐 뜰에 잡아왔다. 어떤 이가 "수상에게 알리지 않아서는 안 된다"고 하므로, 곧 정광필을 불러들여 입대시키고 조광조 등의 죄안을 정하게 하였다. 정광필이 말하기를, "중대한 일이어서 경솔하게 처결할 수 없으니, 여러 사람의 의론을 모아 정하는 것이 옳습니다" 하였다.

상이 남곤에게 명하여 전지傳旨(상벌에 관한 임금의 뜻을 전하여 알림)를 초하게 하자, 남곤이 앞으로 나가 붓을 잡고 엎드렸다. 이때에 다만 승지 성운, 가주서 심사순沈思順이 입시하였을 뿐이었다. 쓰기를 마치자 상의 앞에 올렸다. 보기를 끝내고 나서 전교하기를, "죄안이 이미 정하여졌으니, 광조 등 7명만 가두고 나머지 사람들은 모두 석방하라" 하였다. 그 죄안은 아래와 같다. "조광조, 김정, 김식, 김구 등은 서로 붕당을 만들어 자기들에게 붙는 사람은 나아가게 하고, 자기들과 다른 사람은 배척하였으며, 명성과 세력을 서로 의지하고 권세 있는 요직을 차지하고 앉아 후진들을 유인하여 괴이하고 과격한 풍습을 조성하여 국론이 뒤바뀌고 정치가 날로 그릇되게 만들므로, 조정에 있는 신하들이 그 세력을 두려워하여 감히 입을 열지 못하였다. 그리고 윤자임, 기준, 박세희, 박훈 등은 광조 등의 무리와 더불어 괴이하고 과격한 풍습에 부화附和하였다"고 운운하였다.

조광조 등이 이미 옥에 간히자 공초를 받아 입계하였는데, 전교하기를

"이 일은 조정에서 이미 의론을 정하였으니, 형장을 쓰지 말고 율문에 의하여 처결하는 것이 옳다"고 하였다. 의금부에서 율문에 의거하여 조광조, 김식, 김정, 김구 등 4인에게 사형에 해당됨을 아뢰었다. 【『해동야언별집』에 나온다.】

그런데 오직 효직孝直(조광조의 자)은 통곡하며, "우리 임금을 뵙고 싶다" 하였다. 제공들이 권면하기를, "조용히 의리에 나아갈 일이지 어찌 울 필요가 있는가?" 하고, 또 서로 술을 권해 슬픔을 달래며 한껏 마셨다. 효직은 말하기를, "조용히 의리에 나아가는 것을 내가 어찌 모르겠느냐마는, 우리 임금을 다시 볼 수 없기 때문이다. 만약 우리 임금을 뵙는다면, 어찌 이 지경에 이르겠는가?" 하고, 밤새도록 통곡하고 이튿날도 그치지 않았다. 죽이기로 결정되었다는 말을 듣고 난 뒤에는 태연하였다. 【기준의 『덕양일기德陽日記』에 나온다.】

다음 해(1520)에 용인 선영의 북쪽에 장사를 지냈으니, 선생의 유지遺志였다. 그날 흰 무지개가 해를 둘렀는데 동서로는 세 돌림, 남북으로는 각각한 돌림이었다. 그리고 남북으로 돌아간 바깥에 각각 띠를 드리운 듯한 두 줄기 무지개가 하늘에 뻗쳤고, 또 신시申時(15~17시) 말에는 길이 한길(丈)남짓한 한줄기 무지개가 있었는데, 모두 한참 지나서 사라졌다. 【『기묘당적보己卯黨籍補』에 나온다.】

나(김식)는 공초供招하기를, "신은 젊어서부터 옛사람의 글을 읽어서 조금 방향을 알았으므로, 집에 있으면 효제를 다하고 나라에 있으면 충의를 다한다고 여겼으며, 동지들과 더불어 옛 도를 강구하여 우리 임금으로 하여금 요순 같은 임금이 되게 하고, 세상의 도리가 지극히 잘 다스려지게 되기를 기약하여 작은 정성을 다하였으며, 또 착한 사람은 착하다 하고 착하지 못한 사람은 착하지 못하다 하였을 뿐인데 어찌 감히 사사로이 부화했겠습니까? 조광조 등과는 뜻이 같고 도가 합하기 때문에 서로 사이좋게 사귀었지, 괴이하고 과격한 것은 알지 못하겠습니다" 하였다. 당상들이 곧 예궐하여 아뢰니, 임금이 천천히 공초를 취하고 율문에 비추어 시행하라고 명하였다. 날이 저물 때에 또 앉아서 다짐만을 받았다. 【『덕양일기』에 나온다.】

주부자(주희)가 일찍이 말하기를, "나로 하여금 만길이나 우뚝히 서게 한다면 어찌 우리 도〔吾道〕에 빛이 되지 않겠는가?" 하였는데, 정암의 처신이 거의 같다.【『송자대전宋子大全』에 나온다.】

우리나라 유현儒賢 중에 자질이 아름답기로는 조광조만 한 이가 없다. 정신은 흰 달빛처럼 맑고, 일어나 조치하여 실시한 것은 움직이기만 하면 옛 예법에 맞았다. 아깝게도 군신으로 만난 때가 끝까지 가지 못하였으니, 실로 천고의 통한이 된다.【동춘同春(송준길宋浚吉)의 『경연일기經筵日記』에 나온다.】

조정암이 진달한 계사의 초본을 한가로울 때에 자세히 펼쳐 보았는데, 내(이황)가 이 글을 보고 나서는 취한 듯 깬 듯하여 보름 열흘이 되어도 오히려 낫지 않았다. 가만히 생각하건대, 이 사람은 어려운 줄 모른 것이 아니라 어려운 줄 알면서도 믿음을 잘못 두었다. 그러나 다만 믿는 것을 잘못하였던 까닭으로 진실로 물러날 길을 구하지 못함으로 말미암아 이에 이른 것임을 가히 알 수 있다. 이는 '영웅으로 하여금 눈물이 수건에 가득하게 하다〔使英雄淚滿巾〕'라는 옛말이 비단 홀로 죽은 제갈량 한 사람만이 아님을 알겠다. 또 당시 사세를 살펴보건대, 비록 정국공신의 녹훈을 뺏은 일이 없었더라도 실패를 면하지 못하였을 것이다. 여러 간신들을 격동하여 두려운 사태를 재촉한 것은 바로 이 한가지 일로 말미암았으니, 이는 제현들이 위태로운 때에 다다라 경계하지 못하고 전진하기를 너무 과격하게 한 때문이었다. 이 또한 몰라서는 안 될 일이다. 【이황의 『퇴계집退溪集』에 나온다.】

조정암이 경연에서 기氣의 이해에 대해 극력 말하였는데, 명백히 밝혔으며 한만汗漫(되는 대로 내버려두고 등한함)한 말이 아니었다. 정암이 경연 강의에서 기氣 자가 병통이 심함을 극히 말하였다. 일찍이 말하기를, "조광조는 타고난 자질이 참으로 아름다웠으나 학문의 힘이 충실하지 못하여 그의 하는 일에 지나침을 면하지 못하였으므로 마침내 일을 실패하게 되었다. 만약 학문의 힘이 충족하고 덕기德器(덕스러운 인품)가 이루어진 뒤에 세상에 나가서 일을 담당하였더라면 그 성공은 쉽게 헤아릴 수 없었을 것이다"라고 하였다. 【『퇴계어록』에 나온다.】

황효헌黃孝獻이 말하기를, "조광조의 학문은 김굉필에게서 나왔는데, 모양이 단정하고 말을 잘하며 풍채가 사람을 감동시키니, 선비들이 마음으로 흠앙欽仰(공경하여 우러러 사모함)하여 모여 따르는 자가 그의 문하에 가득하여, 가르치고 권면하여 선인이 된 자가 또한 많았다. 만일 그 과격함을 억제하고 그 덕기德器를 성취시켰더라면 인재의 성함을 날을 지정해놓고 기다릴 수 있었을 것이다" 하였다. 【『해동야언별집』에 나온다.】

조문정공의 학문은 비록 극진하지는 못하나, 그의 조정에 벼슬할 적의 일을 살펴보면 오직 도를 실행하는 것을 마음으로 삼아 삼대의 도가 아니면 왕에게 감히 아뢰지 못하였으니, 도학의 명성을 얻는 것은 진실로 당연하다. 옛날 사람은 반드시 학문이 성취된 뒤에야 도를 행하기를 구하였고, 도를 행하는 요점은 임금을 바로잡는 일보다 앞서는 것이 없었다. 애석하게도 조문정공은 현명하고 명철한 자질과 경제經濟의 재주로써 학문이 채성취되기 전에 갑자기 요직에 올라서, 위로는 임금의 잘못된 마음을 바로 잡지 못하고 아래로는 거실巨室의 비방을 막지 못하였으며, 충성스럽고 간절한 마음을 바야흐로 드리우는데 참소하는 말이 이미 나오게 되었다. 자신은 죽고 나라는 어지러워져 도리어 후인들로 하여금 이 일을 징계 삼아 감히 뜻을 세워 하지 못하게 하였으니, 하늘이 이 도리가 행해짐을 바라지 않아서인가? 어째서 이러한 사람을 내고서 그로 하여금 성취하게 하지 않았는가? 문정공이 나아가고 물러나는 기미에는 밝지 못한 바가 있었으나, 학자들이 이때에 와서 이학理學을 종주로 삼고 왕도가 귀하고 패도가 천한 줄을 알았으니, 그가 이 도에 공로가 있음은 없앨 수가 없다. 후인들이 태산북두처럼 우러름이 마땅하다. 임금이 총애하는 명령을 내리심은 오랠수록 더욱 융숭하다.【『율곡외집栗谷外集』에 나온다.】

정암과 율곡은 타고난 자질이 다 고명하였지만, 정암은 간결하면서도 중후하고 온화하면서도 근엄하였고, 율곡은 맑으면서 투명하였고 상쾌하면서 깨끗하였다. 정암은 정련된 금이나 아름다운 옥과 같았고, 율곡은 비갠 뒤 바람이나 달〔光風霽月〕[4]과 같다. 두 선생이 조정에 나와서 한 일을 살펴보면, 정암은 정밀하고 순백하며 전일한 정신이 족히 남을 감동시킬 수 있었고, 율곡은 공평하고 성실하며 탄탄한 마음이 족히 남을 기쁘게 감복시킬 수 있었다. 율곡은 정암의 몸을 단정히 하고〔收束〕 절제함〔檢制〕에는 미치지 못하고, 정암은 율곡의 뜻을 넓게 펴고〔展拓〕 도량이 넓음〔開豁〕에는 미치지 못했다.【『농암잡지農巖雜識』에 나온다.】

---

[4]　가슴속에 품은 뜻이 말끔하여 비 갠 날 청량하게 부는 바람과도 같고, 비 갠 하늘의 상쾌한 달빛과도 같다는 '흉회쇄락 여광풍제월(胸懷灑落 如光風霽月)'에서 나온 말이다. 조광조의 제자인 양산보(梁山甫)는 소쇄원을 세우면서 사랑채를 '광풍각(光風閣)', 안채를 '제월당(霽月堂)'이라 하였다. '광풍각'과 '제월당'의 현판은 송시열의 글씨다.

정암과 율곡은 세상에 드문 천성이고 재주와 식견이며, 우재尤齋(우암 송시열)는 또 세상에 드문 정신이요 역량이었으니, 도학의 명분과 세도의 책임을 어찌 사람마다 담당할 수 있는 것이겠는가?【『지호집芝湖集』[5]에 나온다.】

국조에 유현을 배출하였으나, 광명정대光明正大한 심사가 푸른 하늘의 밝은 해와 같기로는 정암과 우암 두 선생보다 훌륭한 이가 없었다.【『도암집陶菴集』에 나온다.】

구수담具壽聃의 자는 천로天老이다. 총명함이 뛰어나서 일찍부터 자기 위하는 학문을 알아서 종일토록 단정히 앉아 성리학을 탐구하였다. 정암 선생이 하루는 김충암金沖菴(김정)과 함께 그를 찾아가서 오래도록 강론하고서 돌아왔으니, 그때 공의 나이는 14세였다. 그로 인해 정암을 사사하였다. 기묘년 겨울에 사화가 일어나자, 공은 비분강개하여 문을 닫고 나서지 않은 지 10년이었다.【「구공묘표具公墓表」에 보인다.】

---

5   조선 후기의 문신이자 학자인 이선(李選)의 시문집.

핵심저작

조식

조식 영정(조원섭 그림, 남명기념관 소장).

1장
『학기류편』, 성리학 사상에 대한
주요 어록을 정리하다

『학기류편』은 조식曺植이 평소 독서하면서 자신의 공부에 필요하다고 생각되는 말들을 가려 뽑아 적어둔 것이다. 조식의 수제자인 정인홍鄭仁弘이 스승의 뜻을 받들어 주자의 『근사록』의 체제에 따라 분류 편집하고, 앞에 서문을 붙여 1617년(광해군 9)에 상, 하 2책으로 간행했다. 1623년 정인홍이 인조반정으로 처형되면서 서문이 삭제되고 재편집되었다.

조식은 본래 사승師承 없이 혼자 공부했다. 젊은 시절 과거를 위한 공부를 하다가 25세 때 『성리대전』에 실린 노재魯齋 허형許衡의 말에 큰 감명을 받았다. 책을 통해서 큰 가르침에 접한 조식이기에 책의 가치를 누구보다도 잘 알았지만, 기본적으로 '정자와 주자가 나타난 이후에는 학자들이 책을 쓸 필요가 없다〔程朱後學者不必著書〕'라는 입장을 견지했기에 성리학 이론을 연구하는 저술을 남기지는 않았다. 다만 선현들의 말과 행실 가운데 자신에게 절실한 말을 뽑아 기록하고 모아 수양과 반성의 토대로 삼을 수 있도록 『학기류편』을 남긴 것이다. 서적이 부족한 현실에서 여러 선현들의 저술을 발췌하여 실은 『학기류편』은 성리학을 일목요연하게 이해하는 데 도움을 주었고, 또 실천의 지침으로서도 충분한 역할을 했다. 이 책은 오늘날 송나라 이후의 성리학에 대한 이해를 필요로 하는 사람들에게도 크게 참고가 되고 있다. 또한 성리학에 관하여 자신의 견해를 밝힌 저술을 거의 남기지 않은 조식이 성리학의 주요 어록을 저술했다는 점에서 그의 사상을 압축적으로 이해할 수 있는 자료가 되기도 한다.

『학기류편』의 편명篇名은 『근사록』에 의거했지만, 제1편「도의 통체를 논함〔論道之統體〕」과 제2편「학문을 하는 요체〔爲學之要〕」가 전체 분량의 반 이상을 차지한다. 여기에서 남명의 주된 관심이 유학儒學의 도통道統과 학문하는 방법에 있었다는 것을 알 수 있다.

내용의 구성으로 보면 전체 약 900여 항목 가운데 주자의 말이 약 350항목, 정이천程伊川의 말이 약 200항목, 정명도程明道의 말이 약 100항목으로, 이 세 학자의 말이 전체의 3분의 2 이상을 차지한다. 이 밖에 횡거橫渠 장재張載의 말이 35항목, 북계溪溪 진순陳淳의 말이 25항목, 서산西山 진덕수眞德秀의 말이 20항목, 강절康節 소옹邵雍, 면재勉齋 황간黃榦, 노재 허형, 임천臨川 오징吳澄, 상채上蔡 사량좌謝良佐 등의 말이 각각 10항목이다. 이 밖에도 구산龜山 양시楊時, 오봉五峰 호굉胡宏, 염계濂溪 주돈이周敦頤, 동래東萊 여조겸呂祖謙, 운봉雲峯 호병문胡炳文, 쌍봉雙峰 요로饒魯, 화정和靖 윤돈尹焞, 남헌南軒 장식張栻 등 정자·주자로부터 송나라, 원나라의 학자 60여명의 말이 수록되어 있다. 그 밖에 사서四書·오경五經에서 바로 인용한 말이 60여 항목 정도 되고, 사서史書에서도 몇 항목 발췌했는데 그 출전을 찾기가 어렵다. 60여명의 학자 가운데 대부분은 송나라 학자이고, 원나라 학자가 네명, 명나라 학자는 백사白沙 진헌장陳獻章과 경재敬齋 호거인胡居仁, 하흠何欽 세명뿐이다. 조식의 사상에서 노장적 경향이 있다거나 양명학에 관심이 있었다는 등의 지적도 있었지만, 『학기류편』에서 조식이 선현들의 말을 발췌한 태도를 보면 그의 사상의 원류에는 주자와 정자의 학문과 사상이 있었음을 알 수 있다.

『학기류편學記類編』 상上

도의 통체를 논함論道之統體

1. 용마도龍馬圖

1.1. 주자가 말하였다. "생겨서 나오는 차례는 맨 처음 아래, 다음은 위, 그다음은 왼쪽, 그다음은 오른쪽이며 중앙으로 돌아온다. 그리고 또다시 아래에서 시작한다. 운행의 차례는 동에서 시작하고 그리고 다음은 남쪽, 다음은 중앙, 다음은 서쪽, 다음은 북쪽이며 또다시 동에서 시작한다. 안쪽의 생수生數는 양이 아래쪽과 왼쪽에 있고 음이 위쪽과 오른쪽에 있다. 바깥쪽의 성수成數는 음이 아래쪽과 왼쪽에 있고 양이 위쪽과 오른쪽에 있다."[1]

1.2. "6·7·8·9가 이미 생수의 바깥에 붙어 있으니, 이는 음양·노소·진퇴·요필의 올바름이다. 9는 생수 1·3·5를 합한 것이요, 6은 2·4를 합한 것이다. 7은 9가 서쪽에서 남쪽으로 간 것이고, 8은 6이 북쪽에서 동쪽으로 간 것이다. 이것은 음양·노소가 서로 그 속에 감추어져 있는 변화이다."[2]

2.1. 옥재土齋 호씨(호방평胡方平)가 밀하였다. "생수와 성수로 음양을 나누어보면 안쪽의 생수가 양이고 바깥쪽의 성수가 음이다. 다섯개의 생수가 다섯개의 성수를 통섭하면서 같은 방향에 위치하고 있다."[3]

2.2. "양은 나아가는 일을 주도하니 9는 나아감이 극에 달하여 노쇠한 것

---

1   『성리대전(性理大全)』 제14권, 「역학계몽일(易學啓蒙一)」.
2   『성리대전』 제14권, 「역학계몽일」.
3   『성리대전』 제14권, 「역학계몽일」.

이고, 음은 물러나는 일을 주도하니 6은 물러남이 극에 달하여 노쇠한 것이다."[4]

2. 낙서도洛書圖

1.1. 주자가 말하였다. "'낙서洛書'에서 그 중앙의 텅 빈 부분은 태극을 의미한다. 홀수와 짝수의 합이 각각 20이니 이는 양의兩儀를 의미한다. 1·2·3·4가 9·8·7·6을 포함하고 있으니 이는 사상四象을 의미한다. 사방의 바른 자리는 건·곤·감·이가 되고, 네 귀퉁이는 태·진·손·간이 되니, 이는 팔괘八卦를 의미한다."[5]

1.2. "'낙서'의 종과 횡의 합은 15인데, 7·8·9·6이 서로 번갈아 소장한다."[6]

2.1. 주자가 말하였다. "'하도河圖'는 온전함을 위주로 하고, '낙서'는 변화를 위주로 하는데, 모두 그 중앙을 비워두었다. 그런 뒤에야 음양의 수가 똑같이 20이 되어 치우침이 없게 된다."[7]

2.2. "'하도'와 '낙서'는 그 방위와 숫자가 셋은 서로 같고 둘은 서로 다르다. 이는 대체로 음은 바꿀 수 있으나, 양은 바꿀 수 없기 때문이다."[8]

---

4   『성리대전』 제14권, 「역학계몽일」.

5   『성리대전』 제14권, 「역학계몽일」.

6   『성리대전』 제14권, 「역학계몽일」.

7   『성리대전』 제14권, 「역학계몽일」.

8   『성리대전』 제14권, 「역학계몽일」. '하도'는 복희씨가 하수에서 용마의 무늬를 따라서 팔괘를 그린 그림을 말한다. 또한 '낙서'는 우왕이 낙수에서 물을 다스릴 때 신령한 거북이 나타났는데 그 거북의 등에 새겨진 글씨를 말한다.

3.1. 쌍호雙湖 호씨(호일주胡一桂)가 말하였다. "'하도'와 '낙서'는 모두 수數가 동쪽에 있다. 괘의 획은 아래에서 위로 그리니, 곧 나무의 뿌리에서 줄기가 올라간 형상이다. 3획은 목木의 생수生數이고, 8괘는 목의 성수이다.[9] 삼재를 겸하여 둘로 곱한 것이 6효爻가 된다. 1·3·5는 하늘이며, 2·4·6은 땅이다. 이는 음양陰陽·강유剛柔·인의仁義를 겸하여 말한 것이니, 반드시 삼재가 갖추어져야 괘가 이루어진다."

4.1. 절재節齋 채씨(채연蔡淵)가 말하였다. "'하도'의 수는 짝수로 10이 되고, '낙서'의 수는 홀수로 9가 된다. 짝수는 고요한 것이 정체인데, 고요함은 움직임으로써 그 용을 삼기 때문에 운행의 순서에 따라 그 숫자를 합하면 모두 홀수가 된다. 그래서 고요함은 반드시 움직인 뒤에 생기는 것이다. 홀수는 움직이는 것이 정체正體인데, 움직임은 고요함으로써 그 용用을 삼기 때문에 그 자리의 숫자를 합하면 모두 짝수가 된다. 그래서 움직임은 반드시 고요한 뒤에 이루어지는 것이다."[10]

5.1. 서산西山 채씨(채원정蔡元定)가 말하였다. "천하의 모든 소리는 한번 닫히고 한번 열리는 데서 나오고, 천하의 모든 이치는 한번 움직이고 한번 고요한 데서 나오며, 천하의 모든 수는 한번은 홀수 한번은 짝수가 되는 데서 나오고, 천하의 모든 형상은 한번은 모나게 한번은 둥글게 되는 데서 나온다."[11]

6.1. 문중자文中子(왕통王通)가 말하기를 "둥근 것은 움직이고, 모난 것은 고요하다"고 하였는데, 정자程子가 말하였다. "참으로 거꾸로 말하였다. 고

---

9   『주역전의대전』, '하도낙서(河圖洛書)' 세주(細註).
10   『성리대전』 제14권, 「역학계몽일」.
11   『성리대전』 제14권, 「역학계몽일」.

요함의 체體는 둥근 것이고, 움직임의 체는 모난 것이다."

3. 제3도

1.1. 일은 토土이고 간艮이며, 이는 금金이고 태兌이며, 삼은 수水이고 감坎이며, 사는 화火이고 이離이며, 오는 목木이고 진震이며, 육은 목이고 손巽이며, 칠은 토이고 간이며, 팔은 토이고 곤坤이며, 구는 금이고 건乾이다.

2.1. 육갑고허법六甲孤虛法에 의하면, 갑자순甲子旬 중에는 술戌·해亥가 고孤가 되고 진辰·사巳가 허虛가 되며, 갑술순甲戌旬 중에는 신申·유酉가 고가 되고 인寅·묘卯가 허가 되며, 갑신순甲申旬 중에는 오午·미未가 고가 되고 자子·축丑이 허가 되며, 갑오순甲午旬 중에는 진·사가 고가 되고 술·해가 허가 되며, 갑진순甲辰旬 중에는 인·묘가 고가 되고 신·유가 허가 되며, 갑인순甲寅旬 중에는 자·축이 고가 되고 오·미가 허가 된다.[12]

3.1. 때를 타는 것이 왕旺이고, 생生하는 것이 상相이다. 나를 생하는 것은 휴休이고, 나를 극克하는 것은 수囚이며, 내가 극하는 것은 사死이다.

4.1. 남자는 극에서 취하고, 여자는 생에서 취한다. 예컨대 남자가 목일 경우 금은 아들이 되고, 음인陰人일 경우 화는 딸이 된다.

4. 팔괘차서도八卦次序圖

1.1. 『주역』에 말하였다. "이해할 수 없는 음양의 조화를 신神이라고 한다."[13]

---

12   『사기(史記)』「귀책열전(龜策列傳)」.
13   『주역(周易)』「계사상전(繫辭上傳)」.

2.1. 정자가 말하였다. "'상천의 일은 소리도 없으며 냄새도 없다'고 한 그 본체를 역이라 하고, 그 이치를 도라 하고, 그 작용을 신이라 한다."[14]

2.2. "하늘과 땅이 방위를 설정하고, 역易이 그 가운데 운행하는 것이 신이다."[15]

2.3. "생생하는 것을 역이라 하는데, 생생하는 작용은 신이다."[16]

2.4. "겨울이 춥고 여름이 더운 것이 음양이며, 운동하여 변화시키는 것이 신이다. 신은 일정한 방위가 없기 때문에 역은 체體가 없다. 만약 별도로 하나의 천을 세워 '사람은 하늘을 감쌀 수 없다'고 한다면 별도의 방위를 두는 것이니, 이는 근본을 두가지로 하는 것이다. 기氣 밖에 신이 없고, 신 밖에 기가 없다."[17] ── 이상 명도

2.5. "역을 논하는 사람이 말하기를 '건은 천도天道이고, 곤은 지도地道이다'라고 하는데, 이는 혼란스러운 말이다. 그 도에 어찌 다름이 있겠는가?"

2.6. "공자는 『논어』에서 '신神' 자에 대해 말씀하신 적이 없다. 『주역』에 이르러서 부득이 몇 곳에서 이에 대해 말씀하셨을 따름이다."[18] ── 이상 이천

2.7. "단지 천리天理를 다하는 것, 이것이 바로 역이다."

---

14   『주역대전(周易大全)』 「역설강령(易說綱領)」.
15   『하남정씨유서(河南程氏遺書)』 제11권, 「명도선생어일 사훈(明道先生語一 師訓)」.
16   『하남정씨유서』 제11권, 「명도선생어일 사훈」.
17   『하남정씨유서』 제11권, 「명도선생어일 사훈」.
18   『하남정씨유서』 제15권, 「이천선생어일 입관어록(伊川先生語一 入關語錄)」.

2.8. "역은 성인이 도를 세운 바이니, 신묘함을 다하면 역은 없다."

2.9. "역에 상象이 있는 것은, 사람이 예법을 지키는 것과 같다."

3.1. 주자가 말하였다. "역은 하나의 거울과 같다. 어떤 물건이 다가오는 것을 보고 비추지 못하는 것은, 하나의 사물이 속에 들어 있던 것을 바로 죽여버리는 것과 같다."[19]

3.2. "단지 한개의 도리일 뿐인데, 경계를 깨고 보면 원형이정元亨利貞·인의예지仁義禮智·현망회삭弦望晦朔·단주모야旦晝暮夜 같은 것들이 모두 넷으로 이루어져 있다. 그러므로 노음老陰은 네곳에 위치하여 완성을 주관한다."[20]

4.1. 융산隆山 이씨(남송 이순신李舜臣)가 말하였다. "음양의 기는 아래로부터 위로 올라가 각각 나뉘어 6층이 되는데, 괘의 6획이 그것을 본떴다."

5.1. 운봉雲峰 호씨(호병문胡炳文)가 말하였다. "하늘에는 12시가 있는데, 음양이 각각 그 반을 맡아서 사계절을 이룬다. 그러므로 효의 자리도 6으로 이루어진다. 세번 거듭하여 수가 이루어지는데 괘의 3획이 그것을 본떴으니, 1·3·5·2·4·6이 그것이다."

6.1. 옥재 호씨가 말하였다. "횡도橫圖는 괘의 획의 완성이며, 원도圓圖는 괘의 기의 운행이다. 괘를 수에 배합시켜볼 때, 이·진·건·곤이 같고 건·

---

19 『주자어류(朱子語類)』 제67권, 「역삼 강령하(易三 綱領下)」.
20 『주자어류』 제18권, 「대학혹문 전오장(大學或問 傳五章)」.

태·손·감이 다른 것은, 음의 노소는 고요함을 주로 하여 그 일정함을 지키고, 양의 노소는 움직임을 주로 하여 그 변화에 통하기 때문이다."[21]

7.1. 문왕文王이 유리의 감옥에 갇혔을 때 8괘를 겹쳐서 64괘를 만들었다고 한다. 이에 대해 주자가 말하기를 "『주례』에 보이는 보이는 삼역三易은 별도로 64괘가 있는 것이지, 문왕이 8괘를 겹친 것은 아니다"라고 하였다.

8.1. 정자가 마침 토끼 파는 사람을 보고 말하기를 "토끼를 보고 역을 알았다"고 하였다. ── 이천

9.1. 공자가 지은 「계사전繫辭傳」에 말하였다. "성인은 이로써 마음을 씻고, 물러나서 은밀한 데 간직해둔다."[22]

9.2. "침묵하면서도 이루고, 말하지 않아도 믿는다."[23]

5. 팔괘방위도八卦方位圖

1.1. 소자가 말하였다. "선천先天의 학문은 심법이다. 그러므로 '하도'의 그림은 모두 가운데로부터 일어나니, 온갖 변화와 온갖 일이 마음에서 생긴다."[24]

1.2. "선천의 학문은 마음이고, 후천後天의 학문은 자취이다.[25] 출입·유무·생사는 도이다."

---

21 『성리대전』 제17권, 「역학계몽사 옥재호씨통석부도(易學啓蒙四 玉齋胡氏通釋附圖)」.
22 『주역』 「계사상전」 제11장.
23 『주역』 「계사상전」 제12장.
24 『성리대전』 제15권, 「역학계몽이(易學啓蒙二)」.
25 『황극경세서(皇極經世書)』 제13권, 35장.

1.3. "만약 선천의 한 글자(一)에 대하여 묻는다면, 후천이 없을 때도 바야흐로 공부해야 한다."

1.4. "선천은 형이상이고, 후천은 형이하이다."

1.5. "작용은 천지보다 먼저 일어나고, 본체는 천지보다 뒤에 세워진다."[26]

6. 삼재일태극도三才一太極圖

1.1. 주자周子가 말하였다. "무극無極이면서 태극太極이다. 태극이 움직여서 양을 낳고, 고요하여 음을 낳는다. 고요함이 극에 달하면 다시 움직인다. 한번 움직이고 한번 고요함이 서로 그 뿌리가 되어 음으로 나누어지고 양으로 나누어지니, 양의兩儀가 성립된다. 양이 변하고 음이 합하여 수·화·목·금·토를 낳는다. 이 다섯가지 기운이 순서대로 퍼져서 사계절이 순행한다. 오행五行은 하나의 음양이고, 음양은 하나의 태극이다. 태극은 본래 무극이다. 오행이 생겨남에 그 본성을 각각 하나씩 갖는다. 무극의 진리와 음양오행의 정기가 묘하게 합하여 응결되는데, 하늘의 도는 남자가 되고 땅의 도는 여자가 된다. 이 두 기운이 서로 교감하여 만물을 낳는데, 만물이 생기고 또 생겨서 변화가 끝이 없게 된다. 오직 사람만이 그 빼어난 기운을 얻어 가장 신령스런 존재가 된다. 형체가 생긴 뒤에는 정신이 지적인 작용을 낳게 된다. 다섯가지 성품이 감동하여 선악이 나누어지고 모든 일이 나오게 된다. 성인이 여기에서 중中(행하는 것), 정正(처하는 것), 인仁(발하는 것), 의義(재단하는 것)로써 정하되 고요함을 주로 하여(욕심이

---

26   『근사록』제1권, 「도체(道體)」.

없으므로 고요함) 사람의 표준을 세웠다. 그러므로 성인은 천지와 그 덕이 합치되고, 귀신과 그 길흉이 합치된다.[27] 군자는 그것을 닦아 길하게 되고, 소인은 그것을 거역하여 흉하게 된다. 그러므로 '하늘의 도를 세워 음과 양이라고 하며, 땅의 도를 세워 부드러움과 강함이라고 하며, 사람의 도를 세워 인과 의라고 한다'[28]고 말한 것이다. 또 '처음을 근원하여 끝을 돌아보기 때문에 죽음과 삶에 대한 말을 알게 된다'[29]고 말한 것이다. 위대하도다, 역이여. 이것이 그 지극한 도이로구나." 역을 주로 해서 말했기 때문에 중, 정이라고 한 것이다.[30]

2.1. 장자가 말하였다. "하나이면서 두 체를 가진 것은 아마도 태극을 말하는 것이리라. 음양은 천도를 일컫는 것으로 하늘의 상象이 이루어진 것이고, 강유는 지도를 일컫는 것으로 땅의 법을 본받은 것이고, 인의는 인도를 일컫는 것으로 사람의 본성이 성립된 것이다. 삼재三才는 이처럼 두 가지 측면이 있어 건곤의 도를 갖지 않은 것이 없다."[31]

2.2. "사람이 삼재에 참여한 까닭은, 이 인의를 세웠기 때문이다."[32]

3.1. 주자가 말하였다. "삼재는 각각 하나의 태극이다."[33]

3.2. 무극이면서 태극이라 한 것은, 바로 이러한 형상은 없지만 이러한

---

27 "천지와 (…) 합치된다":『주역』「건괘 언문(乾卦 言文)」.
28 "하늘의 (…) 한다":『주역』「설괘전(說卦傳)」.
29 "처음을 (…) 된다":『주역』「계사상전」.
30 『성리대전』 제1권,「태극도(太極圖)」;『근사록』 제1권,「도체」.
31 『성리대전』 제6권,「정몽이(正蒙二)」.
32 『성리대전』 제1권,「태극도」.
33 『성리대전』 제1권,「태극도」.

이치가 있음을 말한 것이다.[34]

3.3. "태극은 하나의 이理와 하나의 기氣일 뿐이니, 곧 천지 만물의 이치이다. 상과 수가 아직 나타나지 않았으나(무극無極) 그 이치는 갖추어져 있고(태극太極[35]), 형체와 기운이 갖추어져 있으나(태극) 그 이치는 조짐이 없음을 지목한 것이다(무극)." 태극이면서 무극이니, 태극은 곧 무극이다.

3.4. "가득 채워져 있으나 조짐이 없으니, 필경 여기에는 형체도 없고 상도 없지만, 실은 이 이치가 있는 것이다. 이것이 이른바 무극이면서 태극이라고 하는 것이다."[36]

3.5. "태극은 머리를 감추고 있는 사물이다."[37]

3.6. "이른바 무극이라고 하는 것은, 소리도 없고 냄새도 없는 묘한 것이다."[38]

3.7. "무극은 허실과 청탁을 모두 꿰뚫은 것이다. '태허太虛'라는 글자는 한곳으로 치우쳐 있다.[39] 장횡거는 태허설을 주장하여, 기가 태허에 모였다 흩어졌다 하는 것은 얼음이 물에서 얼었다 녹았다 하는 것과 같다고 하였다."

---

34   『성리대전』 제1권, 「태극도」.
35   『근사록』 제1권, 「도체」 주석.
36   『성리대전』 제1권, 「태극도」.
37   『성리대전』 제1권, 「태극도」.
38   『성리대전』 제1권, 「태극도」 '무극이태극(無極而太極)'의 주해.
39   『성리대전』 제1권, 「태극도」.

3.8. "태극이 움직이기 전에는 곧 음이다.[40] 위의 고요함은 또 움직임에서 생기니 곧 형이상이다."[41]

4.1. 서산西山 진씨(진덕수眞德秀)가 말하였다. "내 마음에 나아가 관찰해보니, 희로애락喜怒哀樂이 발하기 전에는 한데 무르녹은 하나의 본성으로, 형체도 없고 모양도 없는 가운데 모든 이치가 다 갖추어져 있다. 이른바 무극이면서 태극이라는 것 역시 형이상이다."

5.1. "형이상은 무극을 말하고, 형이하는 태극을 말한다."

6.1. "성性(도의 골자)도 태극(체體)이 되고, 심心도 태극이 되고, 도道도 태극이 되고, 이理도 태극이 된다."

7.1. "마음의 이치는 태극이고, 마음의 움직임과 고요함은 음양이다."[42] — 주자

"다만 이 이치가 지극하기 때문에 극極이라고 한다." — 진씨

8. 이기도理氣圖

1.1. 주자가 말하였다. "이기理氣에 대해서는 본래 선후를 말할 만한 것이 없다. 그러나 반드시 어디로부터 왔는지를 미루어 알고자 한다면 먼저 이가 있다고 하겠다. 그러나 이는 별도의 한 사물이 아니고, 바로 기 안에 존재하는 것이다. 기는 금·목·수·화이고, 이는 인·의·예·지이다."[43]

---

40 『성리대전』 제1권, 「태극도」.
41 『성리대전』 제1권, 「태극도」.
42 『주자어류』 제5권, 「성리이 성정심의등명의(性理二 性情心意等名義)」.
43 『성리대전』 제26권, 「이기일 총론(理氣一 總論)」.

1.2. "이기는 본래 선후가 없다. 만약 형이상·형이하로 말한다면 모름지기 먼저 이가 있다고 하겠다."

1.3. "어떤 사람이 묻기를 '이가 앞에 있고 기가 뒤에 있습니까?' 하여 답하기를, '이기는 본래 선후가 없다. 다만 미루어 나갈 때는 이가 앞에 있고 기가 뒤에 있는 것처럼 보인다'고 하였다. 또 묻기를 '이는 기 가운데 있는 발현하는 곳이라고 하는데 어떻습니까?' 하여 답하였다. '음양오행이 서로 뒤섞여 있으면서도 그 질서를 잃지 않는 것이 바로 이이다.'"[44]

1.4. "천지가 있기 이전에는 필경 이 이만 있었다. 이 이가 있으면 바로 이 천지가 있게 된다. 이는 극이 없고, 기는 극이 있다. 비록 만물이 있기 이전일지라도 이미 만물의 이치는 있다."[45]

1.5. "천지의 사이에는 이도 있고 기도 있다. 이라는 것은 형이상의 도로, 만물을 낳는 근본이다. 기라는 것은 형이하의 그릇으로, 만물을 낳는 도구이다. 인간과 만물이 태어날 때에는 반드시 이 이를 품부받은 뒤에 성性이 있게 되고, 반드시 이 기를 품부받은 뒤에는 형체가 있게 된다."[46]

1.6. "아마도 이 기는 이 이에 의지하여 행하는 것 같다. 기가 모이면 이도 그 안에 있게 된다. 대체로 기는 응결하고 조작할 수 있지만, 이는 도리어 정의情意도 없고 계탁計度도 없고 조작도 없다."[47]

---

44   『성리대전』 제26권, 「이기일 총론」.
45   『성리대전』 제26권, 「이기일 총론」.
46   『성리대전』 제26권, 「이기일 총론」.
47   『성리대전』 제26권, 「이기일 총론」.

1.7. "공용功用은 그 기가 정밀하고 조잡함을 겸하고 있음을 말하는 것이고, 묘용妙用은 그 이가 정밀함을 가리켜 말하는 것이다."

1.8. "가지 속의 씨 하나가 한번 성性을 낳는다."[48]

1.9. "어떤 사람이 묻기를 '이는 항상함이 있어서 옮아가지 않지만, 기는 항상 충족하지는 않습니다. 공자께서는 지위를 얻지 못하셨고 안자께서는 요절하셨으니, 어찌 기가 그렇게 한 것이 아니겠습니까? 춘추전국시대에 형벌이 참혹하던 때에도 기는 그에 따라 변하였지만, 이는 도리어 이길 수 없었습니다." 이 점 또한 인사人事에 관계된 것입니까?'라고 하여 다음과 같이 답하였다. "비록 느끼는 바가 다르겠지만, 역시 이는 원기元氣가 얇았기 때문이다."[49] ― '역시' 이하는 주자의 대답이다.

2.1. 유보(성도의 은자)가 들은 바는 다음과 같다. "주나라가 쇠퇴한 그 당시는 천지의 화기에 한계가 있어서 안자가 요절한 것이다."[50]

3.1. 면재勉齋 황씨(황간黃榦)가 말하였다. "이는 끝이 없는데, 기는 한계가 있다. 이는 하나의 근본이지만, 기는 만가지로 다르다. 그러므로 이가 기에 앞선다고 말하는 것이 마땅하다."[51]

3.2. "천지가 만물을 만들어내는 것은 마치 큰 토란의 뿌리가 작은 토란

---

48 『성리대전』 제29권, 「성리일 인물지성(性理一 人物之性)」.
49 『성리대전』 제26권, 「이기일 총론」.
50 『이정전서(二程全書)』 제36권, 「습유(拾遺)」.
51 『성리대전』 제26권, 「이기일 총론」.

의 뿌리를 만들어내는 것과 같다."[52]

4.1. 북계北溪 진씨(진순陳淳)가 말하였다. "천지 만물이 있기 전에 먼저 이 이가 있었다. 기가 있게 되자마자 이는 바로 기의 안에 온전히 존재하게 된다."[53]

5.1. 정자가 말하였다. "모든 물건의 이름은 저절로 소리나 뜻과 더불어 이기가 서로 통한다. 대개 이름은 자연의 이치에서 나오고, 소리는 그 기운에서 드러난다. 하늘은 본래 이름 없이 단지 푸르고 푸를 뿐이었다."[54] ─ 명도

5.2. "노자는 말하기를 '텅 빈 데에서 기가 생긴다'고 하였는데 이는 그릇된 말이다. 음양이 열리고 닫히는 데에는 본래 선후가 없다."[55]

5.3. "어떤 사람이 묻기를 '태허가 무엇입니까?'라고 하여 다음과 같이 대답하였다. '또한 태허도 없다. 천하에 이보다 더 충실한 것은 없다.'"[56] ─ 이상 이천

5.4. "어떤 사람이 말하기를 '태허보다 더 큰 것은 없다'라고 하여 다음과 같이 말하였다. '형체가 있다면 대소가 있게 마련이다. 태허를 어찌 대소로 말할 수 있겠는가?'"

---

52 『성리대전』 제26권, 「이기일 총론」.
53 『성리대전』 제6권, 「이기일 태극(理氣一 太極)」.
54 『이정전서』 제1권, 「이선생어록 단백전사설(二先生語錄 端伯傳師說)」.
55 『이정전서』 제15권, 「이천어록 입관(伊川語錄 入關)」.
56 『이정전서』 제3권.

6.1. 장자가 말하였다. "소리는 형체와 기운이 서로 부딪쳐서 이루어진다. 두 기운은 계곡의 울림이나 우렛소리와 같은 유형이고, 두 형체는 북채로 북을 치거나 악기를 두드리고 치는 것과 같은 유형이다. 형체가 기운에 부딪치는 것은 깃·부채·북·화살 따위이고, 기운이 형체에 부딪치는 것은 사람의 소리나 생황 따위이다."[57]

7.1. 호거인胡居仁(호는 경재이고, 명나라 때 사람이다)이 말하였다. "어느 곳이든 이 기가 없는 곳이 없으나, 단지 사람들이 보지 못할 뿐이다. 예컨대 빈 그릇 속에도 모두 기가 있다. 그 그릇 안에 두개의 구멍을 뚫지 않으면 물이 들어갈 수 없다. 한 구멍으로 기가 나오면서 다른 한 구멍으로 물이 들어가게 된다."

8.1. 정자가 말하였다. "지극히 묘한 것으로써 말하면 신이라 하고, 공용功用으로써 말하면 귀신이라 한다."[58]

8.2. "모이면 정기가 되고, 흩어지면 유혼이 된다. 모이면 물건이 되고, 흩어지면 변하게 된다. 모이고 흩어지는 것을 살펴보면, 귀신의 정상이 드러난다."[59]

8.3. "이가 있으면 기가 있고, 기가 있으면 운수가 있다. 귀신은 운수이니, 기의 작용이다."

8.4. "물건의 형체에는 대소大小와 정조精粗가 있지만 신은 정조가 없으

---

57 『성리대전』 제5권, 「정몽일 동물편 제오(正蒙一動物篇第五)」.
58 『성리대전』 제26권, 「이기일 천지(理氣一天地)」.
59 『성리대전』 제28권, 「귀신 총론(鬼神總論)」.

니 작용이라고 말할 필요가 없다. 서른개의 바퀴살이 한개의 바퀴통과 함께하면 수레가 된다. 만약 바퀴통과 바퀴살이 없다면 어떻게 수레가 굴러가는 것을 볼 수 있겠는가?"[60] —— 이상 이천

9.1. 장자가 말하였다. "천지의 변화가 지극히 드러나고 지극히 빠른 것을 지목하여 귀신이라 한다."[61]

10.1. 남전藍田 여씨(여대림呂大臨)가 말하였다. "기는 신이 왕성한 것이고, 백魄은 귀鬼가 왕성한 것이다. 귀신은 천지 사이에 두루 유행하여 고요함과 감응함, 은미함과 드러남의 차이는 있지만 존재하지 않는 곳이 없다."[62]

11.1. 주자가 말하였다. "귀신의 이치가 반드시 세속의 견해와 같지는 않다. 그러나 또한 그 일을 분명하게 이치로 미루어 볼 수 없는 경우가 있으니, 이와 같은 것은 또한 이해할 필요가 없다. 이 선생도 '이런 것은 이해할 필요가 없다'고 하였다."[63]

12.1. 북계 진씨가 말하였다. "천지 사이에 한 물건도 음양이 없는 것은 없다. 따라서 어느 한 물건도 귀신이 아닌 것이 없다."[64]

13.1. 잠실潛室 진씨(진식陳埴)가 말하였다. "음양은 기이고, 귀신은 기가 흘러 다니면서 활동하는 것이다. 그러므로 양능良能이라 한다."[65]

---

60   『이정전서』 제15권, 「이천어록 입관」.
61   『성리대전』 제28권, 「귀신 총론」.
62   『성리대전』 제28권, 「귀신 총론」.
63   『성리대전』 제28권, 「귀신 총론」.
64   『성리대전』 제28권, 「귀신 논재인귀신겸정신혼백(鬼神 論在人鬼神兼精神魂魄)」.
65   『성리대전』 제28권, 「귀신 총론」.

14.1. 이·기·신 세가지는 한 물건에서 나누어진 것이다. 비유컨대 심·성·정의 관계와 같다. 이와 기가 발하면 바야흐로 신이 있게 된다. 이는 신보다 정밀하며, 여러 가지 이의 묘한 작용을 신이라 한다.

15.1. 정자가 말하였다. "기가 모인 곳에는 치우친 것도 있고 바른 것도 있다. 그러므로 인간과 만물의 차이가 있는 것이다. 또한 거기에는 맑은 것도 있고 탁한 것도 있다. 그러므로 지혜로움과 어리석음의 차등이 있는 것이다."[66]

15.2. "금수와 사람이 서로 비슷하지만, 미루어 비교해볼 수는 없다."[67]

15.3. "혈기가 있는 것들은 모두 오상五常을 갖추고 있다. 다만 이 오상을 확충할 줄 모를 뿐이다.[68] 사람과 동물은 기는 같지만 이는 다르다." 또 말하였다. "이는 같지만 기는 다르다." ── 이하 이천

15.4. "운석隕石은 씨가 없이 기에서 생겨난다. 기린도 씨가 없으니 또한 기가 변화한 것이다. 태초에 사람이 태어난 것도 이와 같다."[69]

15.5. "고금·풍기·인물이 시대마다 다른 것은 무엇 때문인가? 비유하자면 한뙈기의 거친 밭을 개간한 것과 같으니, 처음에는 곡식의 수확이 다른 땅의 갑절이 되지만 세월이 오래되면 한해의 수확이 이전 해보다 적어진

---

66 『성리대전』 제30권, 「성리이 기질지성(性理二. 氣質之性)」.
67 『성리대전』 제29권, 「성리일 인물지성」.
68 『성리대전』 제37권, 「성리구(性理九)」.
69 『이정전서』 제15권, 「이천어록 입관」.

다. 이는 기에도 성함과 쇠함이 있기 때문이다."[70]

16.1. 주자가 말하였다. "지각하고 운동하는 기는 사람과 동물이 같다. 인·의·예·지의 이는 동물도 본래 갖고 있는 것이지만, 동물은 그것을 온전히 할 수 없다."[71]

16.2. "사람과 동물을 두고 이가 같다고 하면 옳지만, 성이 같다고 하면 옳지 않다."[72]

학문을 하는 요체 爲學之要

16. 소학대학도 小學大學圖

1.1. 주자가 말하였다. "앎이 먼저이고 실천이 뒤인 것은 의심할 여지가 없다. 그러나 여기에는 얕고 깊으며, 작고 큰 차이가 있다. 『소학小學』은 흩어진 마음을 거두어들이는 공부다. 예절과 음악과 활쏘기와 말타기로 덕성을 기르니, 이것은 앎 가운데서는 얕은 것이며 실천 가운데서는 작은 것이다. 『대학大學』은 의리를 살피는 공부이다. 뜻을 성실히 하고 마음을 바르게 하며 몸을 닦아서 여러 가지 일을 이루어나가니, 이것은 앎 가운데서도 깊은 것이며 실천 가운데서도 큰 것이다. 『소학』의 성취를 통해서 『대학』의 공부로 나아가고자 할 때에 깊이 함양하여 실천하는 바탕이 없다면, 어찌 복잡한 일에 뒤얽힌 어지러운 마음을 가지고 여유 있게 사물의 이치를 연구하여 참된 지식을 얻을 수 있겠는가? 부모님을 섬기고 형을 따르는 즈음에, 어찌 '나의 앎이 지극하지 못하니 잠시 실천하는 것을 멈추고 앎

---

70 『성리대전』 제26권, 「이기일 천지」.
71 『성리대전』 제29권, 「성리일 인물지성」.
72 『성리대전』 제29권, 「성리일 인물지성」.

이 지극해지기를 기다린 후에 실천하겠다'고 말할 수 있겠는가?"[73]

1.2. "어떤 이가 묻기를 '『소학』은 일을 배우는 것이고, 『대학』은 이치를 궁리하는 것입니까?'라고 하여, 답하기를 '옛사람들은 『소학』을 통해 보존하고 수양하는 일이 익숙해져서 바탕이 깊고 두터워지면, 『대학』에 나아가 부모에게 효도하는 까닭이 무엇이며 어른들을 공경하는 까닭이 무엇인지에 대한 이치를 더욱 상세하게 연구하였다. 겨우 말하고 먹기 시작하는 어린아이 때부터 이미 가르침이 시작되는 것이다. 한살 때는 한살 때의 공부가 있어서, 계속하여 스무살이 되면 성현의 자질이 이미 이삼십분 이루어지게 된다. 『대학』에서는 다만 이것을 바탕으로 정체를 발하게 하는 것이다.'"[74]

2.1. 물헌勿軒 웅씨(웅화熊禾)가 말하였다. "『백호통白虎通』에 '여덟살이 되면 『소학』에 들어가고 열다섯살이 되면 『대학』에 들어간다'고 하였는데, 주자가 이것을 취하여 판단의 근거로 삼았다."[75]

3.1. 정자가 말하였다. "물 뿌리고 쓸고 응대하고 대답하는 것이 곧 형이상학인 것은, 이치에 크고 작음이 없기 때문이다. 이런 일도 단지 마음을 삼가는 데 달려 있다."[76] ─ 명도

4.1. 남헌南軒 장씨(장식張栻)가 말하였다. "학문에는 반드시 순서가 있다. 그러므로 물 뿌리고 쓸고 응대하고 대답하고 나아가고 물러나는 것에서부

---

73   『성리대전』 제48권, 「학육 지행(學六 知行)」.
74   『성리대전』 제43권, 「학일 소학(學一 小學)」.
75   『대학』 「서(序)」.
76   『이정전서』 제13권, 「해팔월현선생(亥八月見先生)」.

터 그 이후의 일들이 모두 학문의 순서에 의한 것이다. 가까운 곳에서부터 먼 곳으로 나아가고, 거친 것에서부터 정밀한 것에 이름은 학문을 하는 방법이다."[77]

12.1. 주자가 말하였다. "학문을 하는 목적은 실천에 있다. 다만 알기만 하고 실천하지 못한다면 진실로 배우지 않은 것과 같다. 그러나 실천하려고 하지만 그 이치를 이해하지 못한다면 그 실천 또한 올바른 결실을 맺을 수 없다. 그래서 『대학』의 가르침은 비록 뜻을 성실하게 하는 것과 마음을 바르게 하는 것을 근본으로 삼지만 반드시 사물의 이치를 궁구하는 것과 앎을 극진히 하는 것을 우선적인 공부로 삼는 것이다."[78]

13.1. "뜻이 성실해지면 마음이 발하는 바가 이미 온전해진 것인데 무엇 때문에 다시 마음을 바르게 해야 합니까?" — 어떤 사람이 물은 말이다. "다만 마음의 쓰임새는 본래 선입견이 없는 빈 마음에서 나와야 한다. 선입견이 없도록 마음을 비우면 그 마음의 바탕이 어느 한쪽으로 치우침이 없게 되고 그 쓰임새 또한 온전해진다." — 진씨의 말이다.[79] "비유하자면 한줄기의 대(竹)와 같다. 대가 비록 한줄기라 하더라도 그 사이에는 여러 개의 마디가 있다." — 주자의 말이다.[80]

14.1. "마음의 쓰임새가 비록 바르다고 하더라도 또한 그 바탕(體)을 바르게 하지 않으면 안 되는 것이니, 이것이 '뜻이 성실해지고 난 후에 마음이 바르게 된다'고 하는 까닭이다."

---

77 『성리대전』 제45권, 「학삼 총론위학지방(學三 總論爲學之方)」.
78 『성리대전』 제44권, 「학이 총론위학지방(學二 總論爲學之方)」.
79 『대학』 「전 오장(傳 五章)」.
80 『대학』 「전 오장」.

17. 경도敬圖 (내용 생략)

18. 성도誠圖

1.1. 정자가 말하였다. "하나를 위주로 하는 것을 경敬이라고 하는데, 그 하나란 성실함을 말한다." — 이천[81]

1.2. "성실하면 공경하지 않음이 없다. 성실에 이르지 못했다면 먼저 공경한 후에 성실하게 될 것이다."[82]

2.1. 주자가 말하였다. "성실이라는 것은 도리의 측면에서는 실제로 존재하는 이치이고, 인간의 입장에서는 모든 일을 성실하게 대하려는 마음가짐이다. 성실함을 유지하고 주재하는 것은 오로지 공경함에 달려 있다."[83]

3.1. 남헌 장씨가 말하였다. "성실은 하늘의 도리이며, 공경은 인간이 하는 모든 일의 근본이 된다. 공경하는 도리가 갖추어진다면, 성실해져서 곧 하늘의 도리를 얻게 된다."[84]

4.1. 면재 황씨가 말하였다. "성실은 말을 거짓되게 하지 않음으로부터 생겨난다. 말을 거짓되게 하지 않음은 단지 자신의 내면을 속이지 않는 것으로, 구체적 행위가 일어나기 전의 말이다."[85]

---

81 『성리대전』 제37권, 「성리구 성(性理九 誠)」.
82 『성리대전』 제37권, 「성리구 성」.
83 『성리대전』 제37권, 「성리구 성」.
84 『성리대전』 제47권, 「학오 존양(學五 存養)」.
85 『성리대전』 제37권, 「성리구 성」.

7.1. 주자가 말하였다. "뜻을 성실하게 하는 것은 가장 긴박하고 절실한 일이다. 만약 이 관문을 통과한다면 그다음 공부가 문득 쉬워질 것이다. 여기서부터 계속 나아가면 문득 빠르게 선에 나아가게 되어 결코 악에 빠지는 일이 없게 될 것이다."[86]

7.2. "단지 뜻을 성실하게 하는 것만 알고 마음이 올바른지 않은지를 정밀하게 살필 수 없다면 마음을 곧게 할 수 없다. 마음 바탕이 완전히 밝지 못하면 그 마음의 쓰임새가 성실하지 못하게 된다.[87] 그러나 마음의 바탕이 이미 밝아졌다 하더라도 뜻이 성실하지 못하면 그 마음의 밝음도 나의 소유가 아니게 된다. 학문의 순서를 바꿀 수 없는 것이 이와 같다."[88]

7.3. "뜻이 성실하지 못한 것은 비유하자면 사람이 사사로운 죄를 지은 것과 같다. 뜻이 이미 성실해지고도 마음이 아직 동요하고 있다면, 이것은 비유하자면 마치 사람이 공적인 죄를 지은 것과 같다. 그러니 역시 그만큼의 틈새가 있는 것이다."[89]

11.1. 주자가 말하였다. "비유하자면 경敬은 거울과 같고, 의義는 이 거울을 통하여 비추는 것이다."[90]

11.2. "경과 의, 이 두가지는 그 상황에 따라 잘 적용해서 오랫동안 스스로 노력하는 가운데서 힘을 얻게 된다. 의리와 관계되는 일 속에서 힘써 분

---

86 『대학』「전 육장(傳 六章)」총결 부분 주자 세주.
87 『대학』「전 칠장(傳 七章)」총결 부분 주자 주석.
88 『대학』「전 육장」총결 부분 주자 주석.
89 『대학』「경 일장(經 一章)」.
90 『주자어류』제69권, 「역오(易五)」.

별해야 할 것이며, 미리 분별하기 어렵다고 생각하여 근심해서는 안 된다. 성인이 되는 학문을 하는 학자들은 오직 이러한 일을 평생의 공부로 생각하였다."

11.3. "죽은 것과 같이 쓸모가 없는 경도 있고, 살아 움직이는 것과 같이 유용한 경도 있다. 만약 하나를 주장하는 경만을 고집하다가 일을 만났을 때 의를 통해 그 옳고 그름을 분별하지 못하면, 죽은 것과 같이 쓸모가 없는 경이다. 만약 오랜 노력을 통해 경 속에 의가 있고 의 속에 경이 있게 되어, 일이 없을 때에는 내 마음의 경·불경 여부를 살피고 일이 있을 때에는 그 일의 의·불의 여부를 살펴서 경과 의가 서로 의지가 되고 순환하여 그 우열이 없게 될 때, 비로소 내 자신의 마음과 세상의 일이 서로 통하여 하나가 될 것이다."[91]

19. 성현논심지요도聖賢論心之要圖

1.1. 주자가 말하였다. "텅 비어 있으면서도 영묘한 것이 바로 마음의 본체이다. 그러나 내가 의도적으로 비어 있게 할 수 있는 것은 아니다. 눈과 귀가 보고 들을 수 있는 것이 곧 마음의 작용이지만, 마음이 어찌 형체가 있겠는가? 눈과 귀는 오히려 형체가 있으나, 마음이 도대체 무슨 형체를 가지고 있겠는가?"[92]

1.2. "깨달아 이해하는 것은 마음의 이理요, 깨닫게 하는 것은 기氣의 영묘함이다.[93] 이 영묘한 측면이 바로 마음이지, 본성은 아니다. 본성은 다만 이일 뿐이다."[94]

---

91 『성리대전』 제46권, 「학사 존양(學四 存養)」.
92 『성리대전』 제32권, 「성리사 심(性理四 心)」.
93 『성리대전』 제32권, 「성리사 심」.

1.3. "어떤 이가 묻기를 '지각知覺하는 것이 마음의 영묘함인가 아니면 기의 작용인가?'라고 하여 답하기를, '전적으로 기의 작용이라고만은 할 수 없다. 먼저 지각할 수 있는 이치가 있지만 이치가 스스로 지각할 수는 없다. 기가 모여 형체를 이룬 뒤에 이와 기가 합쳐져 비로소 지각하는 일이 이루어지는 것이다. 비유하자면, 불을 밝히는 데 먼저 기름이 있어야만 불꽃을 일으킬 수 있는 것과 같다'라고 하였다."[95]

1.4. "사람의 마음은 다만 형기形氣를 통해 느끼는 것을 말한다. 형기를 갖춘 자를 사람이라고 하고, 의리에 합하는 것을 도리라고 하고, 지각이 있는 것을 마음〔心〕이라고 한다." 또 말하였다. "지각은 곧 마음의 덕이다."[96]

1.5. "기氣가 있으면 도리가 곧 따라서 그 속에 있게 된다. 이는 마치 물속에 비친 달과 같아서, 물이 있어야만 달을 비출 수 있는 것과 같다. 마음의 지각은 또한 기의 이면에 있는 허령함에 의한 것이니, 보고 듣고 움직이는 것이 모두 이러한 작용에 의한다."

1.6. "마음이란 기의 정밀하고 밝은 것이다."[97]

5.1. 주자가 말하였다. "마음이란 사람 몸의 주인이 되는 것이다."[98]

5.2. "공자는 마음을 직접 말하지 않고 사실과 관련지어 말하였으며, 맹

---

94 『성리대전』 제32권, 「성리사 심」.
95 『성리대전』 제32권, 「성리사 심」.
96 『성리대전』 제32권, 「성리사 심」.
97 『성리대전』 제32권, 「성리사 심」.
98 『성리대전』 제33권, 「성리오 심(性理五 心)」.

166

자가 비로소 마음에 관해 말하였다."

5.3. "정자가 '마음으로 마음을 부린다'고 한 말에서, 앞의 마음은 도리를 가리켜 말한 것이다."[99] —— 어떤 이가 물은 말이다.

7.2. "북극성은 언제나 제자리를 지키기 때문에 여러 별들의 중심이 된다. 사람의 마음 또한 항상 움직이지 않기 때문에 만사의 변화에 응할 수 있다. 움직이지 않는다는 것은 마음을 운용하지 않는다는 것이 아니라, 순리에 따라 응하며 대상을 따라 움직이지 않는다는 의미이다."[100] —— 19.1의 교봉 방씨 내용 다음에 넣어야 한다. 서산의 말이다.

8.1. 노재魯齋 허씨(허형許衡)[101]가 말하였다. "사람의 마음은 글을 새겨 찍어내는 판목과 같다."

9.1. 주자가 말하였다. "성현의 많은 말씀은 다만 사람으로 하여금 그 본심을 잃지 않도록 할 뿐이다."[102]

13.2. "항상 공경함을 간직하는 것을 배워야 한다. 독서할 때에는 마음이 책에 있어야 하며, 일을 할 때는 마음이 일에 있어야 한다. 이와 같이 하면 자못 힘이 있음을 깨닫게 된다."[103] —— 어떤 이가 물은 말이다.

13.3. "어떤 이가 심사가 혼란한 까닭을 물어, 다음과 같이 답하였다. '정

---

99   『성리대전』 제32권, 「성리사 심」.
100   『성리대전』 제32권, 「성리사 심」.
101   조식은 허형의 출처관(出處觀)에 깊은 영향을 받았다.
102   『성리대전』 제46권, 「학사 존양」.
103   『주자어류』 제12권, 「학육 지수(學六 持守)」.

선생이 이르기를 〈엄숙하고 위엄 있고 정숙하면 마음이 한결같아지고, 마음이 한결같아지면 스스로 잘못됨이나 편벽됨이 없어진다. 정돈한 마음에서 나오는 것이 곧 하늘의 이치요, 이외에 다른 하늘의 도리는 없다. 다만 항상 마음을 정돈하면 생각이 저절로 한결같아진다〉고 하였다.'"[104]

16.1. "마음을 기르는 데는 과욕寡慾(욕심을 줄이는 것)보다 좋은 것이 없다"고 하는 (맹자의) 말에 대해 상채上蔡 사씨(사량좌謝良佐)가 말하였다. "옛날 이천 선생에게 한 말을 들었는데, '이 구절은 그 얕고 비근함이 〈의리가 내 마음을 기쁘게 한다〉는 구절만도 못하다'라고 하였다. 명도 선생은 말하였다. '조절하면 보존되고 버리면 망한다'는 말은 성인의 말이 아닐 것이니, 마음에 어찌 출입이 있음을 얻겠는가?"

17.1. 주자가 말하였다. "요긴한 것은 모름지기 이 마음을 잘 수양하여 선입견을 버리고 밝고 순일하게 하는 것이다. 그래서 이러한 마음에서 도리가 우러나오게 되면 이것이 곧 선이다."

17.2. "이 마음을 함양하려면 반드시 공경에 힘써야 한다. 이것은 마치 어린아이 기르는 것에 비유할 수 있다. 아직 어려서 혈기가 왕성하지 않을 때는 어린아이가 반드시 때에 맞게 기거하고 먹고 마시도록 해서, 집 안에 두고 잘 길러서 유가儒家의 수칙을 잘 따르면 올바른 성장을 기대할 수 있다. 그러나 젖 먹여 잘 돌보아야 할 때에 매일 바람 불고 햇빛이 내리쬐는 곳에 내버려두고 무심하게 돌아보지 않으면 어찌 아이가 병들지 않겠으며, 어찌 그 생명을 해치지 않도록 할 수 있겠는가?"[105]

---

104   『성리대전』 제46권, 「학사 존양」.
105   『성리대전』 제46권, 「학사 존양」.

18.1. 장자張子가 말하였다. "마음을 비운 후에 능히 마음을 다할 수 있다."[106]

19.1. 교봉 방씨(방봉진方逢辰)가 말하였다. "마음을 비우고도 주체성을 간직하는 것이 마음을 바로잡는 처방이다."[107]

20. 박문약례도博文約禮圖

1.1. 주자가 말하였다. "성현의 가르침은 『논어』의 '박문약례博文約禮'의 네 글자에 지나지 않는다. '박문'은 곧 많이 구하고 널리 취하여 익숙하게 강습하고 정밀하게 선택하는 것이요, '약례'는 다만 '경敬' 한 글자일 뿐이다. 매일 생활하는 가운데 다만 이 두가지 단서를 가지고 공부하여 쉼이 없게 한다면 오랜 후에 저절로 진보됨이 있을 것이다."[108]

3.1. 쌍봉雙峰 요씨(요로饒魯)가 말하였다. "요약을 통해 지키지 못하면 넘치고 지리해져서 진실로 도의 근본을 체득할 수 없다. 널리 배우지 못하면 좁고 편벽되어 또한 도체의 온전함을 다할 수 없다. '보존하고 수양하는 일'과 '살펴 반성하는 일'과 '앎을 이루는 일'과 '힘써 행하는 일' 가운데 어느 하나도 소홀히 해서는 안 된다."[109]

5.1. 주자가 말하였다. "『논어』의 '하지 말라'는 의미의 물勿 자는 깃발과 같다. 이 기를 한번 흔들면 삼군이 모두 물러간다."[110]

---

106 『성리대전』제32권,「성리사 심」.
107 『대학』「전팔장」.
108 『성리대전』제44권,「학이 총론위학지방」.
109 『성리대전』제45권,「학삼 총론위학지방」.
110 『논어』「안연(顏淵)」.

6.1. 맹자가 "무릇 나에게 측은·수오·사양·시비의 사단이 있다는 것을 알고 모두 확충해야 한다"[111]고 한 것은 먼저 그 실마리를 살펴 아는 것과 같으니, 이는 의거할 것이 없다. 공자가 안자에게 말한 "예가 아니면 보지도 말고 듣지도 말고 말하지도 말고 행동하지도 말라"는 것이야말로 바로 힘써 실천해야 할 부분이다.

7.1. 주자가 말하였다. "안자는 극기克己를 마치 붉게 타오르는 화로 속에 한점의 눈을 녹이는 것과 같이 행하였다."[112]

12.1. 노재 허씨가 말하였다. "다른 사람을 심하게 문책하는 자는 반드시 자신에 대해서는 잘 용서하고, 자신을 심하게 문책하는 자는 반드시 남에 대한 문책을 가벼이 한다. 이것은 다른 사람을 문책할 겨를이 없기 때문이다. 자신을 문책하여 성인의 경지에 이르기 위해 애쓰기도 바쁘거늘 어느 겨를에 다른 사람을 문책하는 공부를 하겠는가? 다른 사람의 착한 일을 보면 작은 것이라도 빨리 좇아가서 본받아 배운다. 대개 다른 사람의 문책할 만한 일을 보지 않고 오직 자신만을 문책하는 것은 안자가 그러하였다."[113]

21. 부동심도不動心圖

1.1. 정자가 말하였다. "배움에는 말을 이해하는 것보다 중요한 것이 없고, 도리에는 때를 아는 것보다 중요한 것이 없다."[114]

111　『맹자』「공손추장구상(公孫丑章句上)」.

112　『논어』「안연」.

113　『성리대전』제49권,「학칠 역행(學七 力行)」.

114　『이정전서』제25권,「창잠도본(暢潛道本)」.

1.2. "지극히 위대함, 지극히 굳건함, 그리고 곧음, 이 세가지 가운데 하나라도 빠진다면 이는 호연지기浩然之氣가 아니다."[115]

1.3. "학문을 제대로 한 사람은 생사의 위기에 처해서도 얼굴빛이 변하지 않으며, 몹시 아프거나 참담한 슬픔 속에서도 마음이 동요하지 않는다. 이는 본래 쌓은 수양이 있기 때문이니, 그것은 하루아침의 노력으로 되는 것이 아니다."[116] ── 이상은 이천의 말이다.

1.4. "내면의 마음이 곧으면 그 기상이 넓고 떳떳하게 된다."[117]

1.5. "어떤 이가 묻기를 '경건한 자세로 마음을 곧게 하면, 천지에 충만한 기상을 갖게 될 수 있습니까?'라고 하여, 답하기를 '기상은 반드시 길러야 하나니, 이는 의로운 행동들을 하나하나 쌓아서 생기는 것이다. 오직 경건한 자세만으로야 어찌 천지에 충만한 기상을 갖게 될 수 있겠는가?'라고 하였다."[118] ── 이하 이천

1.6. "호연지기를 바야흐로 기르지 못했을 때는, 기는 기일 뿐이요 의는 의일 뿐이다. 사람은 사람일 뿐이요 도리는 도리일 뿐이다. 모름지기 사람이 도리를 실천해야만 비로소 도리와 의리의 체용體用을 얻을 수 있다."[119]

1.7. "기상이 충만하면 내면의 이치가 바르게 되고 이치가 바르면 사심이 없게 되니, 사심 없음이 지극하게 되면 이것이 곧 신령스러운 경지이

115   『이정전서』 제19권, 「양준도록(陽遵道錄)」.
116   『이정전서』 제25권, 「창잠도본」.
117   『이정전서』 제36권, 「습유」.
118   『이정전서』 제18권, 「유원승수편(劉元承手編)」.
119   『이정전서』 제18권, 「유원승수편」.

다."[120]

2.1. 주자가 말하였다. "사람의 기상은 모름지기 굳건해야만 일을 실천해낼 수가 있다. 이는 마치 하늘과 땅의 기상이 굳건해서 어떤 사물이든 모두 침투하는 것과 같다."[121]

『학기류편』 하下

앎을 이룸致知

1.1. 정자가 말하였다. "앎이란 내가 본래 소유한 것이지만, 이르지 못하면 얻을 수 없다. 앎에 이르는 데는 반드시 방도가 있다. 그러므로 '앎을 이루는 것은 사물을 궁구하는 데 있다'고 하는 것이다."[122]

1.2. "군자의 학문은 장차 자신을 반성하려고 하는 것일 따름이다. 자신을 반성하는 것은 앎에 이르는 데 달려 있고, 앎에 이르는 것은 사물을 궁구하는 데 달려 있다."[123]

1.3. "사람이 이치를 밝히려고 하면서 만약 한가지 사물 위에서만 그 이치를 밝힌다면 일을 이루지 못한다. 반드시 여러 이치를 모은 뒤라야 환히 저절로 깨닫는 곳이 있게 된다."[124]

---

120 『이정전서』 제40권, 「색인상(素引上)」.
121 『성리대전』 제43권, 「학일 총론위학지방」.
122 『성리대전』 제48권, 「학육 치지(學六 致知)」.
123 『이정전서』 제25권, 「창잠도본」.
124 『성리대전』 제48권, 「학육 치지」.

1.4. "일마다 이치를 살핀다면 천하의 모든 이치가 터득된다."[125]

1.9. "사람이 견문과 식견이 많다는 것은 약과 같아서, 모름지기 널리 아는 것이 필요하다."[126]

3.2. "듣고 보아서 아는 것은 참다운 앎이 아니다. 물과 불이 위험한 줄 알면 저절로 밟지 않게 되는데, 그것은 참으로 알기 때문이다. 참으로 알지 않고 행동하면 계산을 하기 쉬운데, 계산에는 한계가 있다."[127]

3.3. "배우는 사람은 모름지기 이치를 궁구해야 한다. 사물마다 다 이치가 있으니, 이치를 궁구하면 하늘이 하는 바를 알 수 있고, 하늘이 하는 바를 알면 하늘과 하나가 될 수 있다. 하늘과 하나가 되면 어디를 가더라도 이치에 맞지 않는 것이 없다."[128]

3.4. "어떤 사람이 '천하의 많은 일들 가운데 어떻게 옳은 곳을 알 수 있습니까?' 하고 물어, 다음과 같이 대답하였다. '이치를 궁구하면 곧 알 수 있다. 일은 이루 다 궁구할 수 없으나 이치는 하나이다.'"[129]

4.1. 포씨鮑氏 약우若雨가 말하였다. "어떤 사람이 먼 지방에서 오래 살다가 어느 날 고향에 돌아갔다. 중도에 우연히 집안 형님을 만나 함께 여관에 투숙하였다. 서로 남 보듯 하였는데 어떤 사람이 '저 사람이 그대의 집안

---

125 『성리대전』 제34권, 「성리육 이(性理六 理)」.
126 『이정전서』 제32권, 「호씨본습유(胡氏本拾遺)」.
127 『성리대전』 제48권, 「학육 치지」.
128 『성리대전』 제48권, 「학육 치지」.
129 『성리대전』 제48권, 「학육 치지」.

형님인 아무개이다'라고 일러주었다. 그러자 기뻐하면서 서로 어울렸다. 그러나 그전의 마음과 지금의 마음이 어찌 다르겠는가? 아는 것과 알지 못하는 것의 차이일 뿐이다."

5.1. 주자가 말하였다. "앎을 이루는 것과 사물을 궁구하는 것은 하나의 일이다. 오늘은 사물을 궁구하고 내일은 또 앎을 이루는 것이 아니다. 사물을 궁구한다는 말은 이치의 차원에서 말하는 것이고, 앎을 이룬다는 것은 마음의 차원에서 말한 것이다."[130]

5.8. "앎이 이르지 않은 곳이 있으면 그 이르지 않은 곳에 악이 반드시 감추어져 있어 자기를 속이는 주체가 된다. 비록 그 혼자 있을 때를 삼가는 공부를 극진히 하고자 하더라도, 또한 할 수 있는 주체가 없고 근거할 수 있는 땅이 없다."[131]

5.9. "앎을 확실히 하는 공부 역시 알고 있는 것에 근거하여야 한다. 살펴고 탐색하여 미루어 확대해나가면 마음에 갖추고 있는 것 그 자체로서 본래 부족함이 없게 되어 있다."[132]

5.10. "절실하게 한번 이해하는 것은 혈전血戰과 비슷한 것이니, 그러한 뒤라야 함양해갈 수 있는 것이다. 그리하여 어떤 사람이 스스로 '내가 지금 고요히 앉아 있어도 도리를 저절로 알 수 있다'고 하니, 함양이 무엇인지 모르는 것이다."[133]

---

130 『성리대전』 제48권, 「학육 치지」.
131 『대학』 「제육장 석성의(第六章 釋誠意)」.
132 『성리대전』 제48권, 「학육 치지」.
133 『성리대전』 제48권, 「학육 치지」.

5.22. "의리가 쌓인 것이 많아진 연후에 관통하여 자연히 효력을 보인다. 오늘 한가지 이치를 이해하면 바로 한가지 일에 쓰이게 되는 것은 아니다. 비유하자면 부자가 재산을 많이 모아놓으면 뜻대로 되지 않음이 없는 것과 같다."[134]

5.23. "가슴속을 크게 열어야 하나니 하나의 주장에 막혀서는 안 된다. 안목을 평탄하고 활달하게 해야 사방팔방을 모두 볼 수 있다."[135]

8.1. 옥계玉溪 노씨盧氏(노효손盧孝孫)가 말하였다. "마음 밖에 이치가 없으니 이치를 궁구하는 것이 앎을 이루는 수단이 된다. 이치 밖에 사물이 없으니 사물을 궁구하는 것이 이치를 궁구하는 수단이 된다. 이치를 궁구하는 것을 말하면 황홀한 데 이르기 쉽고, 사물을 궁구하는 것을 말하면 한결같이 진실한 데로 귀착된다. 밖으로 나타나고 거친 것은 이치의 작용이고 안으로 수렴되고 정밀한 것은 이치의 주제이다."

10.4. "『시경詩經』과 『서경書經』은 약방문과 같고 『춘추春秋』는 약을 써서 병을 고치는 것과 같다."[136]

10.9. "성인의 말은 멀기가 하늘 같고 가깝기가 땅과 같다. 그 먼 것은 도달할 수 없을 것 같고, 그 가까운 것은 실천할 수 있을 것 같다." ── 이천[137]

---

134 『성리대전』 제48권, 「학육 치지」.
135 『성리대전』 제48권, 「학육 치지」.
136 『이정전서』 제2권 상, 「원풍여여숙동현이선생어(元豐呂與叔東見二先生語)」.
137 『성리대전』 제48권, 「학육 지행」.

11.1. 장자가 말하였다. "생각을 다하여 말로 할 수 없는 곳까지 이르러야 비로소 다시 살피고 생각하고 밝히고 분별한다."

12.1. 주자가 말하였다. "성현의 마음으로 성현의 글을 읽어야 하고, 천하의 이치를 가지고 천하의 일을 살펴야 한다. 사람들은 사견을 가지고 이치를 구하는 경우가 많은데, 이는 단지 자기의 견해일 뿐 성현의 마음과는 여전히 거리가 멀다."[138]

마음을 간직하며 본성을 기름存養

7.1. 공자가 말하였다. "공경으로 자신을 닦는다."[139]

7.2. "군자가 엄하고 공경하면 날로 강해지고, 안일하고 방자하면 날로 구차스러워진다."[140]

8.1. 정자가 말하였다. "천지가 자리를 잡음에 역이 그 가운데서 행해지는 것은 단지 곧 공경 때문이다. 공경하면 중단함이 없고 만물의 주체가 되어 하나도 빠트리지 않는다."[141]

8.2. "공경하면서 실수가 없는 것이 곧 희로애락이 아직 드러나지 않을 때의 '중'이다. 공경 자체를 중이라고 할 수는 없다." ── 명도[142]

---

138 『성리대전』 제48권, 「학육 치지」.
139 『논어』 「헌문편(憲問編)」.
140 『이정전서』 제37권, 「전문기(傳聞記)」.
141 『이정전서』 제11권, 「명도어록 사훈(明道語錄 師訓)」.
142 『성리대전』 제46권, 「학사 존양」.

8.3. "위엄스러움과 근신함은 공경의 도리는 아니다. 다만 공경을 이루려면 반드시 여기에서 시작해야만 한다."[143]

8.4. "반드시 이 마음을 공경으로 지켜서 급박하게 하지 말고, 마땅히 깊고 두텁게 지배해야 한다."[144]

8.10. "종묘宗廟 안에서는 공경해지기를 기약하지 않아도 저절로 공경스러워지는 것은 평소에 공경한 적이 없었기 때문이다. 그러니 고요함을 즐거워하는 자는 반드시 움직임을 싫어한다."[145]

8.12. "외부에 드러나는 것을 공손이라고 하고 내부에 있는 것을 공경이라고 한다."[148]

9.1. 공경은 동정을 일관하고, 시종을 꿰뚫으며, 존심양성을 갖추고 있다. 안을 곧게 하면 발하는 것이 바르게 된다.

9.2. 잠시라도 내면을 곧게 하면 드러나는 것이 곧 바르게 된다.

10.1. 잠깐의 공경하지 못함에서 막대한 재앙이 일어난다.

11.1. 상채 사씨가 말하였다. "공경하는 모습은 근엄하게 생각할 때의 태도에서 볼 수 있다. 긍지가 정도를 지나치면 옳지 않고, 평범하게 일을 만

---

143 『성리대전』 제46권, 「학사 존양」.
144 『성리대전』 제46권, 「학사 존양」.
145 『성리대전』 제46권, 「학사 존양」.
146 『성리대전』 제37권, 「성리구 공경(性理九 恭敬)」.

들고 마음을 쓰는 것도 정도를 지나치면 마땅히 실수가 있게 된다."[147]

12.1. 주자가 말하였다. "공경 공부는 성인 문하에서 제일 중요한 의무이다. 철두철미하여 잠시라도 중단해서는 안 된다."[148]

12.2. "공경에 대하여 말하는 경우가 명도 선생은 열에 한번이었고, 이천 선생은 열에 아홉번이었다. 주염계周濂溪(주돈이) 선생은 단지 일一이라는 글자만 말했고, 명도 선생은 고요함(靜)이라는 글자를 말했다. 이천 선생은 '잠깐이라도 정靜을 말하면 곧 부처의 말이 된다. 공경이라는 글자를 사용하면 그만이다'라고 했다. 고요함은 치우침이 있게 되는 것을 염려한 것이다."

12.4. "정명도, 정이천은 함께, 장횡거의 '청허일대지설淸虛一大之說'이 사람에게 엉뚱한 곳으로 달려가게 하는 것으로, 경을 말하는 것만 같지 못하다고 비난하였다."

12.8. "지금 어떤 사람이 두려운 듯 여기에 있으면서 게으르고 업신여기는 기운이 없는데, 하물며 마음을 항상 경계하는 자에 있어서랴? 그러므로 마음을 항상 경계하면 저절로 쓸데없는 생각이 없어진다."[149]

12.9. "삼국시대의 주연朱然이 종일 공경하고 공경하는 것을 진중陣中에 있는 것처럼 했으니, 배우는 사람이 이런 태도를 유지하면 늘 마음을 잃지 않을 것이다."

---

147 『성리대전』 제46권, 「학사 존양」.
148 『성리대전』 제46권, 「학사 존양」.
149 『성리대전』 제46권, 「학사 존양」.

12.10. "사람이 배우면서 오상五常과 온갖 행실을 어찌 다 항상 기억할 수 있겠는가? 사람의 본성 가운데 오상이 중요하고 오상 가운데서는 인이 더욱 중요하여, 사람이 이러한 인을 행하는 방법은 또한 마땅히 경이란 한 글자를 지켜서 항상 밤낮으로 잃어버린 마음을 찾는 것이다. 분발하여 그만두거나 게으르게 하지 않으면 항상 모든 이치를 다 기억할 수는 없을지라도 의·예·지·신의 쓰임이 자연스럽게 일의 당연함을 따라서 발현될 것이다."[150]

12.16. "처음 배울 때는 공경을 간절히 하는 것만 같은 것이 없다. 덕을 이루는 것은 공손을 자연스럽게 하는 것만 한 것이 없다. 공경은 일을 위주로 한 것이지만 종합적으로 말하면 또 자기를 닦기를 공경으로 한다는 것과 같다. 공경은 내면을 정직하게 하는 것이니, 단지 부분적으로 말하여 일을 위주로 한다고 한 것이다. 공손은 용모를 위주로 말한 것이다."[151]

19.2. "바야흐로 손님과 상대하며 담론을 하면서 다른 것을 생각하고 있다면 비록 좋은 생각을 하고 있더라도 역시 불경한 것이다. 조금이라도 사이가 끊어지면 곧 불경한 것이다."[152]

20.1. 정자가 말하였다. "고요해진 뒤에 만물을 보니 모두 봄이 만물을 낳아 자라게 하는 뜻이 있다."[153]

---

150 『성리대전』 제45권, 「학삼 총론위학지방」.
151 『성리대전』 제37권, 「성리구 공경」.
152 『성리대전』 제47권, 「학오 존양」.
153 『성리대전』 제47권, 「학오 성찰(學五 省察)」.

20.2. "꿈꾸며 잠을 자면서 뒤척이는 것도 심지가 안정되지 않았기 때문이다. 이것은 마치 양자강의 큰 물결과 같다." —— 이상 이천[154]

20.4. "공자가 주공을 꿈속에서 본 것은 성誠이니, 대개 성은 밤에 꿈꾸는 것으로 드러난 것이다. 배우는 사람은 여기에서 자기가 도모하는 일의 옳고 그름을 증험해보아야 한다."

22.8. "고요히 앉아 함양할 때에는 바로 도리를 몸소 살펴보고 생각해서 연역해내야 하는 것이니, 이렇게만 하는 것도 함양이다. 자신이 도리를 생각할 때에는 자연히 사사로운 생각은 일어나지 않는다. 말이 충실되고 신의가 있고, 행동이 돈독하며 공경스러우며, 서 있을 때에는 앞에 늘어서 있는 것같이 보이고, 수레에 있을 때에는 멍에에 기대고 있는 것같이 보이니, 항상 이러한 충신과 독경을 눈앞에 있는 것처럼 볼 수 있다면 자연히 사특하고 망령된 것이 어디에서도 들어올 수 없다. 그러나 이러한 충신과 독경을 보존해야만 불충하고 불경한 마음이 제거되는 것은 아니다."[155]

벼슬길에 나아감과 물러남出處

1.1. 『주역』에 말하였다. "못에 나무가 매몰되는 것이 대과괘大過卦이다. 군자는 그것을 본받아 독립하여 두려워하지 않고, 세상에서 은둔하여도 고민이 없다."[156]

1.2. "하늘 아래에 산이 있는 것이 둔괘遯卦이다. 군자는 그것을 본받아

---

154 『이정전서』 제18권, 「유원승수편」.
155 『성리대전』 제47권, 「학오 존양」.
156 『주역』 제11권, 「대과괘(大過卦)」.

소인을 멀리하지만 미워하지 않고 엄격하다."[157]

1.3. "군자는 기미를 보아 일어나지, 하루 종일 기다리지 않는다."[158]

1.4. "하늘과 땅이 교합하지 않는 것이 비괘否卦이다. 군자는 그것을 본받아 덕을 검소하게 하여 재난을 피하고, 복록과 영화를 누리지 않는다."[159]

2.1. 『예기』에 말하였다. "세번 간하여도 들어주지 않으면 떠난다." ──「곡례」[160]

2.2. "나이 사십에야 비로소 벼슬을 해도, 도리에 맞으면 복종하고 맞지 않으면 떠난다." ──「내칙」[161]

2.3. "임금을 섬기는 자는 충분히 고려해본 후에 조정에 들어가는 것이지, 들어간 후에 고려하는 것이 아니다." ──「소의」[162]

3.1. 공자가 말하였다. "임금을 섬기다가 세번이나 떠나면서도 국경을 벗어나지 않으면 녹봉만을 이롭게 여기는 사람이다. 비록 임금을 협박하지 않았다고 말하더라도 나는 믿지 않을 것이다." ── '위違'는 떠난다는 것이다.[163]

---

157 『주역』 제12권, 「둔괘(遯卦)」.
158 『주역』 제23권, 「계사하전(繫辭下傳)」.
159 『주역』 제5권, 「비괘(否卦)」.
160 『예기』 제2권, 「곡례하(曲禮下)」.
161 『예기』 제12권, 「내칙(內則)」.
162 『예기』 제16권, 「소의(少義)」.

3.2. 안연에게 말하였다. "등용되면 도를 행하고 등용되지 않으면 도를 간직하는 이는 오직 나와 너뿐이다."[164]

3.3. "마땅한 때가 아니면 보지 않는 것은 역시 얻기 어려운 일이 아니겠는가? 의가 아니면 합치지 않는 것은 역시 쌓기 어려운 일이 아니겠는가?"[165]

4.5. "옛날 벼슬한 사람은 남을 위하여 봉사를 하였는데, 요즘 벼슬하는 이들은 자신의 사리사욕만 채운다."[166]

4.6. "혹자는 '현자는 빈천을 좋아하고 부귀를 싫어한다'라고 말했는데 이것은 인정에 위배된다. 현자는 다만 의를 지키고 천명에 편안할 따름이다."[167]

5.1. 주자가 말하였다. "하루라도 자신의 지위가 있으면 그 하루 동안 자신의 관직에서 일할 수 있지만, 하루라도 자신의 관직을 얻지 못하면 감히 하루도 그 지위에 있을 수 없다."[168]

6.1. 노재 허씨가 말하였다. "이윤이 뜻하던 바에 뜻을 두고 안자가 배우던 것을 배워서, 벼슬에 나아가면 하는 일이 있고 벼슬에 나아가지 않을 때

163 『논어』「헌문편」.
164 『논어』「술이편(述而篇)」.
165 『공자가어』제1권,「유행해제오(儒行解第五)」.
166 『성리대전』제50권,「학팔 역행(學八 力行)」.
167 『성리대전』제38권,「성현총론(聖賢總論)」.
168 『성리대전』제65권,「군도 신도(君道 臣道)」.

는 지킴이 있어야 한다. 대장부는 마땅히 이와 같이 해야 한다. 출사하여 아무 하는 일이 없고 처사로 있으면서 지킴이 없으면, 뜻을 둔 것과 배운 것을 장차 어디에 쓸 것인가?"[169]

7.1. 공자가 말하였다. "향기로운 난초는 그윽한 계곡에서 자라나 사람이 없다고 하여 향기를 피우지 않는 것이 아니다. 군자는 도리를 닦고 덕업을 세워 곤궁하다고 해서 절개를 바꾸지 않는다."[170]

8.5. "공자가 광匡 땅 사람의 포위를 벗어난 것 또한 구차하게 벗어난 것이다."

9.1. 장자가 말하였다. "살게 되면 살고 죽게 되면 죽는다. 오늘 만 종의 벼슬을 받다가 내일 굶주리더라도 근심하지 않고 오직 의에 따를 뿐이다."[171]

9.2. "빈천해도 편안히 지낸다고 많은 사람들이 얘기하지만, 실제로는 꾀가 바닥나고 힘이 달리며 재주가 짧아서 빈천을 어떻게 할 수 없을 따름이다. 만약 어떠한 방법이라도 해볼 수 있다면 아마 편안하게 여기지 않을 것이다. 반드시 의리가 이욕보다 즐겁다는 깃을 진실로 안 후에야 그렇게 할 수 있다."[172]

13.2. "나라에서나 집에서나 원망이 없어야 한다는 것이 중궁仲弓으로

169   『성리대전』 제50권, 「학팔 역행」.
170   『공자가어(孔子家語)』 제5권, 「재액제이십(在厄第二十)」.
171   『성리대전』 제49권, 「학칠 역행」.
172   『성리대전』 제50권, 「학팔 역행」.

하여금 인을 알게 하였다. 그러나 집에서 원망한 이가 순임금이고 나라에서 원망한 이가 주공이다."173

13.3. "주나라 태백太伯이 임금에 오를 기회를 양보한 것이 꼭 천명을 바꾼 것은 아니다. 만일 은나라 폭군 주왕紂王이 어질었다면 문왕文王은 삼공三公(왕을 보좌하던 최고 관직을 말함)이 되었을 것이다." — 이천174

13.4. "백이伯夷가 말고삐를 끌어당긴 일은 알 수 없지만 무왕을 비난한 일은 진실로 있었다. 백이는 평상적인 도리를 지킬 줄만 알았지 성인의 권도는 알지 못했다. 그러므로 고지식하였다. 주나라의 곡식을 먹지 않았다는 것은 굶주려도 먹지 않은 것이 아니고 다만 봉록만을 먹지 않은 것이다. 『사기』에 실려 있는 간하는 말 같은 것은 모두 잘못이다. 주왕을 정벌했을 때는 즉위한 지 이미 11년이 지났으니, 어찌 아버지가 돌아가셨는데 장사를 지내지 않았겠는가?" — 이천175

15.1. 정자가 말하였다. "공자의 시대에는 제후가 강대했지만 모두 주나라가 봉해준 것이었다. 따라서 제나라와 진나라가 패도覇道로 강자가 되었지만, 주왕을 높인다는 의리를 내세우지 않았다면 자립할 수 없었다. 맹자의 시대에는 대국이 일곱이었는데 주나라가 봉해주지 않은 나라가 넷이었다. 따라서 왕정이 끊어지고 은택이 메말랐다. 백성이 왕으로 여기지 않으면 인심을 잃은 한 사내일 뿐이다. 군자가 세상을 구제하는 것은 때에 합당하게 행할 따름이다." — 이천176

---

173   『이정전서』 제6권.
174   『이정전서』 제31권, 「나씨본습유(羅氏本拾遺)」.
175   『이정전서』 제18권, 「유원승수편」.
176   『이정전서』 제21권 하, 「부사설후(附師說後)」.

19.2. 공자는 일찍이 가난 때문에 벼슬을 하였다. 어떤 사람이 이것으로 인해 정자에게 벼슬할 것을 권면하니 정자가 다음과 같이 말하였다. "굶주려 문밖을 나서지 못하게 된다면 그때 천천히 도모할 것이다."[177]

23.1. 주자가 말하였다. "호명중 형제는 끝내 진회秦檜에게 회유당하지 않았다."

24.1. 면재 황씨가 말하였다. "주자는 50년간 네 왕조를 모시면서 46일간 조정에 나아갔는데 봉사封事(임금에게 올리는 글) 70장을 만들었다."[178]

정치에 임하고 일을 처리함臨政處事

1.1. 『주역』에서 말하였다. "산山이 겹친 것이 간괘艮卦이니, 군자는 그것을 본받아 생각이 그 자리를 벗어나지 아니한다."[179]

2.1. 『서경』「진서」에 말하였다. "날랜 용사들은 전투력이 조금 부족하더라도 내가 쓰겠지만, 매끈하게 말을 잘해서 군자로 하여금 그들의 말을 잘 듣게 만드는 사람들을 내가 어찌 쓰겠는가?"[180]

2.2. "만약 한 올곧은 신하가 꿋꿋하게 다른 재주는 없으나 마음이 넓으면 용납함이 있는 것과 같다."[181]

---

177 『성리대전』제50권,「학팔 역행」.
178 『성리대전』제34권,「성리육 이」.
179 『주역』제18권,「간괘(艮卦)」
180 『서경』제10권,「진서(秦誓)」.
181 『서경』제10권,「진서」.

3.1. 공자가 말하였다. "만일 나를 써주는 사람이 있다면 1년만 되면 무슨 말을 할 수 있다."[182]

3.2. "착한 사람이 백성을 7년 동안 가르치면 또한 전쟁에 나아가게 할 수 있다." "작은 나라로는 7년, 큰 나라로는 5년과 같다."[183]

4.1. 정자가 말하였다. "큰 임무를 맡고자 하면 반드시 독실해야 한다." —명도[184]

4.2. "배움은 넓은 것을 귀하게 여기지 않고 바른 것을 귀하게 여기며, 정치는 상세한 것을 귀하게 여기지 않고 밝은 것을 귀하게 여길 뿐이다."[185]

4.3. "단지 오랑캐 말을 하고 옷깃을 왼쪽으로 여미는 정도의 일이라면 오히려 말할 수도 있고 그 나라의 풍속을 따를 수도 있지만, 인도人道에 이르러서야 어찌 다름이 있는 것을 용납할 수 있겠는가?" —이상 이천[186]

11.1. 사마광司馬光이 조정에 있을 때, 원풍元豐 연간에 등용된 사람들을 모두 제거하려 하자 정자가 다음과 같이 말하였다. "인재를 새로이 만들어내는 것은 어렵지만 인재를 변화시키는 것은 쉽습니다. 지금 여러 사람들의 재주가 쓸 만하고, 또 어느 누가 소인이라고 지목받는 것을 좋아하겠습니까? 임금과 재상들이 어떻게 변화시키는가에 달려 있는 것입니다. 재

182　『논어』「자로(子路)」.
183　『논어』「자로」.
184　『근사록』제10권, 「정사(政事)」.
185　『이정집』제1권, 「하남정씨수언(河南程氏粹言)」.
186　『이정전서』제15권, 「입관(入關)」.

상들이 등용해서 군자로 삼는다면 누군들 군자가 되지 않겠습니까?" 이에 후중량侯仲良이 "그렇게 되면 소성紹聖 연간의 일 따위는 없을 것입니다"라고 하였다. ── 정자가 후중량과 한 말이다.[187]

13.1. 명도 선생이 읍에 있을 때 절도죄를 범한 사람이 있었는데 선생이 "네가 앞으로 행동을 고칠 수 있다면 내가 네 죄과를 가볍게 해주겠다"고 하자, 도둑이 머리를 조아리며 새 사람이 되겠다고 하였다. 그 사람이 수개월 후 다시 도둑질을 하였는데, 포졸들이 문 앞에 다다르자 자기 처에게 이르기를 "내가 대승과 다시는 도둑질을 하지 않겠다고 약속했는데, 지금 무슨 면목으로 그분을 뵙겠는가?" 하고는 스스로 목을 매었다. ── 행장[188]

17.1. 『주역』에서 말하였다. "하늘과 물이 거슬러 가는 것이 송괘訟卦이니, 군자는 그것을 본받아 일을 함에 처음을 잘 도모하느니라."[189]

18.1. 정자가 말하였다. "홀로 거처하면서 고요히 생각하는 것은 어렵지 않으나, 넓은 거처에 있으면서 천하에 응하는 것이 어렵다."[190]

18.2. "뜻이 있는 선비는 천하의 만물이 자기를 흔들도록 하지 않는다. 자기가 서면 천하를 운영하고 만물을 다스리는 것이 만드시 여유가 있게 된다."[191]

18.3. "마땅히 해야 할 것에 대해서도 계산적으로 그것을 한다면 사사로

---

187 『이정전서』 제32권, 「호씨본습유」.
188 『이정전서』 제41권, 「명도행장(明道行狀)」.
189 『주역』 「송괘(訟卦)」.
190 『이정집(二程集)』 제1권, 「하남정씨수언」.
191 『성리대전』 제49권, 「학칠 역행」.

운 마음을 벗어나지 못한다."[192]

18.4. "사람은 마땅히 자기가 어떠한가를 살피고, 떠도는 논의를 꼭 걱정할 것은 없다. 떠도는 의논에 뜻을 두면 마음이 안에 있지 않아 갑작스러운 일에 대처할 수 없다."[193]

18.5. "이치를 따르면 근심이 없다."[194]

18.6. "대체로 의리를 벗어나면 이익으로 들어가고, 이익을 벗어나면 의리로 들어간다. 천하의 일이란 오직 의리와 이익일 뿐이다." —— 이하 명도[195]

18.7. "어떤 사람이 말하기를 '사람이 온화하고 관대함을 모르지 않지만 일에 임하면 거꾸로 포악하고 사나워진다'고 하여, 정자가 답하기를 '다만 의지가 기운을 이기지 못해서 기운이 도리어 마음을 움직이도록 하기 때문이다'라고 하였다."[196]

18.8. "배우는 사람은 세상의 일에 대해 통하지 않으면 안 되니, 천하의 일을 한 집안에 비유하면, 내가 하지 않으면 다른 사람이 하게 되고, 갑이 하지 않으면 을이 하게 된다." —— 이하 이천[197]

19.2. "내가 평생토록 공적인 일에는 용감했고 사적인 일에는 겁을 냈다.

---

192 『이정집』 제1권, 「하남정씨수언」.
193 『성리대전』 제49권, 「학칠 역행」.
194 『이정집』 제1권, 「하남정씨수언」.
195 『성리대전』 제50권, 「학팔 역행」.
196 『성리대전』 제49권, 「학칠 역행」.
197 『이정전서』 제22권 하, 「부잡록후(附雜錄後)」.

모든 일을 법에 저촉되지 않도록 해야 할 뿐만 아니라, 의리로 보아 해서는 안 되는 일이 있으면 더욱 마땅히 피해야 한다."[198]

22.1. 주자가 말하였다. "일의 결과가 비록 좋더라도 그 일을 하게 된 동기가 좋지 못하다면 좋다고 할 수 없다."

22.2. "대저 일에는 다만 하나의 옳음과 그름이 있으니, 옳음과 그름이 정해지면 하나의 옳은 것을 택하여 해나가야 한다. 반드시 두루두루 모든 사람이 좋다고 말해주기를 원한다면 어찌 이런 이치가 있을 수 있겠는가?"[199]

22.3. "일이 마땅함을 넘어서게 되면 곧 거짓된 것이다."[200]

24.1. 정자가 말하였다. "큰 덕은 큰 곳에 쓰이고 작은 덕은 작은 곳에 쓰인다. 출입이라는 것은 취할 수도 있고 취하지 않을 수도 있다는 등의 종류이다. 묻기를 '말이 반드시 믿음직스러워야 되는 것은 아니고 행동이 반드시 과감해야 되는 것은 아닌 것이 출입하는 일입니까?' 하여 이렇게 답하였다. '그렇다. 그러나 믿음직스럽지 않은 것이 믿음직스러운 것의 수단이 된다.'"[201]

---

198 『성리대전』 제49권, 「학칠 역행」.
199 『성리대전』 제49권, 「학칠 역행」.
200 『성리대전』 제49권, 「학칠 역행」.
201 『이정전서』 제22권 상, 「이천어록(伊川語錄)」.

1.1. 정자가 말하였다. "양자揚子가 노자에 대해 말하기를 '도덕을 말한 부분은 취할 만한 것이 있다'라고 하였으니, 이것으로 보건대 양자는 도를 깨닫지 못하였다. 노자가 말한 대로 '도를 잃은 후 덕이 필요하게 되고, 덕을 잃은 후 인이 필요하게 되고, 인을 잃은 후 의가 필요하게 되고, 의를 잃은 후 예가 필요하게 된다'면, 노자 자신이 도를 알지 못한 것이므로 이미 말이 되지 않는다." ── 명도²⁰²

1.2. "『묵자墨子』에는 '형의 자식을 사랑하기를 이웃의 자식을 사랑하듯이 해야 한다'는 말은 없다. 그러나 맹자가 근본적으로 문제를 잘 파헤쳐 그 말류가 여기까지 이를 것임을 알았기 때문에 그것을 바르게 고친 것이다."²⁰³

1.3. "장자莊子가 도체를 형용한 부분도 비록 좋은 곳이 있지만, 노자가 말한 '곡신谷神은 죽지 않는다'는 말이 가장 좋다."²⁰⁴

1.4. "어떤 이가 묻기를 '장자는 석가와 비교해 어떻습니까?' 하여, 이렇게 답하였다. '장자가 어찌 석가와 비교될 수 있겠는가? 석가의 설은 고차원적이면서도 묘한 부분이 있지만, 장자는 기상만 클 뿐이다. 그러므로 차원이 낮고 쓸데없다.'"²⁰⁵

---

202 『성리대전』 제58권, 「제자이 양자(諸子二 揚子)」.

203 『이정전서』 제31권, 「외서(外書)」.

204 『이정전서』 제3권, 「이선생어록(二先生語錄)」.

205 『이정전서』 제37권, 「전문기」.

1.5. "석가는 아버지를 버리고 산으로 들어가서 마침내 부처가 되었다. 만약 유학자의 도리로 따진다면 아버지를 버린 그때에 이미 죽음을 당할 것이니, 어찌 그가 부처가 될 수 있었겠는가?" — 정자가 주질 고을에 갔을 때 추밀원사 조공이 상중에 있었는데, 후즐을 시켜 "그대는 석가의 도를 배웠습니까?"라고 질문한 데 대해 답한 것이다.[206]

1.8. "불교의 학문은 모두 형이상학적인 공부에만 열중하고 형이하학적인 공부는 없으니, 근본과 말단이 서로 연결되지 못하고 떨어지게 되었다."[207]

1.9. "석가의 가르침은 공경함으로써 마음을 바르게 하는 부분은 있으나, 의로움으로써 몸가짐을 바르게 하는 부분은 없다."[208]

1.10. "어떤 이가 묻기를 '이단의 학문을 하는 사람은 먼저 알 수 있다고 하는데, 성인은 그런 일을 즐겨서 합니까?' 하여, 정자가 이렇게 대답하였다. '불교도 가운데 조금 도리를 아는 사람도 그런 일을 하려 하지 않는데 하물며 성인이겠는가? 불교도들은 항상 암자에 앉아 있으면서 암자 밖을 본다고 말하는데, 이런 자들은 여우 귀신 같은 것들이다.'" — 이하 이천[209]

1.12. "선가禪家의 세상을 떠난 학설은 마치 눈을 감고 자신의 코를 보지 않지만 그래도 자신의 코는 그대로 있는 것과 같다."[210]

---

206 『이정전서』 제21권 상, 「사설(師說)」.
207 『이정전서』 제13권, 「해팔월현선생」.
208 『이정전서』 제4권, 「유정부소록(遊定夫所錄)」.
209 『이정전서』 제18권, 「유원승수편」.
210 『이정전서』 제3권, 「이선생어록」.

1.13. "불교의 학설은 유교의 학설과 같은 부분이 비록 많지만, 본령이 옳지 않으니 모두가 잘못된 것이다."[211]

1.14. "외물을 잊는 것과 외물에 집착하는 것의 폐단은 같다."[212]

4.1. 구산龜山 양씨(양시楊時)가 말하였다. "육경에서는 무심無心을 말하지 않았으나 유독 불교에서만은 이것을 말하였고, 육경에서는 본성을 수양한다는 말을 하지 않았으나 유독 양웅揚雄만이 그것을 말하였다. 마음속에 본성이 없을 수 없으니, 다른 곳에서 가져다가 수양을 하는 것은 아니다. 그러므로『주역』에서는 단지 '마음을 닦고 성품을 다한다'라고 하였고,『예기』에서는 '마음을 바르게 하고 덕성을 높인다'라고 하였고,『맹자』에서는 '마음을 보존하고 본성을 기른다'는 것을 말하였다."

5.1. 도심道心에는 선악을 구별하는 마음이 있는데, 불교도 또한 사악하다고 말할 수는 없지만 단지 구별하는 마음이 없다. 마음이 보존될 때에는 이미 크게 옳지 못한 곳이 없게 된다.

6.1. 석가는 도를 설명할 때 형이상학적인 면과 형이하학적인 면 모두를 통틀어서 설명하였다. 그러나 실제적으로 쓰일 때는 두 부분으로 나누어 적용함을 알 수 있다.[213]

7.1. 주자가 말하였다. "요즘 사람들은 도를 설명할 때 고차원적이고 기묘한 것만을 좋아하여 불교의 선으로 쉽게 빠져든다."

---

211 『이정전서』제37권,「전문기」.
212 『이정전서』제3권,「이선생어록」.
213 『이정전서』제36권,「습유」.

성현이 도를 서로 전함聖賢相傳

1.1. 장자張子가 말하였다. "대중의 뜻을 따르고 자신의 생각을 버리는 사람은 요임금이요, 다른 사람이 선한 일을 하도록 돕는 사람은 순임금이요, 좋은 말을 들으면 그에게 절을 올리는 사람은 우임금이요, 자신의 잘못을 고치기를 서슴지 않는 사람은 탕임금이요, 간하지 않아도 미리 알아 받아들이는 사람은 문왕이다."

2.1. 임천臨川 오씨(오징吳澄)가 말하였다. "요임금·순임금·우임금이 조심한 것은 곧 경敬이었으니, 이것이 탕임금에게 전하여져 매일 발전하는 경이 되었다. 이것이 문왕에게 전하여져 앞의 좋은 점을 계승하는 경이 되었고, 공자도 경으로써 자신을 수양하였다. 이것은 안자·증자·자사·맹자에게 전해져 마침내 정자에게 이르러 성인의 수양 공부의 시작과 끝을 '경' 한 글자로써 갖추기에 이르렀다."[214]

3.1. 맹자가 말하였다. "순임금은 인과 의를 따라서 행동했지 인과 의를 실천하지는 않았다."[215]

4.1. 서산 진씨가 말하였다. "순임금이 말한 열여섯 글자의 가르침은 후세에 오래도록 심학의 근본이 되었다."

5.1. 정자가 말하였다. "공자는 태어날 때부터 모든 것을 알고 태어났다고 하지만 사실은 15세 이후의 일들은 모두 배워서 알게 된 것이다."[216]

214　『성리대전』 제47권, 「학오 존양」.
215　『이정전서』 제1권, 「이선생어록」.

5.2. "공자의 도는 『논어』 「향당」에 실려 있는 것과 같으니, 성실함으로 부터 밝음에 이르게 되는 것이다. 「향당」에 실려 있는 것에서 배워 공자와 같은 경지에 이르는 것은 밝음으로부터 성실하게 되는 것이다. 이것은 횡 거를 비난하는 설과 같지 않다." ── 이천[217]

5.7. "맹자는 후세에 오래도록 스승이 될 만한 인물로서 그 재주는 아 주 뛰어났지만, 뛰어난 재주로만 본다면 공자의 경지에는 이르지 못하였 다."[218]

5.8. "안자는 거의 말을 하거나 기색을 나타내지 않았으나, 맹자는 말을 많이 하고 기색도 많이 나타냈다." ── 명도[219]

5.9. "맹자는 영리한 기질이 있었다. 영리한 기질이 있으면 곧 언어나 행 동에 모가 나게 되니, 이 영리한 기질이 일에 크게 해롭다." ── 이천[220]

5.10. "후세에 맹자를 아성이라고 부르는 것은 약간의 부족한 점이 있기 때문이다."[221]

8.1. 주자가 말하였다. "염계는 위로는 성인의 학문에 접하였고, 아래로 는 정씨 형제에게 가르침을 주었던 사람이니, 그 맥락이 분명하고 명쾌하

---

216 『이정전서』 제28권, 「진씨본습유(陳氏本拾遺)」.
217 『이정전서』 제25권, 「창잠도본」.
218 『이정전서』 제5권, 「이선생어록」.
219 『이정전서』 제11권, 「사훈(師訓)」.
220 『이정전서』 제18권, 「유원승수편」.
221 『성리대전』 제38권, 「성현 맹자(聖賢 孟子)」.

여 그 학문의 규모가 대단히 광대했다.”[222]

8.2. “명도는 주염계를 두번째 만나본 후 음풍농월하며 여유롭게 돌아오면서 ‘내가 증점曾點을 인정한다’라는 공자의 뜻을 갖게 되었다고 말하였다.”[223]

8.3. “명도의 말은 두루뭉술하면서도 아주 고차원적이라서 배우는 사람들이 알아듣기 어렵다.”[224]

9.1. 화양華陽 범씨(범진范鎭)가 말하였다. “명도는 경전을 볼 때 해석하는 지엽적인 글공부는 하지 않았다. 요점은 자기에게 적용하고 천명을 아는 것을 분명히 하는 데 있었다.”

10.1. “명도는 읽지 않은 책이 없었다. 불가의 책으로부터 『노자』 『장자』 『열자』 등 도가의 책에 이르기까지 사색하고 연구하지 않은 것이 없었다.”

10.2. 이천이 말하였다. “명도는 노장과 불교의 학문을 접한 것이 수십년이었다.”

14.1. 이천이 말하였다. “나는 40세 이전에는 경서를 읽고 외었고, 50세 이전에는 그 뜻을 연구하였으며, 60세 이전에는 반복해서 생각하고 정리하였고, 60세 이후에는 책을 썼다.”[225]

---

222 『성리대전』 제39권, 「제유일 주자(諸儒一 周子)」.
223 『성리대전』 제39권, 「제유일 주자」.
224 『성리대전』 제39권, 「제유일 정자(諸儒一 程子)」.
225 『이정전서』 제24권, 「추덕구본(鄒德久本)」.

14.2. "하는 일이 없이 세월을 보내는 것은 곧 세상에 필요 없는 한마리 좀이 되는 것이다."[226]

18.1. 주자가 말하였다. "정씨 형제는 타고난 재능이 뛰어나서 공부하는 데 아주 힘들지는 않았다. 주염계 선생이 가르쳐준 것은 '일一' 자 하나였으니 이 '일'은 '무욕'이었다. 이 가르침이 고차원적이니 어찌 '무욕'을 쉽게 이해할 수 있었겠는가? 그러므로 이천은 이것을 '경' 자 하나로 요약하여 거의 공부할 곳을 확실히 정할 수 있었다."[227]

19.1. "명도는 일찍이 석가와 노자의 책을 읽었으나, 이천은 장자와 열자의 책도 읽지 않았다."[228]

22.4. "장횡거는 사람을 잘 판단하였다. 그의 동생 장천기는 이것을 배웠지만 틀리기 일쑤였다. 인물을 판단하는 것은 사람의 재주이지만, 통달하는 것은 배워서 얻을 수 없는 것이다." ─ 이천

23.1. 소강절邵康節의 시에 "오동나무 위에 걸린 달이 가슴에 비추고, 버드나무를 스친 부드러운 바람은 얼굴에 불어오네"라고 적혀 있다. 명도가 말하였다. "소강절이야말로 진정한 풍류인이다."[229]

25.1. 정자가 말하였다. "군실君實(사마광)의 충실함, 효성스러움, 성실함

---

226   『이정전서』 제17권, 「이천선생어록」.
227   『성리대전』 제46권, 「학사 존양」.
228   『성리대전』 제39권, 「제유일 정자」.
229   『이정전서』 제36권, 「습유」.

과 소강절의 온순함과 다른 생각을 품지 않는 것은 하늘이 내린 자질의 아름다움이고, 그들의 학문에 대해서는 원래 잘 알지 못하겠다."

25.2. 명도가 말하였다. "군실의 말에 스스로 이르기를 '나는 인삼과 감초와 같아 병이 심하지 않은 때에는 쓸 수 있으나 병이 심할 때에는 쓸 수가 없다'고 하였으니, 자처한 것을 살펴보면 반드시 병을 구하는 방법을 가지고 있다."[230]

25.3. "오늘날 확실히 선학禪學을 공부하지 않는 사람은 오직 경인景仁(범진范鎮)과 군실이다. 그러나 이치를 잡은 것이 가장 저급한 선학에서 나온지라 자신이 주체가 되지 못하고 다른 사람들에게 쫓겨 다니게 된다." ─ 이하 이천[231]

31.2. "『주역』을 읽다가 '경으로써 안을 곧게 한다'는 곳에 이르러 이천 선생에게 질문하기를 '익히지 않아도 이롭지 아니함이 없다고 하는데, 이때는 다시 보는 것도 없고 다시 따지고 살피는 것이 없는 때입니까?'라고 하자, 이천이 그렇다고 인정하며 말하기를 '이와 같이 이해하기도 쉽지 않다. 우선은 깊이 수양을 하여 가볍게 말하지 말라'고 하였다." ─ 여본중 잡지[232]

31.3. "『서경』「우서」를 읽고 있는데, 이천 선생이 말하기를 '그대는 어떻게 그렇게 많이 공부할 수 있는가?'라고 하였다."[233]

---

230 『이정전서』 제10권, 「낙양의론(洛陽議論)」.
231 『이정전서』 제2권 상, 「원풍여여숙동현이선생어」.
232 『이정전서』 제37권, 「전문기」.
233 『이정전서』 제37권, 「전문기」.

32.1. 주자가 말하였다. "화정和靖 선생(윤돈尹焞)은 술을 마실 때 손과 발이 가지런하였다. 술이 취한 뒤에도 다름이 없었다. 음악을 듣는 모임에서 연주를 들을 때 모두 이해하여 기뻐하였고 손을 맞잡고 발을 편히 해서 계속 변함이 없었다. 모든 것에 엄정하게 질서를 부여하였다. 한 스님이 이를 보고 말하기를, '유가儒家의 주공과 공자가 어떤 분인지 잘 알지 못하겠지만 아마도 이분과 같지 않을까'라고 하였다."[234]

32.2. "구산 선생은 다만 한가하게 지내며 책을 읽었고, 화정 선생은 책을 읽지는 않고 다만 마음을 놓치지 않고 잘 유지하였고, 여러 제자들과 함께 경서에 근거하여 묻고 대답하기를 밝게 하고, 책을 읽거나 강론하지는 않았다." — '여러 제자들' 이하는 여계중呂稽中(윤돈의 제자)의 설이다.

32.3. "유작游酢, 양시楊時, 사량좌謝良佐 세 분은 이미 그 스승과 서로 닮지 않았고 도리어 일가를 이룬 듯하였다. 사상채(사량좌) 선생은 정밀하고 빛났으나 남에게 편안함을 주지 못하였고, 화정 선생은 말은 진실하였으나 뜻은 미치지 못하였다."[235]

32.6. "상채 선생은 불가, 도가를 섭취하였다." 또 말하였다. "상채는 도가의 견해가 많고, 귀산(양시)은 불가의 견해가 많고, 유 선생은 다만 불가를 섭취하였다. 여여숙(여대림)은 위의 여러 어른보다 뛰어나서 문집의 좋은 곳은 천명의 병사와 만마리 말이 배부르고 씩씩한 것 같았다. 나중에 불교 서적을 보았다."[236]

234 『주자어류』 제101권,「정자문인(程子門人)」.
235 『주자어류』 제101권,「정자문인」.
236 『성리대전』 제40권,「제유이 정자문인(諸儒二 程子門人)」.

2장
조정을 울린 상소문

을묘사직소乙卯辭職疏

선무랑宣務郞으로 단성현감丹城縣監에 새롭게 제수된 신 조식은 진실로 황공하여 조심히 머리를 숙여 주상전하께 상소를 올립니다.[1]

삼가 생각하건대, 선왕께서는 신이 어떤 사람인지를 알지 못하시고 처음에 참봉參奉에 제수하셨습니다. 전하께서 왕위를 계승하심에 미쳐서는 주부主簿에 임명하신 것이 두차례였습니다. 지금 또 현감에 제수하시니,[2] 몹시 떨리고 두려워 인덕과 산을 업고 있는 것 같습니다. 그럼에도 감히 한번 황종黃琮 한척의 땅[3]에 나아가서 하늘과 해의 은혜에 사례하지 못한 것

---

1   조식이 단성현감에 제수된 것은 1555년(명종 10) 10월 11일의 일이며(『명종실록』권19, 명종 10년 10월 11일 임신, "남치근南致勤을 전라도 병마절도사로, 조식을 단성현감으로 삼았다"), 상소문은 11월 19일에 올렸다(『명종실록』권19, 명종 10년 11월 19일 경술).

2   『명종실록』권13, 명종 7년 7월 11일 신묘;『명종실록』권13, 명종 7년 10월 2일 신해;『명종실록』권14, 명종 8년 윤3월 18일 갑자;『명종실록』권14, 명종 8년 윤3월 26일 임신.

3   황종은 악기의 한 종류로, 황종의 길이를 기본으로 삼아 황종척(黃鐘尺)을 제작했다. '황종 한 척의 땅'은 궁궐을 가리킨다.

은,[4] 왕이 인재를 취함이 장인이 나무를 취함과 같아서입니다. 깊은 산과 큰 못에는 재목이 흩어져 있지 않음이 없지만, 크고 넓은 집을 짓는 공은 뛰어난 장인이 취하는 것이지 나무가 스스로 참여하는 것이겠습니까? 전하께서 사람을 취하는 것은 나라의 책임입니다. 신이 염려되어 견디지 못함은 이와 같음이지 감히 그 큰 은혜를 사사로이 누릴 수는 없습니다. 그러나 머뭇거리면서 나아가기 어려워하는 뜻은 끝내 측석側席[5]의 아래에서 감히 전달하지 않을 수 없습니다.

또한 신이 나아가기 어려워하는 뜻에는 두가지가 있습니다. 지금 신의 나이는 60에 가깝고, 학문의 기술이 거칠고 어두우니 문장은 병과丙科의 반열에 뽑히기에도 족하지 않습니다. 행실은 물을 뿌리고 비로 쓰는 일을 맡기에도 부족합니다. 과거를 구한 지 10여년에 세번 떨어져 물러났으니, 처음부터 과거 공부를 일삼지 않은 것은 아닙니다.[6] 만일 과거에 나아감을 달갑게 여기지 않은 것이라도, 역시나 성질이 급하고 마음이 좁은 평범한 백성에 지나지 않습니다. 큰일을 할 완전한 재능이 없고, 하물며 사람의 선악善惡이 결코 과거를 구하는가 구하지 않는가에 있지 않습니다.

미천한 신이 이름을 도둑질하여 집사執事를 속였고, 집사가 이름을 듣고서 전하를 그르쳤습니다. 전하께서는 과연 신을 어떤 사람으로 생각하십니까? 도가 있다고 생각하십니까? 문장에 능하다고 생각하십니까? 문장

4　『명종실록』 권14, 명종 8년 5월 6일 신해, "조식은 천성이 강개(慷慨)하고 정직하여 세상 따라 부앙(俯仰)하려 하지 않았고, 몸을 깨끗하게 가져 속된 사람과 말할 때는 자신을 더럽힐까 두려워하여 뒤도 돌아보지 않고 떠날 뜻이 있었으며, 국가에서 누차 초빙하였으나 응하지 아니하였다".

5　왕이 어진 선비를 대우하기 위해 옆에 비워두는 자리.

6　김우옹(金宇顒), 「행장(行狀)」, 『남명선생집(南冥先生集)』, "가정(嘉靖) 정유년(丁酉) 선생의 나이 37세에 비로소 과거를 위한 공부를 버리고 우리 학문에 하나의 뜻을 두었다"; 이이(李珥), 『석담일기(石潭日記)』 권 상(上), 융경(隆慶) 6년 임신(壬申), "금상(今上) 5년 정월에 처사(處士) 조식(曹植)이 세상을 떠났다는데 조식의 자(字)는 건중(健仲)이다. 그 성품이 청렴하고 꿋꿋하였으며 젊었을 적에 과거에 힘썼으나 그가 즐겨서 한 것은 아니었다".

에 능하다고 해서 반드시 도가 있지 않고, 도가 있다고 해서 반드시 신과 같지는 않습니다. 다만 전하께서 모르시는 것이 아니며, 재상 역시 능히 알지 못하지는 않습니다. 그 사람을 알지 못하고 등용하여 다른 날 국가의 부끄러움이 된다면, 어찌 죄가 미천한 신에게만 있겠습니까. 헛된 이름을 바쳐 몸을 파는 것보다는 튼튼한 곡식을 바쳐 관직을 사는 것이 낫지 않겠습니까. 신이 차라리 한 몸을 저버릴망정 차마 전하에게는 부담을 드리지는 못하겠습니다. 이것이 나아가기 어려운 첫번째 이유입니다.

또한 전하의 나랏일이 이미 잘못되어 나라의 근본이 이미 망하여 하늘의 뜻도 이미 지나갔고 인심도 이미 떠났습니다. 비유하자면 큰 나무가 백년간 그 속을 좀먹어 기름진 진액이 이미 말랐는데, 회오리바람과 사나운 비가 어느 때에 닥쳐올지 알지 못한 것이 오래되었습니다. 조정의 사람 중에 충성스러운 뜻이 있는 신하와 밤낮으로 일하는 자가 없지는 않으나, 이미 그 형세가 극에 달해 지탱하지 못하고 사방을 둘러보아도 손을 쓸 곳이 없습니다. 소관小官은 아래에서 희희낙락하며 주색을 즐기고, 대관大官은 위에서 떠 있으면서 오직 재물을 불립니다. 강 물고기의 배가 고통스럽게 썩는데도 그 사체를 치우지 않습니다. 또한 궁궐의 신하들은 사람을 기용해 세움이 용을 못에 당기는 듯하고, 지방의 신하들은 백성을 약탈함이 이리가 들판에 제멋대로 있는 듯하여, 가죽이 다 없어지면 털도 역시 퍼질 곳이 없음을 알지 못합니다. 신은 이 까닭을 항상恒常 생각하고 오래 탄식했습니다. 낮에는 하늘을 우러러봄이 수차례이고, 탄식하고 슬퍼함을 눌러 감추며 밤에는 머리를 쳐들고 천장을 바라본 것이 오래입니다.

자전慈殿(왕의 어머니, 문정왕후)께서는 성실하고 생각이 깊으시기는 하나 깊은 궁중의 한 과부에 지나지 않고, 전하께서는 어리시어 단지 선왕의 한 외로운 후사일 뿐입니다.[7] 천가지 백가지의 천재天災와 인심의 억만가지를

---

7   이이, 『석담일기』 권 상(上), 융경 6년 임신, "명종 때에 성수침과 함께 불리어 단성현감에 임명됐다. 이때 권간(權奸)이 권세를 잡고 문정왕후(文定王后)를 미혹시켜 사림(士林)들의 의

어찌 마주하며, 어찌 거두겠습니까. 냇물이 마르고 곡식이 흩어지니 그 조짐이 어떠합니까. 음악 소리가 애처롭고 입는 옷이 희니, 형상이 이미 나타났습니다. 이런 때를 당해서는 비록 재주가 주공周公[8]과 소공召公[9]을 겸하고 지위가 정승에 있다 하더라도 어찌하지 못합니다. 하물며 보잘것없는 몸으로 풀과 티끌 같은 재주를 가진 신은 어떠하겠습니까. 위로는 능히 위태로움을 하나도 견디지 못할 것이며, 아래로는 능히 백성을 조금도 보호하지 못할 것이니, 전하의 신하가 됨이 또한 어렵지 않겠습니까. 만약 변

기를 겪었으므로 공론을 칭탁하여 유일(遺逸)을 천거해 쓴다고 하였으나 허명무실할 뿐이었다. 그래서 조식이 벼슬에 뜻이 없어 상소하여 사직하고, 겸하여 폐단을 말하였는데, 그 글에는 '자전께서 사려 깊고 착실하시나 단지 심궁(深宮)의 한 과부에 불과하시고, 전하께서는 나이가 어리시매 선왕의 한 아들에 불과하시다'라든가, 또 '노래는 처량하고 의복은 희니 망할 징조가 드러났다'라든가 하는 말이 있었다. 명종은 욕이 대비께 미쳤다 하여 좋아하지 아니하였으나, 그래도 산림처사로 대우하여 죄를 주지 아니하였다. 명종 말년에 경서에 밝고 몸이 수양된 선비를 천거하라 하여 조식은 이항(李恒)·성운(成運)·한수(韓脩) 등과 같이 천거받아 육품관에 임명되어 임금이 불러 보며 정치할 방침을 물었으나, 끝내 벼슬을 사양하고 돌아갔다';『명종실록』권19, 명종 10년 11월 20일 신해, "상이 조계(朝啓)를 청리(聽理)하였다. (…) 상이 이르기를, '내가 계교와 사려가 얕고 학식이 본래 없기 때문에 사리(事理)를 모른다. 그러나 군신 상하의 분수는 신자(臣子)가 당연히 알아야 할 것이다. 아무리 유일의 선비라 하더라도 그 의리를 알지 못할 것 같으면 어찌 현명한 사람이라고 할 수 있겠는가. 그 말이 공손하지 못한 데에 관계된다면 신자가 마땅히 처벌을 주청해야 할 것이다. 그렇게 하지 않으면 조정에서도 군상을 공경하지 않는 조짐이 싹틀 것이다. 만약 그 소(疏)의 내용을 옳다고 한다면 이것도 올바르지 못한 의논이다. 그러나 조식을 일사(逸士)로 여기기 때문에 너그러이 용납하고 죄를 다스리지는 않는다.【이때에 상이 대단히 노여워했기 때문에 안색이 온화하지 않았고 음성도 고르지 않았다】(…) 상이 답하기를, '(…) 임금이 강직한 기개를 배양하는 것이 아무리 당연하다 하더라도 조식의 소(疏)는 다른 지나친 견해와는 다르다. 신자로서는 공손치 못한 말을 발설하는 것이 부당한데도 상하의 분수를 생각하지 않고 감히 자전에게 관계되는 공경치 못한 내용을 진달하였으니, 내가 자식이 되어 어떻게 마음에 편안하게 여기면서 책망하지 않을 수 있겠는가. 언로(言路)를 소중하게 여기기 때문에 너그럽게 받아들이고 추문하지 않는 것이다'(…)".

8   주(周)나라 문왕의 아들로, 형 무왕을 도와 은나라 주(紂)왕을 정벌했다. 무왕이 죽고 조카 성왕(成王)이 왕위에 오르자, 성왕을 도와 주나라의 문물과 제도 정비에 공을 세웠다.

9   주나라 무왕(武王)과 같은 성씨의 종실(宗室)로, 기원전 11세기에 무왕을 도와 은나라를 멸망시켰다. 무왕이 죽고 성왕이 왕위에 오르자 삼공이 되어 주공과 함께 성왕을 보필했다. 이후 연(燕, 지금의 허베이성 북부) 땅을 하사받아 제후국 연나라의 시조가 되었다.

변치 못한 이름을 팔아서 전하의 관직을 걸고 그 녹을 먹으면서도 그 일을 하지 않으면, 또한 신이 바라는 바가 아닙니다. 이것이 나아가기 어려운 두 번째 이유입니다.

또 신이 요즘 보건대, 변방에 일이 있어 여러 대부大夫가 해가 진 후에 밥을 먹습니다. 신은 놀랍지 않습니다. 일찍이 이 일은 20년 전부터 있었고, 전하의 신무神武에 힘입어 지금에야 비로소 발했습니다. 하루 저녁에 나온 것이 아닙니다. 평소 조정에서는 재물로 사람을 쓰니, 재물은 모이고 백성은 흩어졌습니다. 마침내 장수로 기약할 사람이 없고, 성에는 군졸이 없습니다. 적들이 사람이 없는 지역에 들어옴이 어찌 기이한 일이겠습니까. 이번에도 역시 대마도에 왜노가 향도向導와 남몰래 결탁하여 오랜 세월 동안 무궁한 치욕을 끼쳤는데, 왕의 위세를 떨치지 못하여 마치 궐각厥角하듯 무너졌습니다. 이것이 어찌, 옛 신하를 대우하는 의리는 주나라 법보다 엄하고 원수를 총애하는 은덕은 도리어 망한 송과 같음이 아니겠습니까. 세종께서 남쪽 왜구를 정벌하시고 성종께서 북쪽 여진족을 정벌하심을 보아도 무엇도 오늘과 같은 일이 있었습니까. 그러나 이와 같은 것은 피부가 벗겨지는 병에 지나지 않아, 마음과 속의 병이 되지는 못합니다. 마음과 속의 병은 결리고 구부러지고 찌르고 막혀 위아래가 통하지 않습니다. 이는 곧 경대부卿大夫가 목구멍이 마르고 입이 타도록 말하지만 수레는 지나치고 사람은 달아나는 것과 같습니다.

왕을 위해 호소하고 국사를 정돈함은 구차스러운 정치와 형벌에 있지 않고, 오직 전하의 마음에 있습니다. 방촌方寸 사이에서 땀을 흘리는 말이 만마리의 소가 수확해야 하는 땅에서 공을 거두는 그 기틀은 자신에게 있을 따름입니다. 다만 전하께서 종사하시는 일이 어떤 일인지 잘 알지 못하겠습니다. 학문을 좋아하십니까, 풍류와 여색을 좋아하십니까. 활쏘기와 말타기를 좋아하십니까. 어진 이를 좋아하십니까, 간사한 이를 좋아하십니까. 좋아하시는 바에 존망이 매여 있습니다. 참으로 능히 어느 날 척연愓

然하게 잘 깨달으셔서 떨쳐 일어나 학문에 힘을 다하시면, 홀연히 안의 새로운 밝음을 얻게 되십니다.[10] 안의 새로운 밝음은 온갖 선善을 갖추게 되며 백가지 화化도 말미암아 나옵니다. 모두 이로써 조처하면 나라를 고르게 할 수 있고, 백성을 화합할 수 있고, 위태로움도 편안하게 할 수 있습니다. 요약해서 이를 보존한다면 거울이 비치지 않음이 없고, 저울이 평평하지 않음이 없으며, 생각이 간사하지 않을 것입니다.

불교에서 이르는 진정眞定이라는 것도 단지 이 마음을 보존함에 있을 뿐이니, 위로 하늘의 이치를 통달하는 데에는 유교와 불교가 하나입니다. 다만 사람의 일에서 실시하는 것은 다리로 땅을 박차지 않습니다. 그러므로 우리 유가에서는 배우지 않는 것입니다. 전하께서는 이미 불교를 좋아하시는데,[11] 만약 학문으로 옮길 것 같으면 곧 우리 유가의 일이 될 것입니다. 어찌 어렸을 때 잃어버렸다가 그 집을 찾아 부모와 친척, 형제, 옛 친구를 만나보는 것이 아니겠습니까?

하물며 정사는 사람에게 있고, 사람을 골라 뽑음은 몸〔身〕으로 하고, 몸을 닦음은 도道로 해야 합니다. 전하께서 만약 사람을 골라 뽑는 일을 몸으로 하신다면 유악帷幄 안은 사직을 지키지 않는 자가 없을 것이니, 어둡고 미천한 제가 어찌 있는 것이 용납되겠습니까? 만약 사람을 눈으로 뽑으신다면 잠잘 때 외에는 모두 속이고 저버리는 무리이니, 또 옹졸한 소신 같은

---

10   『선조실록』 권6, 선조 5년 2월 8일 을미. "중종조에 천거로 헌릉 참봉(獻陵參奉)에 제수되었으나 나아가지 않았고, 명종조에 이르러 유일(遺逸)로 천거되어 여러 번 6품관에 올랐으나 모두 나아가지 않았다. 다시 상서원 판관(尙瑞院判官)으로 불러들여 대전(大殿)에서 상을 대하였는데, 상이 치란의 도와 학문하는 방법을 물으니 응대하기를, '군신 간은 정의(情義)가 서로 믿게 된 연후에야 선치(善治)할 수 있고, 인주(人主)의 학문은 반드시 자득(自得)해야 하는 것으로 남의 말만 들으면 무익합니다' 하고 드디어 고향으로 돌아갔다".

11   『명종실록』 권11, 명종 6년 1월 1일 기축. "성균관(成均館) 생원(生員)들이 상소하여 양종(兩宗)과 선과(禪科)를 다시 설치하지 말 것을 청하였으나, 윤허하지 않았다"; 『명종실록』 권11, 명종 6년 6월 25일 임오. "특명으로 보우(普雨)를 판선종사 도대선사(判禪宗事都大禪師) 봉은사 주지(奉恩寺住持)로, 수진(守眞)을 판교종사 도대사(判敎宗事都大師) 봉선사 주지(奉先寺住持)로 삼았다".

자가 어찌하겠습니까. 다른 날 전하께서 화化를 왕도의 지경까지 이른다면 신도 마땅히 엎드려 바라건대, 전하께서는 반드시 마음을 바로하는 것으로써 백성을 새롭게 하는 군주가 되시고, 몸을 닦는 것으로써 사람을 골라 뽑는 근본으로 삼으시어서, 그 정점이 있음을 세우십시오. 정점을 바로잡지 않으면 나라는 나라가 아닙니다. 엎드려 생각건대, 현명하게 살피십시오. 신 조식은 떨리고 두려움의 지극함을 감당할 수 없습니다. 죽음을 무릅쓰고 아룁니다.

무진년에 올리는 봉사戊辰封事

조식이 1568년(선조 1)에 올린 상소문이다. 『선조실록』에는 1568년 5월 26일 이전에 올린 것으로 기록되어 있다.[12] 조식은 이 상소문에서 "서리胥吏가 나라를 전단한 일은 듣지 못했습니다. 정치가 대부大夫에 있는 것도 불가한데, 하물며 서리에게 있단 말입니까?"라면서 서리망국론을 강하게 주장했다.

경상도 진주에 사는 백성 조식이 진실로 진실로 황공하여 배수拜手하며 주상전하께 상소합니다. 엎드려 생각건대, 미천한 신은 병으로 쇠약해신 것이 너욱너 심해져, 입은 밥 믹을 생각을 못 하고 몸은 자리를 뜨지 못합니다. 소명召命을 거듭 내리심에도 탈 것을 기다리면 오히려 뒤처지고,[13] 해바라기가 햇볕을 마주하는 마음으로 길을 떠나리라 바라지만 나아가기 어렵습니다. 참으로 죽음이 얼마 남지 않았음을 알기에, 성은聖恩을 갚지

---

12   『선조실록』 권2, 선조 1년 5월 26일 을해, "답하기를, '전일의 소장을 내가 항상 자리에 두고 살펴보는데 이 격언을 보니 더욱 재주와 덕이 높은 것을 알겠다. 내가 비록 민첩하지 못하나 응당 유념할 것이니 그대는 그리 알라'고 하였다".

13   『논어』 「향당(鄕黨)」에는 "왕이 부르면 수레에 멍에 매기를 기다리지 않고 간다"는 구절이 있다.

못합니다. 감히 속마음을 말하여 전하께 올립니다.

엎드려 보건대, 주상께서는 상지上智[14]의 자질을 받으셨고 다스림의 마음을 원하시니, 이는 반드시 백성과 사직의 복입니다. 다스림의 도는 다른 것에서 구할 것이 아닙니다. 요점은 인주人主께서 어짊을 밝히고 몸을 정성스레 하심에 있습니다. 이른바 어짊을 밝히는 것은 이치를 궁구하는 것이고, 몸을 정성스레 함은 몸을 닦는 것을 이릅니다. 성분性分 속에는 온갖 이치가 갖추어져 있으니, 인의예지仁義禮智가 바로 그 체體이고, 온갖 선善이 모두 이로부터 나옵니다. 마음은 이치가 모이는 주主이고, 몸은 마음을 담는 그릇입니다. 그 이치를 궁구함은 무릇 활용하려는 것이고, 몸을 닦는 것은 무릇 도를 행하려는 것입니다. 그 이치를 궁구하는 바탕이 되는 바는 곧 글을 읽으면서 의리를 강명講明하고, 응당 일을 취함에 옳고 그름을 찾는 것입니다. 몸을 닦는 요체가 되는 바는 예가 아니면 보지도 듣지도 말하지도 행동하지도 않는 것입니다. 안에 본심을 보존하여 홀로 있음을 삼가는 것은 천덕天德이고, 밖을 성찰하여 그 행함에 힘쓰는 것은 왕도王道입니다.

그 이치를 궁구하고 몸을 닦으며 본심을 보존하고 밖을 성찰하는 바에는 지극히 공이 들어가는데, 곧 반드시 경敬을 주로 해야 합니다. 이른바 경이라는 것은 정제하고 엄숙하여 깨달아 어둡지 않아야 합니다. 일심一心을 주관하여 만사에 응하는 것은 안을 곧게 하고 밖을 떳떳하게 하는 것입니다.[15] 공자께서 이른바 몸을 닦음을 경으로 한다는 것이 이것입니다. 그러므로 경을 주로 하지 않으면 이 마음을 보존하지 못하고, 마음을 보존하지 못하면 천하의 이치를 궁구할 수 없으며, 이치를 궁구하지 못하면 사물

---

14 태어나면서부터 아는 '생이지지자(生而知之者)'를 뜻한다. 『안씨가훈』 「교자(敎子)」에는 "상지는 가르치지 않아도 뜻을 이룬다"는 구절이 있다.

15 '경이직내(敬以直內) 의이방외(義以方外)'는 조식 사상의 가장 핵심적인 것으로, 조식은 평생 '경의'를 최고의 신조로 삼았다. 조식은 사망 직전에도 '경의' 두 글자를 창벽(窓壁) 간에 새겨놓았다.

의 변화를 다스릴 수 없습니다. 그러나 부부夫婦에서 시작되어 가정, 국가, 천하에 미치는 것은 다만 선악의 분별을 밝혀 몸을 정성스럽게 하는 데로 돌아감에 있습니다. 아래로 사람의 일을 배우고, 위로 하늘의 이치에 통달함은 또 배움으로 나가는 차례입니다. 사람의 일을 버리고 천리를 말하는 것은 곧 입으로 하는 이치이며, 반성하지 않고 들어서 아는 것만 많음은 곧 귀 안의 학문입니다.[16] 천화天花가 어지러이 떨어지면 온갖 몸을 닦을 이치가 없는 것이니, 말하지 마십시오. 전하께서 과연 능히 경으로써 몸을 닦으면서 하늘의 덕에 통달하고 왕도를 행하셔서 필히 지극한 선에 이르신 후에 그치시면, 곧 밝음과 정성이 나란히 나아가니 물아物我가 아울러 극에 달하게 되어 정교政敎에 베풀어지는 것이 바람이 일어나고 구름이 몰리는 것과 같으니, 아래에서 반드시 더 잘 행할 자가 있을 것입니다.

다만 왕자王者의 학문은 혹은 유자儒者와는 다름이 있으니, 그 행동하고 처신하는 것이 구경九經에 더욱 중요했기 때문입니다. 『주역』이라는 책은 때의 의리를 따르는 것이 가장 중요합니다. 지금으로 말하자면, 왕의 신령스러움이 일어나지 않고 정치는 은혜를 잘못 베풂이 많습니다. 왕명이 나오면 오직 반대하며 기강이 서지 않은 지가 여러 해 되었습니다. 헤아릴 수 없는 위엄으로 떨치지 않으면 죽이 이리저리 흩어진 형세를 모을 수 없고, 큰비로 적시지 않으면 7년 가뭄에 시든 풀을 윤택하게 하지 못합니다. 반드시 세상의 명을 보좌하는 사람을 얻어서 상하 동인同寅이 협력하여 마치 한배를 탄 사람과 같이해야 합니다. 그런 연후에야 무너져 흩어지고 가뭄에 목마른 형세를 구제할 수 있을 것입니다. 그러니 사람을 얻는 것은 손이 아니라 몸으로 하는 것이니, 몸을 닦지 못하면 자기의 저울과 거울이 없으므로 선악을 알지 못해 쓰고 버림에 모두 실수를 하게 됩니다. 또 옳은 인물이 쓰이지 않으면 누구와 함께 다스리는 도를 이루겠습니까. 옛날에 나

16　조식은 인사를 버리고 천리를 말하는 것은 '구이지학(口耳之學, 입과 귀로만 하는 학문)'이라며 강하게 비판하였다.

라를 살피는 데 능한 자는 그 나라 국세의 강약을 보지 않고 등용된 사람의 선악을 보았으니, 천하의 일은 아무리 극히 어지럽고 극히 바로잡히더라도 모두 사람이 만든 것이지 다른 것에서 말미암은 것이 아닙니다. 그러므로 자기 몸을 닦는 것이 다스림을 펼치는 근본이며, 어진 이를 쓰는 것이 다스림의 근본입니다. 그리고 몸을 닦는 것은 사람을 취하는 근본입니다. 천마디 만마디 말이 어찌 자신을 닦고 사람을 쓰는 것 외에 있겠습니까. 그 사람을 쓰지 않으면 군자가 초야에 있고, 소인小人이 나라를 전단專斷할 것입니다.

예로부터 권신이 나라를 전단한 일이 간혹 있었고, 외척이 나라를 전단한 일이 간혹 있었으며, 여자와 환관이 나라를 마음대로 한 일도 간혹 있었으나, 지금처럼 서리胥吏가 나라를 전단한 일은 듣지 못했습니다. 정치가 대부大夫에 있는 것도 불가한데, 하물며 서리에게 있단 말입니까. 당당한 천승千乘의 나라로서 조종祖宗 200년의 왕업이 자자하고 공경대부가 앞뒤에서 구제하면서 서로 이끌고 있는데, 정치를 대례儓隷(서리)에게 돌려서야 되겠습니까? 이것은 소의 귀에도 들리게 해서도 안 될 따름입니다. 군민軍民의 여러 정사와 나라의 기밀이 모두 도필刀筆의 손에서 말미암아서 사속絲粟이라도 대가를 주지 않으면 행해지지 않으니, 안으로는 재물을 취하고 밖으로는 백성을 흩어지게 하여 열에 하나라도 남지 않습니다. 심지어는 각자 주현을 나누어 자기의 것으로 삼고, 문권文券을 갖추어 이를 자손에게 전하는 것을 허락합니다. 지방에서 토산물로 올리는 바는 일절 가로막고 물리쳐 하나도 상납하지 못하게 하여, 공물을 바치는 사람이 구족九族을 모으고 가업을 팔아 넘겨도 관사官司가 아닌 사실私室에 들어갑니다. 백배가 아니면 받지도 않습니다. 나중에는 계속할 수 없어서 빚을 지고 도망가는데, 어찌 조종 주현 백성의 공헌을 모두 오서鼯鼠가 나누어 갖도록 하겠습니까. 어찌 전하께서 큰 부를 누리면서 종이 방납한 물자에 기반하리라 생각하셨겠습니까. 비록 왕망王莽과 동탁董卓[17] 같은 간악한 이들도 일찍이 이와 같지 않았으며, 망해가는 나라에서도 역시 일찍이 이와 같은 일은 없었습니다. 이러고도 물리지 않아 탕장帑藏(왕실 창고의 재물)의 물건을 모두 훔쳐 가니 심尋, 척尺, 두斗[18]의 저축한 것이 모두 없어져 나라는 나라가 아니고 도적이 아래에 가득합니다. 국가는 한갓 빈 그릇만 품에 안고 텅 빈 뼈만 서 있으니, 온 조정 사람들은 마땅히 목욕하고 함께 치죄해야 합니다. 힘이 혹시 부족하면 사방에서 불러서 분주하게 잠시도 잠자고 먹을 겨를 없이 임금을 도와야 합니다.

지금 사람들이 서로 모인 곳에 초절草竊(좀도둑)이라도 있으면 장수에게 명해 주포誅捕(죽이고 사로잡음)함이 하루도 기다리지 않습니다. 작은 서리가 도둑이 되고, 온갖 관리가 무리가 되어 심흉心胸을 차지하고 들어와 국맥國脈을 도둑질합니다. 신에게 제사를 지내던 희생을 훔치는 것 정도에 그치지 않는데도, 법관이 감히 묻지 못하고 사구司寇[19]도 따지지 못합니다. 혹시 일개 관원이 자못 규찰糾察하고자 하면, 견책과 파면을 그들이 장악하고 있어서 여러 벼슬아치들도 속수무책입니다. 겨우 제사상에 남은 희생을 먹고, 예예 하면서 물러납니다. 이들이 믿는 바가 없다면 어떻게 이처럼 도량跳梁(날뜀)하여 마음대로 방자할 수 있겠습니까? 초나라 왕이 이른바 도둑이 총애를 받으면 물리칠 수 없다고 한 것이 이것입니다.

각자 교활한 토끼가 세개의 굴을 가진 것과 같고, 냇가의 조개가 딱딱한 갑을 갖추고 있습니다. 은밀히 전간의 독을 품고 있으면서 온갖 방법으로 아름답게 꾸미니, 사람이 능히 다스릴 수 없고 법으로도 능히 더할 수 없습니다. 도성과 사직의 쥐가 되어, 이미 불을 때거나 물을 부어도 쫓을 수가 없습니다. 그렇다면 세개의 굴이 되어주는 자는 과연 어떠한 사람이며, 딱

---

17   왕망(BC 45~AD 23)은 중국 전한의 정치가로, 자신이 옹립한 평제(平帝)를 독살해 한나라를 멸망시키고 신(新)나라를 세웠다. 동탁(139~92)은 후한 말의 정치가로, 정치적 혼란을 틈타 정권을 잡은 후 폭정을 휘둘렀다.

18   길이와 부피의 단위들이다.

19   주나라 때 형벌 및 도난 등의 일을 맡아보던 관리.

딱한 갑을 만들어주는 자를 어찌 벌하지 않습니까? 전하께서 죄다 성을 내시어 오로지 하늘의 기강을 떨치시고, 재상과 얼굴을 맞대고서 그 원인을 궁구하십시오. 스스로 왕이 결단하시되, 순임금이 사흉四凶을 제거하듯,[20] 공자가 소정묘少正卯를 주벌하듯이[21] 하시면, 곧 능히 지극히 악을 미워함을 다할 수 있으며 백성이 마음으로 크게 두려워할 것입니다.

만약 언관이 고집스럽게 논박하기를 그치지 않고 부득이하게 힘써 따라간다면 선악의 소재와 시비의 구분을 알지 못해서 왕의 도리를 잃을 것이니, 어찌 왕이 그 도리를 잃고서 능히 사람을 다스릴 수 있겠습니까? 그러므로 나의 명덕明德은 이미 밝혀지면 곧 거울이 있는 것과 같아서 비치지 않는 물건이 없고 덕과 위엄이 더해져 초목草木이 모두 쓰러지는데, 하물며 사람은 어떻겠습니까? 아래 무리가 무서워서 다리를 떨면서 달려와 분주하게 왕명을 받들기 바쁠 것인데, 어찌 한치인들 간사한 계책을 품은 꾀가 있겠습니까.

정사를 어지럽힌 대부에게도 오히려 일정한 형벌이 있어서 저 윤원형尹元衡[22]의 세력도 조정이 바로잡았는데, 하물며 이따위 호리狐狸나 쥐새끼

---

20   순임금은 공공(共工), 환도(驩兜), 삼묘(三苗), 곤(鯀) 등 흉악범 네 사람을 처벌했다.

21   소정묘는 노(魯)나라의 대부로, 정사를 어지럽히자 공자가 그를 처벌했다.

22   윤원형(1503~65)의 자는 언평(彦平)이다. 조선 전기 예조참의, 이조판서, 우의정 등을 역임한 문신이다. 중종의 계비 문정왕후의 동생으로 경원대군을 세자에 책봉하려고 모의했다. 인종이 즉위하고 윤임(尹任) 등 대윤(大尹)의 탄핵으로 삭직되었다가 명종이 즉위하면서 득세하게 되었다. 1545년 을사사화를 일으켜 윤임, 유관(柳灌), 유인숙(柳仁淑) 등 대윤을 제거하고 1547년 양재역벽서 사건을 계기로 대윤 잔당을 모두 숙청했다. 1563년 영의정에 올랐으나 문정왕후가 죽자 관직을 삭탈당했고 강음(江陰)에 은거하다가 죽었다. 『명종실록』 권31, 명종 20년 11월 18일 신해, "윤원형이 강음(江陰)에서 죽었다. 처음 윤원형은 물론(物論)을 입어 재상에서 파면되었는데도 며칠을 지체하며 머물러 있다가 동문 교외로 나갔다. 많은 사람들의 분노가 그치지 않고 공론이 더욱 격렬함을 듣고 끝내 면하기 어려움을 알았으나, 또 가산이 흩어질 것을 염려해 어둠을 틈타 부인의 행색처럼 밤에 교자를 타고 도성에 들어와 집으로 돌아왔다. 이어 그의 첩 정난정(鄭蘭貞)과 더불어 강음 전사(田舍)에 가서 거처하였는데, 정난정의 죽음을 보고 드디어 분울해하다가 또한 죽었다. 윤원형이 사람들을 풀 베듯 죽이며 흉악한 짓을 있는 대로 다했는데, 오래도록 천벌을 면하더니 금일에 이

의 허리와 목을 베는 것은 제부齊斧[23]에 기름 바르는 것에도 부족하지 않겠습니까. 우레가 한번 치고 소나기가 내리면 천지가 해갈이 되니, 이것을 위에서 몸을 닦으면 아래 세상이 다스려진다고 하는 것입니다. 왕국에 포열布列한 자 중 누구인들 세상을 도울 이가 아니며, 누구인들 밤낮으로 어진 이가 아니겠습니까. 간신을 벌하면서도 나라를 좀먹는 간악한 서리들을 용납하니, 현명한 이들치고 어리석지 않은 이가 없어 근심스러운 상황에서도 즐겁게 살아갑니다. 이는 어찌 사람의 꾀가 미치지 않아서이겠습니까. 아니면 하늘이 명한 바가 있는데, 사람이 능히 하늘의 명을 견디지 못해서 그런 것이겠습니까.

신(조식)은 쓸쓸하게 깊은 산중에서 살면서, 굽어 살피고 우러러보면서 탄식하고 슬퍼하면서 울었던 것이 여러 번입니다. 신은 전하와 얼마 안 되는 군신 간의 인연도 없는데, 어떠한 군은君恩에 감응하여 탄식하여 눈물 흘리기를 그치지 못한 것이겠습니까. 사귐은 얕은데 말은 깊으니 실로 죄송합니다. 오직 헤아려보면 땅에서 나는 풀을 먹은 지 또한 여러 대가 된 옛 백성이고, 첨언해 말하면 세 조정의 징사徵士가 되었습니다. 오직 주나라의 과부에 견줄 만하니,[24] 소명이 내려진 오늘 가히 한마디가 없을 수 있겠습니까.

신이 지난날에 위급한 것을 구원해야 함을 진달한 바는 아직도 천의天意께서 구분증닉救焚拯溺(불에 타는 것을 구원하고 물에 빠진 것을 건져냄)하게 여김을 듣지 못했습니다.[25] 응당 늙은 선비가 곧음을 드러내는 말이라 생각을 움직이기에는 부족하였는데, 하물며 이번에 개진한 왕의 덕에 관한 것

러러 마침내 핍박으로 죽으니, 조야가 모두 쾌하게 여겼다".

23 왕의 권위를 상징하는 날카로운 도끼.

24 『춘추좌씨전』에 나오는 고사로, 과부가 자신이 하는 길쌈을 걱정하는 대신에 나라를 걱정했다는 고사에서 유래한다. 조식 스스로 나라를 걱정하는 주나라 과부에 비유한 것이다.

25 1567년(명종 22) 정묘년에 올린 「정묘사직정승정원장(丁卯辭職呈承政院狀)」을 의미한다. 아직 명종이 상소문에 쓴 말을 실천하지 않았음을 지적하고 있다.

은 옛사람이 이미 이야기한 도철途轍(길에 난 수레바퀴 자국)에 불과합니다. 그러나 이 도철로 말미암지 않으면 다시 갈 만한 길이 없습니다. 왕의 덕을 밝히지 않고서 다스림을 구함은 오직 배 없이 바다를 구하는 것과 같아서, 저절로 빠져 죽을 뿐입니다. 지금은 전에 말씀드린 것보다 더욱 급합니다. 전하께서 만약 신의 말씀을 버리지 않고 너그럽게 받아들여주신다면, 신은 비록 천리 밖에 있지만 과연 궤연机筵 아래에 있는 것과 같습니다. 어찌 반드시 늙고 누추한 얼굴을 마주한 뒤에야 신을 쓴다고 말할 수 있겠습니까. 또한 듣건대 군자를 섬기는 자는 헤아린 뒤에 들어간다고 하는데, 진실로 전하는 어떠한 군주인지 알고 싶습니다. 만약 신의 말을 좋아하지 않으면서 신을 보려고 하신다면, 섭공葉公이 용을 좋아하던 일이 두렵습니다.[26] 오늘 전하께서 밝게 보셨느냐 어둡게 보셨느냐에 따라, 앞으로 다스림의 성패成敗를 알 수 있습니다. 주상께서는 이 점을 살피소서. 삼가 소를 올립니다.

---

[26] 초나라 섭현(葉縣)의 수령 심제량(沈諸梁)이 용을 좋아해서 집안 곳곳에 용을 그려놓았던 일화를 말한다. 허명을 좋아하고, 실제는 좋아하지 않는 상황을 비유한 것이다.

민암부民巖賦

조식은 자신의 사상을 집약한 세편의 부賦를 남겼다. 「민암부」「원천부」「군법행주부」가 그것이다. 이 책에서는 「민암부」와 「원천부」 두편을 실었다. 「민암부」에서는 '군주민수君 舟民水', 즉 왕을 배, 백성을 물로 비유하면서, 물은 배를 안전하게 가게도 하지만 경우에 따라서는 배를 엎을 수도 있다는 점을 강조했다. 『순자荀子』 「왕제王制」에 나오는 말을 가져와 표현한 것으로, 『맹자』의 민본사상과도 상통하는 측면이 많다.

유월 장마철 염예灩澦[1]는 말과 같으니

---

1   중국 사천성을 흐르는 양자강의 구당협 어귀에 있는 거대한 바위. 그 주변은 소용돌이가 심해 배가 지나가기가 매우 위험했다. 두보(杜甫) 「염예(灩澦)」, "염예는 이미 보이지 않고 외로운 돌부리만 깊이 잠겼는데 / 서쪽에서 흘러온 물 많아 시름겨운 마음 정말 음울하다 / 강물도 하늘도 막막한데 새들은 쌍쌍이 날아가고 / 몰아치는 비바람 속에서 이따금 용의 울음 들려온다 / 뱃사람과 어부는 노래 부르며 돌아오고 / 외국 상인들은 옷깃 가득 눈물만 적신다 / 배 모는 거친 청년이여 / 달려가 황금과 바꾸는 일 따위는 하지 말라(灩澦既沒孤根深 西來水多愁太陰 江天漠漠鳥雙去 風雨時時龍一吟 舟人漁子歌回首 估客胡商淚滿襟 寄語舟航惡年少 休翻鹽井搦黃金)".

올라갈 수도 없고 내려갈 수도 없다

아아! 험함이 이보다 더한 곳은 없으니

배가 이로 인해 가고 또한 이로써 엎어지기도 한다

백성이 물과 같음은 예전부터 있던 말이니[2]

백성은 왕을 받들기도 하지만 백성이 나라를 엎어버리기도 한다

내가 참으로 아는 것은, 물은 눈으로 볼 수 있으니

험함이 밖에 있음은 업신여기기 어렵고

눈으로 볼 수 없는 것은 마음이니

험함이 안에 있어 얕보기 쉽다

밟기엔 평지보다 평탄한 곳이 없지만

맨발로 다니면서 살펴보지 않으면 발을 다친다

거처함이 이부자리보다 편안한 곳은 없지만

뾰족함을 조심하지 않으면 눈을 찔린다

재앙은 실로 소홀함에서 말미암으니

험함이 계곡에만 있는 것은 아니다

원망하고 미워함이 마음에 있으면

하나의 생각도 심히 날카롭다

필부가 하늘에 호소해도

한 사람일 적엔 심히 미세하다

그러나 하늘이 감응함에는 다른 데 있지 않으니

하늘이 보고 들음〔天視聽〕은 이 백성에게 있다[3]

백성이 하고자 하는 바는 반드시 따르니

---

2 『순자』「왕제」, "임금은 배이고, 서민은 물이다. 물은 배를 띄우기도 하고 물은 배를 뒤집기
   도 한다(君者舟也 庶人者水也 水則載舟 水則覆舟)".

3 『맹자집주』「만장장구상(萬章句上)」, "하늘의 봄이 우리 백성의 봄으로부터 하며, 하늘의
   들음이 우리 백성의 들음으로부터 한다(天視自我民視 天聽自我民聽)".

참으로 부모가 자식을 대하는 것과 같다

처음에는 비록 하나의 생각과 한 여자의 하소연으로 적지만

끝내 황황한 상제께 갚아주길 바라니

그 누가 감히 우리 상제와 겨루겠는가

실로 하늘의 험함은 건너기 어렵다

널리 오랜 세월 동안 험함을 늘어놓았지만

얼마나 제왕들이 업신여겼던가

걸桀·주紂는 탕湯·무武에게 망한 것이 아니라

바로 마을 백성들의 마음을 얻지 못했기 때문이다

한漢나라 유방은 미약한 평범한 백성이었고

진秦나라 2세[4]는 대단한 군주였는데

필부로서 천자의 자리를 차지했으니

이 큰 권세가 어디에 있는가

다만 우리 백성의 손에 있으니

두려워하지 않아도 될 것이 심히 두려운 것이다

아아! 촉산蜀山의 험함이

어찌 왕을 넘어뜨리고 나라를 엎을 수 있으랴

그 암험巖險함의 근원을 찾아보면

참으로 왕 한 사람에서 벗어나지 않는다

한 사람이 어질지 못함에서부터

위태로움이 더욱 커진다

---

4   진시황의 2세 호해(胡亥)를 가리킨다. 진시황의 열여덟째 아들이고, 공자 부소(公子扶苏)
    의 아우로, 진나라 제2대 황제다. 진시황 37년(BC 210) 진시황이 순수(巡狩, 황제가 천하를
    순찰하는 풍습) 중에 갑자기 세상을 떠나자 호해는 조고(趙高)와 승상 이사(李斯)의 지지를
    등에 업고 태자가 되어 황제 자리에 올랐다.

궁실의 넓고 큼은

암험함의 시작이요

여알女謁[5]이 성행함은

암험함의 길이요

세금을 한정 없이 거두면

암험함의 쌓음이요

사치에 법도가 없음은

암험함의 세움이요

부극掊克[6]으로 자리에 있음은

암험함의 근원이요

형륙刑戮을 자행함은

암험함의 견고함이다

설령 그 암험함이 백성에게 있을지라도

어찌 군자의 덕에 말미암지 않겠는가

물은 큰 강과 바다보다 암험한 곳이 없지만

큰 바람이 아니면 편안하다

암험함은 민심보다 위태로운 것이 없지만

폭군이 아니면 동포이다

동포로서 적을 삼으니

어리석은 누가 그렇게 하도록 하였는가

남산이 높고 우뚝하지만

오직 돌이 바위처럼 험하며[7]

---

5   왕의 총애를 바탕으로 비빈이나 궁녀가 정치에 참여하는 것을 말한다. 조식은 당시 문정왕후
     가 수렴청정하는 것을 여알(여주女主)의 성행으로 보고 강하게 비판했다.
6   권세를 믿고 함부로 금품을 징수함.

태산도 험한데

노나라에서는 그 험함을 우러러본다[8]

그 바위는 한결같지만

안위는 다르다

나로 말미암아 편안하기도 하고

나로 말미암아 위태롭기도 하다

백성을 암험하다 말하지 마라

백성은 암험하지 않다

원천부原泉賦

원천은 근본이 있는 샘물이라는 말로, 학문을 하여 세상의 온갖 이치를 환하게 밝혀야 함을 근원이 있는 샘물이 끊임없이 흐르는 것에 비유하여 쓴 글이다. 학문으로 근본을 삼아야 하는데, 경敬으로써 그 근원을 함양하고 하늘의 법칙에 근본해야 함을 강조하고 있다. 경을 중시한 조식의 사상이 잘 드러난다.

오직 땅속에 물이 있음은

천일天一 북극의 신이 북쪽에서 나기 때문이다

하늘에 근본이 있어서 무궁하니

이로써 쉬지 않고 행해지는 것이다

하나의 샘이 솟아나는 모습을 징험하면

---

7   『시경』「소아(小雅)」「절남산(節南山)」의 '절피남산(節彼南山) 유석암암(維石巖巖)'에 나오는 구절로, 우뚝한 남산에 험하게 붙은 바위가 백성의 암험함을 상징한다. 주나라 유왕(幽王)이 태사(太史)와 윤씨를 등용하여 나라를 어지럽힌 것을 비유하고 있다.

8   태산은 공자가 살았던 노나라에서 가장 높은 산이었다. 백성들이 태산을 보면서 노나라 주공(周公)의 덕을 칭송했다는 고사에서 유래한다.

오목한 곳에 고인 한잔의 물과는 다르다

처음 근원은 졸졸 흐르는 물이지만

끝내 천지를 다스림에 넉넉하다

근본이 없다면 그렇지 않으니

사람 몸에 피가 도는 것과 유사하다

혹시 잠시라도 별안간 멈추게 되면

천지도 역시 때로는 무너지고 갈라진다

곡신谷神[9]이 죽지 않음과 같으니

실로 기운의 근원이 항해沆瀣[10]에 이른다

고로 제사 지내는 전례에서도 근본을 숭상하여

반드시 황하에 먼저 하고 바다는 뒤에 하였다

공자가 자주 물을 칭했음을 생각하니[11]

맹자가 느낀 마음의 길을 믿을 만하다[12]

미루어 보건대 물이 들어와 구덩이를 채우고 흘러가니

본디 덕행을 쌓아야 함이 마땅하다

일상에서 행할 수 있는 일을 궁구함이

천리天理에 상달하는 근본이 된다

온갖 이치가 본성本性에 갖추어져 있어

물이 솟아나 생기 있게 흐른다

필요에 따라 써도 남아 있으니

---

9   골짜기 가운데의 텅 빈 곳으로, 세상의 생성과 변화를 주도한다. 『노자』의 「도덕경(道德經)」
     에는 "곡신은 죽지 않는다. 이를 현빈(玄牝)이라고 한다(谷神不死 是謂玄牝 玄牝之門 是謂
     天地根 綿綿若存 用之不勤)"라는 구절이 있다(『노자』「도덕경」 6).

10   북방의 한밤중 기운으로, 이슬 기운이라고도 한다.

11   『논어』「자한(子罕)」, "子在川上曰 逝者如斯夫 不舍晝夜".

12   『맹자』「이루장구하(離婁章句下)」, "徐子曰 仲尼亟稱於水曰 水哉水哉 何取於水也 孟子曰
     原泉混混 不舍晝夜 盈科而後 進 放乎四海 有本者 如是 是之取爾 苟爲無本 七八月之間 雨集
     溝澮 皆盈 其涸也 可立而待也 故 聲聞過情 君子恥之".

마치 지하에서 생생히 나오는 것과 같다

냇물이 합쳐져 두텁게 화化하니

모두 근본을 충실하게 여겨야 한다

유구함은 넓고 두터움에 배치되니

만물의 다양함이 한가지 근본으로 귀결된다

이것은 정성이 자연스럽게 이른 것으로

은하처럼 넓어 헤아릴 수 없다

심오함은 높은 하늘과 깊은 연못에도 비유할 수 없으니

다만 물고기가 넓고 큰 바다에 나아가는 모습이다

큰 근원이 곤륜산崑崙山에서 발원하니

두루 천지와 사방에 가득 퍼진다

큰 물결이 하늘에 이르러 윤택하게 흩어지면

굽혀 더럽게 할 수 없다

태양이 땅을 태울 듯 강하게 내리쬐더라도

어찌 한잔으로 그를 없애겠는가

그리고 군자가 곡曲에 이르는 것은[13]

근본을 세움이 무엇보다 중요하다

학문은 쌓지 않으면 두터워지지 않으니

오줌을 모아놓고 바다를 묻는 것과 같다

참으로 신령한 근본이 고갈되지 않으면

천하를 적시고도 마르기 어려울 것이다

덮어놓지 않은 차가운 샘을 보면

사람이 힘써 퍼내어도 그대로 같다

---

13 『중용(中庸)』제23장, "其次 致曲 曲能有誠 誠則形 形則著 著則明 明則動 動則變 變則化 唯
天下至誠 爲能化".

경계하며 말하니,

마음으로 일에 응하면

여러 감정에 흔들려 가볍다

학문을 근본으로 삼으면

마음이 어지러울 수 없다

가히 물욕에 빠지면 근본이 없어지고

가히 어지러우면 쓰임이 없어진다

경으로써 근원을 함양하고

하늘의 법칙에 근본해야 한다

4장
엄광론, 처사의 삶을 지향하다

조식은 평생을 처사處士로 살았고, 스스로도 처사로 불러줄 것을 원했다. 엄광론은 처사의 모범적인 삶을 살아간 후한시대 엄광嚴光[1]에 대한 전기를 씀으로써 평생 처사의 삶을 살아가고자 했던 조식 자신의 모습을 잘 투영하고 있다. 자신이 출사할 수 없는 시대적 상황에 대한 변론도 담긴 글이다.

논하며 말하길, 광무光武 황제 27년에 처사 엄광을 불러 간의대부諫議大夫에 제수했으나 엄광은 끝까지 굽히지 않고 물리쳤으며, 부춘산富春山에서 낚시하다 죽었다. 나는 엄자릉嚴子陵이 성인의 길을 걸었다고 생각한다.

어찌하여 이렇게 말하는가. 옛날에 맹자가 제후를 만나보지 않고 말했던 것과 같이, 한자(尺)를 굽혀서 여덟자를 펴는 바도 하지 않을 것인데 하물며 한자를 펴기 위해 여덟자를 굽히는 것이[2] 어찌 도를 따르는 성인이겠

---

1   후한시대의 인물로 자는 자릉(子陵)이다. 어릴 때 광무제와 함께 공부했지만, 광무제가 즉위한 후 이름을 바꾸고 숨어 살았다.

2   『맹자집주』「등문공(滕文公)」, "진대(陳代)가 말하였다. '제후왕(諸侯王)을 만나보지 않는

는가? 그러므로 선비가 위로는 천자의 신하가 되지 않고 아래로는 제후의 신하가 되지 않으니, 비록 나라를 나누어주더라도 치수錙銖(조그마한 물건)와 같이 여겨 달가워하지 않았다. 그들은 가진 포부가 크고 갖춘 바가 무거워, 일찍이 남에게 자신을 허락함을 가볍게 하지 않았다. 용을 잡는 기술을 가진 자는 희생犧牲이 행해지는 부엌에 들어가지 않고, 왕을 보좌하는 사람은 패도를 하는 나라를 밟지 않는다. 엄자릉이 양털 가죽 옷을 입고 시골에 살면서 스스로를 물고기 낚는 이로 위임하고 끝내 한나라를 위해 조금도 굽히지 않으려 한 것은, 어찌 품고 있는 바가 커서 그런 것이 아니겠는가?

그렇지 아니하면 엄광이 광무 황제와 서로 알고 지낸 사이는 특별한 한 때가 아니고, 서로를 도로써 예우함은 또 일개 군신의 예우가 아니었을 것이다. 동한東漢(후한)의 으뜸가는 신하가 되어 후왕侯王의 위에 있으면서, 한 시대의 영광과 총애를 누렸을 것은 의심하지 않아도 된다. 어찌하여 형통할 만한 세상에 있으면서도 암혈巖穴에서 늙어 죽음으로써 그 도를 스스로 해친 것인가? 또한 자릉의 언론言論과 풍미風味를 헤아려보면 뜻이 군세어 정도가 지나치거나 항상 나아가서 돌아보는 자도 아니었다. 특히 이윤伊尹,[3] 부열傅說[4]과 같은 무리였는데, 만나지 못한 것뿐이었다.

것은 작은 일인 것 같습니다. 이제 한번 만나보시면 크게는 왕자(王者)를 이루고, 작게는 패자(霸者)를 이룰 것입니다. 또 옛 기록에 한자(尺)를 굽혀 한길〔尋〕을 편다 하셨으니, 의심컨대 할 만한 일인듯 합니다.' 진대는 맹자의 제자이다. 소(小)는 작은 일을 이른다. 왕(枉)은 굽힘이요, 직(直)은 폄이다. 8척(尺)을 심(尋)이라 한다. '한자를 굽혀 한길을 편다(枉尺直尋)'는 것은 자기 몸을 굽혀 한번 제후(諸侯)를 만나보면 왕자와 패자를 이룰 수 있으니, 굽힌 것은 작고 편 것은 큰 것과 같은 것이다. (…) 또 한자를 굽혀서 한길을 편다는 것은 이(利)로써 말한 것이니, 만일 이(利)로써 한다면 한길을 굽혀서 한자를 펴 이(利)가 있을지라도 또한 하겠는가. 이 이하(以下)는 그가 말한 왕척직심(枉尺直尋)의 잘못을 바로잡은 것이다. '이른바 〈굽히는 것이 작고 펴는 것이 크면 한다〉는 것은 이(利)를 계산한 것이니, 한번이라도 이(利)를 계산하는 마음이 있으면 비록 굽히는 것이 많고 펴는 것이 적으면서 이(利)가 있더라도 또한 장차 하겠는가' 하셨으니, 그 불가(不可)함을 심히 말씀한 것이다".

3   은(殷)나라 때의 재상으로, 성인이 된 후에는 요리사로서 어느 귀족을 시중들었고 주인의

논하는 자들은, 이윤이 걸傑에게 다섯번이나 나아가면서도 사양하지 않았는데, 엄자릉은 광무에 관해 한번 보고서 신하가 되지 않았다고 말했다. 탕임금이 이윤을 세번 불러 스승으로 삼았으나, 광무는 자릉을 한번 불러 신하로 삼고자 했다. 자릉은 이처럼 도를 행할 시기를 잃었고, 광무는 이처럼 어진 이를 대우하는 예를 잃었다. 이것은 또한 용인庸人(어리석은 사람)의 견해일 뿐이니, 다만 관管(대롱)을 통해 보고 하늘이 없다고 하는 것과 같다. 어찌 자릉의 존귀함을 아는 것이겠는가? 저 자릉은 젊었을 때 광무제와 함께 교유하여, 그 기량器量을 극진히 하더라도 반드시 삼대의 도로 다스리지 못하리라고 하여 다시 돌아간 것이다.

만약 광무제가 양한兩漢의 어진 임금이 되려 했다면 광무의 재주만으로 스스로 판별함이 족하니, 자기를 기다릴 것이 없었다. 그런데 제왕의 도를 무너뜨리고 패자의 신하가 되어 단지 높은 지위와 중한 녹만을 받으려고 한 것이겠는가. 만약 이와 같았다면 엄광이 편 것은 한자도 되지 못하면서 굽힌 것은 여덟자 정도에 지나지 않았으리라. 하물며 이때는 민생이 조금은 편안하여, 하나라 걸왕이 그 백성을 도탄에 빠뜨린 것과 달랐으니, 그 민생을 급하게 여기는 바가 어찌 이윤과 더불어 한가지 도리였겠는가?

가령 엄광에게 조금이라도 뜻이 있었더라면, 마땅히 광무제가 즉위하고 난 처음에 아침에 산을 나와 날이 저물면 명군을 만났을 것이다. 어찌 27년이나 보지 않다가 물색한 후에야 이르렀겠는가. 그 초심은 비록 광무제가 구원丘園을 꾸며주고 속백束帛을 쌓아준다고 해도 끝내 그 도를 굽혀

딸이 은나라의 군주인 자리(子履, 훗날의 탕왕)에게 시집갈 때에 그 심부름꾼으로서 자리를 시중들었다. 이때 그 재능을 자리에게 인정받아 국정에 참여해 중책을 맡았다. 은나라가 하를 멸할 때에도 활약했고 은 왕조 성립에 큰 역할을 했다. 은나라 탕왕이 세번 폐백을 하고 초빙을 하자 관직에 진출하여 그를 도왔다. '누구를 섬긴들 왕이 아니며'라는 유명한 말을 남기며 출사 의지를 밝혔다.

4   은나라 고종 때의 재상. 고종이 꿈에서 본 사람의 모습을 찾아 부암(傅巖)의 들판에서 부열을 찾았다는 일화가 전한다.

수긍하지 않았음은 분명하다. 후에 보는 사람이 패도정치를 하려는 입장에서 자릉을 보면 광무가 굽히지 않은 것을 지나치다고 할 것이다. 왕도정치를 하려는 입장에서 자릉을 본다면 그가 광무를 위해 굽히지 않은 것은 마땅하다.

나는 그러므로 '자릉은 성인의 도를 따랐다'고 말한다. 아아. 가령 이윤이 탕임금을 만나지 못했다면 끝내 유신有莘의 들판에서 죽었을 것이고, 부열이 고종을 만나지 못했다면 끝내 부암의 들판에서 늙어갔을 것이니, 반드시 왕도枉道를 하면서까지 화합을 구하지는 않았을 것이다. 가령 자릉이 탕임금이나 고종을 만났더라면 또 어찌 부암에서 늙어 동강桐江에 낚시하는 한 늙은이로 생을 마쳤겠는가? 성현이 생민에게 마음을 쓰는 것은 한 가지이나, 또한 시기가 다행함과 불행함이 있는 것이다.

5장
대책문제

조선시대에 논술시험과 같은 문제를 책문策問이라 하고, 이에 대한 답안을 대책對策 또는 대책문對策文이라 하였다. 조식은 제자들을 가르치며 요즈음 모의고사와 유사하게 책문을 내고 이에 대한 답안을 쓰게 했다. 이 글에서도 조식 스스로 문제를 내고, 제자들에게 답안을 써볼 것을 제시하고 있다. 섬 오랑캐(일본)의 도발에 벌벌 떨면서 온건한 정책이나 펴는 조정의 상황을 강하게 비판하는 것이 주목된다.

묻는다. 등세登歲(풍년이 든 해)에는 황폐한 논밭이 없고 다스려진 시대에는 난적亂賊이 없는데, 삼묘三苗[1]와 유호有扈[2]는 태평했음에도 왕명을 거역하였으며 엄윤玁狁[3]과 훈육獯鬻[4]은 비록 성군을 만났으나 난을 일으켰다. 이는 한번은 음陰이고 한번은 양陽으로, 음의 무리가 배태胚胎하여 피어나

---

1 요순시대에 남방에 살던 오랑캐로, 사흉(四凶)의 하나로 지칭되었다.
2 하나라의 계(啓)에 의해 멸망된 나라.
3 주나라 때 북방에 살던 오랑캐.
4 하나라 때 북서 지역에 살던 오랑캐.

면 능히 멈출 수가 없기 때문인가?

바야흐로 지금 성명聖明한 임금이 치구治具하여 잘 다스리는데도 도이島夷(섬 오랑캐, 일본을 가리킴)가 난을 일으킨다. 길러주는 은혜가 더해지는데도 도량跳梁(함부로 날뛰는 것)[5]함은 견줄 바가 없을 정도이다. 아무런 까닭 없이 원수元師(으뜸가는 장수)를 죽이고, 거짓을 품고서 임금의 위엄을 범하였다. 제포薺浦를 돌려달라고 청하는 것은 그것이 허락되지 않음을 알고서도 두루 조정의 의사를 시험하는 것이고, 요컨대 (대장경) 삼십부를 찍어 갈 것을 요구하는 것은 반드시 얻고자 하는 것이 아니라 국가를 우롱愚弄하는 것이다. 손뼉을 두드리고 뺨을 치며 상처를 어루만지고 두 눈을 부릅뜨며 말하기를 "반드시 너의 목을 뽑을 것이다" 하였다. 비록 삼척동자라도 가히 그것이 공갈하여 행동하는 것임을 알 것이다.

당당한 조정에서 현명한 재상과 훌륭한 장수가 식사하는 것도 거르면서 대책을 마련해야 하는데, 벌벌 떨며 어찌 아는 바도 대처하지 못하면서 거짓으로 "상중이어서 정사를 하지 못한다"고 하는가. 이런 때를 당하여 오직 적을 제압하거나 또한 미리 준비하고 방어하는 대책도 없다는 것인가. 비록 옛날 한기韓琦(1008~75)가 조원호趙元昊의 사신을 도성 문밖에서 베는 것을 청한 것[6]과 같이 하지는 못하더라도, 어찌하여 세상을 어지럽히는 도적에게 마땅히 옥백玉帛을 주라는 명을 내리는 것인가. 되짚어보면 제압하기에 어려운 적의 기세가 있어서 진실로 그 옛날 우임금처럼 간우干羽의 춤[7]만으로는 적과의 싸움에 대처하지 못하는 것인가.

---

5   2024년 『교수신문』에서는 올해의 사자성어로 '함부로 날뛰며 권세를 누린다'는 뜻의 '도량발호(跳梁跋扈)'를 선정한 바 있다.

6   북송시대의 재상 한기는 조원호가 반란을 일으킨 뒤 사신을 보내오자, 그 사신의 목을 베어야 한다는 소장을 올렸다. 그리고 안무초토사로 임명되어 한기의 반란을 진압했다.

7   하나라 우왕이 시작한 무악(舞樂)으로, 방패를 취하고 추는 춤인 간무(干舞)와 깃을 쥐고 추는 춤인 우무(羽舞)로 구성되었다.

지금의 도리를 보더라도 한쪽이 와해된 일은 아니고, 예로부터 행하던 바에도 이제二帝가 금순金巡하던[8] 불행한 일이 아닌데, 돌아보면 어찌 두려운 바가 있어서 남몰래 건괵巾幗을 받는[9] 모욕을 당하는 것인가. 역관이 명을 전하는 것은 예로부터 전대專對(타국에 왕명을 전함)하는 책임을 맡은 것이다. 왜인倭人들이 국가의 미세한 뜻을 염탐하고자 물화物貨를 뇌물로 주는데, 금·은·물소뿔·구슬 같은 것이 가득 쌓이니 역관과 관리가 그 뇌물을 승전承傳하는 내시에게 나누어준다. 바야흐로 용상龍床 앞에서 조정의 계책이 한창 논의되는데, 이미 이야기가 새어 나가서 오랑캐들의 귀에 들어가는 것이다.

안으로는 일개 내시들도 금하지 못하면서 밖으로는 온갖 교활한 짓을 하는 흉역凶逆을 제압할 수 있겠는가. 이로 보건대 나라에는 인재가 없는 것이고, 도둑이 무인지경無人之境에 들어온 것도 또한 이미 늦은 일이며, 그들의 침략과 능멸로 곤욕困辱을 당하는 것도 도리어 마땅한 일이다. 그러나 임금이 꾸짖고 잠시 성내어 위엄을 더하려 하면 말하기를 "변경의 오랑캐를 긁는다"고 하고, 역관 하나를 베어 기밀을 누설하는 일을 떨치려 하면 말하기를 "겸손한 말로 순하게 대하는 것이 낫다"고 한다. 이와 같으니 과연 적을 대할 말이 없는 것이고, 또한 적의 침략을 막아낼 계략이 없는 것이다. 이에 대한 계책을 듣기를 바란다.

---

8   요임금과 순임금이 외적을 물리치기 위해 순행했다는 의미다.
9   건괵은 여자들이 머리에 쓰고 다니는 수건으로, 이것을 남자에게 선물하는 것은 남자를 조롱하는 것이다. 『삼국지』에 촉나라 제갈량이 싸움을 걸면서 중국 서진(西晉)의 고조가 되는 사마의(司馬懿)에게 건괵을 보내 그를 격분시켰다는 이야기가 나온다.

6장
조식이 지리산을 유람한 까닭은

유두류록遊頭流錄[1]

가정嘉靖 무오년(戊午年, 1558) 초여름. 진주목사 김홍金泓 홍지泓之,[2] 수재
이공량李公亮 인숙寅叔,[3] 고령현감 이희안李希顔 우옹愚翁,[4] 청주목사 이정李

---

1   조식이 1558년 4월 10일부터 25일까지 경상남도 하동군의 청학동 일대를 유람하고 지은 유
      람록이다. 조식은 지리산을 사랑하여, 지리산에 거처를 마련하기 위해 10여차례나 지리산을
      찾았다. 그리고 61세 되던 해에 산청에 거처를 마련하고 죽는 날까지 살았다.

2   『명종실록』권26, 명종 15년 7월 13일 정축, "경상도 관찰사 홍담(洪曇)이 장계하기를, '대구
      부사 신일(辛馹)은 마음을 다해 구황하였고, 진주목사 김홍은 강명(剛明)하게 다스리고 부
      지런하고 삼가서 게으르지 않았으니, 황서(黃瑞)가 아뢴 것과 다름이 없습니다【김홍이 토
      호들을 잘 대우하여 헛된 칭송을 도적질하였는데 방백(方伯)이 잘 살피지 않고 아뢰었다】
      하니, 전교하기를 '김홍에게는 가자(加資, 품계를 올림)를, 신일에게는 향표리(鄕表裏) 1습
      을 내리라' 하였다".

3   이공량(1500~?)의 자는 인숙, 호는 안분당(安分堂)이다. 조식의 자형으로 명종 때 선공감
      참봉에 임명되었다.

4   이희안(1504~59)의 자는 우옹, 호는 황강(黃江)이다. 『명종실록』권25, 명종 14년 5월 13일
      갑신, "전 고령현감 이희안이 졸(卒)하였다. 희안은 초계(草溪) 사람으로 자는 우옹이다. 기
      량(器量)이 굉심(宏深)하고 식견(識見)이 있었다. 일찍이 아버지를 여의고 지극한 효성으
      로 어머니를 봉양하였으며 도리를 다하여 형을 섬겼다. 거상(居喪)과 장례(葬禮), 제례(祭

槙 강이剛而[5]와 나는 두류산頭流山[6]을 함께 유람했다. 산속에서는 나이를 중요하게 여기고 벼슬을 자랑하지 않으니, 술잔을 들거나 앉을 때에도 나이 순서대로 했다. 어떠한 때에는 그렇게 하지 않았다.

10일. 우옹이 초계草溪에서 내가 있는 뇌룡사雷龍舍[7]로 와서 함께 묵었다.

11일. 내가 있는 계부당鷄伏堂에서 밥을 먹고 길에 올랐다. 사제舍弟 환桓이 따랐다. 원우석元右釋이라는 유생은 일찍이 중이 되었다가 화속化俗했는데, 총명하고 노래가 훌륭했기에 불러서 함께 떠났다. 문을 나서서 막 수십 걸음을 갔을 때 어린아이가 앞으로 와 고하며 말하기를, "도망친 종을 쫓아왔는데, 이 아랫길에 있으나 잡지 못했습니다"라 하였다.

우옹이 급히 구사丘史 4, 5인을 지휘하여 좌우를 둘러쌌는데, 잠시 후에 과연 남녀 8명을 묶어 말머리(출발 지점)에 이르렀다. 이윽고 말에 채찍질하며 떠나면서 모두 탄식하며 말하기를, "우연히 하수下手(일을 처리함)했는데, 원망하는 이도 있고 고맙게 생각하는 이도 있으니, 이 무슨 조화인가"라고 했다. 나는 다시금 남몰래 탄식하며 말하기를, "우옹이 50년 동안 팔짱을

禮)에 있어서도 한결같이 옛 예법에 따라 하였다. 글에 능하였으며 활쏘기와 말타기에 익숙하였으나, 한가지도 써보지를 못하였다. 조정에서 유일(遺逸)로 천거하여 장악원 주부(掌樂院主簿)에 임명하였다가 얼마 후 고령현감에 제수하였는데, 부임한 지 얼마 안 되어 감사가 『대전(大典)』으로 수령을 고강(考講)하자, 희안이 욕되게 여겨 곧 인끈(印綬)을 풀어놓고 고향으로 돌아갔다. 그가 떠난 뒤 백성들이 그를 칭송하였다. 뒤에 군자판관(軍資判官)에 세수되있으나 취임하지 않다가 몇 달 안 되어 죽으니, 사람들이 모두 애석하게 여겼다".

5 이정(1512~71)의 자는 강이, 호는 구암(龜巖)이다. 『선조실록』 권8, 선조 7년 2월 4일 기유, "유희춘이 아뢰기를, '주자는 태어나면서부터 아는 성인으로 능하지 못한 것이 없어, 문장과 글씨가 모두 일세에 뛰어났습니다' 하였다. 상이 이르기를, '나는 주자의 필적을 보지 못했다' 하니 아뢰기를, '고(故) 부제학 이정은 옛것을 좋아하는 사람이었습니다. 일찍이 청주목사로 있을 적에 주자의 글씨인〈학구성현 연비어약(學求聖賢鳶飛魚躍)〉8자의 『역경』계사(繫辭) 첫 대문을 판자(板子)에 새겼는데 이번에 찍어다 올리겠습니다' 하였다".

6 지리산의 다른 이름. 백두산 산맥이 여기에 뻗어내려 이르렀다. 또는 백두산의 맥이 바다에 이르기 전에 여기에서 그쳤다고 하여 두류산이라 불렀다고 한다. 산세가 멀리 넓게 둘러 있어 순우리말로 두리, 두루가 되었다는 견해도 있다. 금강산, 한라산과 더불어 신선이 살았다는 삼신산의 하나로, 방장산(方丈山)이라고도 한다.

7 조식이 외가인 합천 삼가에 지은 정자로, 뇌룡정(雷龍亭)이라고도 한다.

끼고 앉아 있어 그 주먹이 장말자醬末子(메줏덩이)와 같으니, 황하와 황수湟
水 유역의 천만리는 비록 빼앗지 못했으나 한번 숨을 쉬는 동안에 오히려
책략을 세워 지휘할 수 있으니, 참으로 큰 솜씨라 이를 만하다"라 하자, 서
로 더불어 배꼽을 잡고 웃었다. 저녁 무렵 진주에 머무르니, 일찍이 홍지와
약속하여 사천에서 배를 타고 섬진강을 거슬러 쌍계로 들어가기로 계획을
세웠기 때문이다. 문득 마현馬峴에서 종사관 이준민李俊民[8]을 만났다. 호남
에서부터 그 어버이를 만나러 오는 참인데, 그 아버지는 곧 인숙寅叔이다.
또다시 들으니 홍지는 벼슬이 갈렸다고 한다. 금세 인숙의 집에 머물렀는
데, 인숙은 바로 나의 자형이다.

12일. 큰비가 내렸다. 홍지가 편지를 보내어 머무르게 하고, 더불어 음식
을 전했다.

13일. 홍지가 찾아와 소를 잡고 음악을 베풀었다. 우옹, 홍지, 준민이 함
께 다투듯이 지나치게 마시고 파했다.

14일. 인숙과 더불어 강이의 집에서 함께 잤다. 강이가 칼국수, 단술, 생
선회, 찹쌀떡,[9] 기름을 바른 떡[10] 등을 갖추었다.

15일. 또 강이와 함께 장암場巖으로 향했다. 강이의 서제庶弟인 백백이 따
라왔다. 먼저 옛날 장군 이순李珣의 쾌재정快哉亭에 올랐다. 잠시 후에 홍
지의 중씨仲氏인 경涇과 홍지의 아들인 사성思誠이 잇달아 이르렀고, 홍지
가 마지막에 이르렀다. 얼마 지나지 않아, 사주泗州(사천)현감 노극수魯克粹
가 고을 수령으로 와서 보고는 작은 술자리를 베풀었다. 함께 큰 배에 오르
자 노군은 술과 안주와 호궤할 것을 갖추고는 배에서 내려 뒤돌아갔다. 충
순위忠順衛 정당鄭澢이 모임을 살피며 편안하게 받들었다. 기생 열명이 피

---

8   이준민(1524~90)의 자는 자수(子修), 호는 신암(新菴)이다. 조식의 자형인 이공량의 아들이
     니, 조식에게는 조카가 된다.

9   원문에 "백황단자(白黃單子)"라 하였는데, 흰색과 노란색 두가지 빛깔로 빚은 찹쌀 경단
     이다.

10   원문에 "청단유고병(靑丹油糕餠)"이라 하였다.

230

리와 생황을 고취鼓吹하며 모두 늘어섰다. 이날은 회간국비懷簡國妃 한씨韓氏[11]의 기일이었기 때문에, 음악을 연주하지 않고 소식蔬食(채식)을 했다. 이때 백유량白惟良이라는 유생이 배 위로 올라와 모두에게 인사를 하였다. 이날 밤 달이 낮같이 밝고 은 같은 물결이 거울을 문지른 듯했다. 천근天根(하늘에 있는 별)과 옥초沃焦(아득한 산)가 모두 궤연机筵(죽은 이의 혼백을 모셔두는 장소)에 있었다.

사공이 차례로 노래를 부르니, 소리가 이무기 굴을 뒤집을 듯했다. 삼성三星이 언뜻 뜨니 동풍이 살짝 일어나므로, 돌연히 돛을 달고 노를 걷어치우고 배를 정박하고 올라섰다. 사공이 잠시 후에 이미 하동河東 땅에 들어섰다고 아뢰었다. 서로 더불어 베개 삼고 혹은 세로로 혹은 가로로 누웠다. 홍지의 모포와 겹이불은 폭이 매우 넓어서 처음에는 그 모퉁이를 취하였는데, 점차 웅거하여 홍지를 자리 밖으로 밀어냈다. 어찌 꿈속에 깊이 빠져 스스로 자기의 물건이 문득 남의 소유가 되는 줄도 모르는 것이 아니겠는가.

16일. 새벽빛이 희미하게 밝아지자 거의 섬진蟾津에 이르렀다. 잠에서 깨었을 때에는 벌써 곤양昆陽(하동) 땅을 지났다고 했다. 아침에 돋는 해가 이제야 떠오르니 만경萬頃이 붉게 타는 듯하고 양쪽 언덕 푸른 산 그림자가 물결 밑에 거꾸로 비쳤다. 퉁소와 북으로 다시 연주하니 가취歌吹가 번갈아 일어났다. 서북 쪽으로 10리쯤 멀리 보이는 구름 낀 산이 바로 두류산의 바깥 면이다.

서로 가리키며 바라보고 기뻐하며 춤추며 말하기를, "방장산方丈山이 삼한三韓 밖이라 하더니, 이미 이곳 멀지 않은 곳에 있구나" 하였다. 깜짝할

---

11 덕종의 비인 인수대비를 말한다. 덕종을 회간대왕(懷簡大王)으로 칭하였기에, 회간국비라 하였다. 그런데 인수대비의 기일은 4월 27일이며, 여기서 언급한 4월 15일은 성종의 정비 공혜왕후 한씨의 기일이다. 기유본까지는 회간국비로 되어 있지만, 임술본 이후로는 오류를 바로잡아 공혜왕후로 되어 있다.

사이에 악양현岳陽縣을 지나 강가에 삽암鍤岩[12]이라는 곳이 있었다. 곧 녹사錄事 한유한韓惟漢[13]의 옛집이 있던 곳이다.

한유한은 고려가 장차 어지럽게 됨을 알고 처자를 이끌고 와서 살았다. 조정에서 불러 대비원大悲院 녹사로 삼았으나, 그날 저녁 달아나서 간 곳을 모른다고 하였다. 아! 국가가 장차 망하려고 하니, 어찌 어진 사람을 좋아하는 일이 있겠는가. 선량한 사람을 표창하는 정도로만 어진 이를 좋아하는 것은 또한 섭자고葉子高가 용을 좋아하는 것만 못하니, 어지러워 망하려고 하는 형세에는 쓸모가 없는 것이다. 문득 술을 청해 가득 부어놓고 거듭 삽암(한유한)을 위해 길이 탄식했다.

낮이 되어 배를 도탄陶灘에 정박시켰다. 눈이 흐릿한 늙은 관리가 소골다蘇骨多[14]를 쓰고 와서 인사를 하는데, 이들은 악양현과 화개현의 관리였다. 또 단령團領을 입은 두어 사람이 와서 인사를 하는데, 곧 홍지의 관내에 규찰과 권농 등을 맡은 관리였다. 강가에는 산촌이 높고 낮게 이어져 있고, 세로 가로로 된 이랑이 있어 비록 지금은 열에 하나만 있으나, 왕의 덕화가 이 깊은 궁곡窮谷에까지 미쳐 예전에는 백성이 번성했음을 알 수 있게 한다.

도탄에서 1리 떨어진 곳에 정여창鄭汝昌 선생의 옛 거처가 있었다. 선생은 곧 천령天嶺(영남 지역)의 유종儒宗(선비 중의 으뜸)이다. 학문이 깊고 독실해 내 도道에 시초가 되었다. 처자를 이끌고 산에 들어갔고, 나중에 내한內

---

12 현재의 하동군 악양면 부춘리에 있다.

13 『고려사』「열전」12, 제신(諸臣), "한유한은 사서(史書)에서 그 가계(家系)를 잃어버렸다. 대대로 개경(開京)에서 살았으나 벼슬에 나가는 것을 즐거워하지 않았다. 최충헌(崔忠獻)이 정권을 제 마음대로 휘두르면서 벼슬을 파는 것을 보고 말하기를, '어려움이 곧 닥칠 것이다'라고 하였다. 처자를 데리고 지리산으로 들어가서는 굳은 절개를 깨끗하게 닦으면서 바깥사람과 교제하지 않으니, 세상에서 그의 격에 맞는 멋(風致)을 높이 평가하였다. 불러 서대비원녹사(西大悲院錄事)로 삼고자 하였지만 끝내 나아가지 않고 깊은 산골로 옮겨 살면서 죽을 때까지 되돌아오지 않았다. 얼마 지나지 않아 과연 거란(契丹)의 침략이 있었고 몽고병(蒙古兵)이 뒤를 이어 왔다."

14 관의 일종으로 고깔과 비슷하다.

翰[15]을 거쳐 안음현감으로 나갔다가 교동주喬桐主(연산군)에게 죽임을 당했다. 이곳은 삽암과 10리 정도 떨어져 있다. 명철明哲의 행幸과 불행이 어찌 천명이 아니겠는가. 홍지와 강이가 먼저 석문石門에 도착하니, 그곳이 쌍계사雙磎寺 동문이었다. 아주 높은 절벽이 양쪽으로 한자 남짓 열려 있는데, 학사學士 최치원崔致遠이 네 글자를 손수 써놨으니, 제하기를 오른쪽은 쌍계雙磎, 왼쪽은 석문石門이라 했다. 화대畵大가 사슴 정강이만 하고, 바위 속 깊이 새겨져 있어 지금에 이르기까지 이천년이 흘렀다. 차후에도 몇천년이나 이어갈지 알 수 없다. 서쪽에서 시냇물 하나가 언덕을 무너뜨리고 돌을 굴리면서 아득히 100리에서부터 오는 것은 곧 신응사神凝寺가 있는 의신동擬神洞의 물이다. 동쪽에서 시냇물 하나가 구름 틈에서 나와 산을 뚫고 아득히 흘러 지나온 곳을 알 수 없는 것은 곧 불일암佛日庵이 있는 청학동靑鶴洞의 물인 것이다. 절이 두 시냇물 사이에 있으니, 쌍계雙磎라 일컬었다. 10척의 높은 비석이 귀부龜趺에 우뚝 솟아 있는데, 절 문으로부터 수십 보 밖에 세워져 있다. 곧 최치원의 비문이 새겨져 있다. 앞에 있는 높은 누각은 현판에 팔영루八詠樓라 쓰여 있고, 뒤에 있는 비전碑殿은 거듭 짓는 중이라 기와가 채 덮여 있지 않다. 절의 중인 혜통慧通과 신욱愼旭이 다과와 산나물을 섞어서 빈주지례賓主之禮로 접대해주었다. 이날 어둠이 시작되자 문득 구토와 설사를 해서 음식을 물리치고 누워 있었다. 우옹이 간호하며 서쪽 곁방에서 머물렀다.

왜구의 배가 가까운 곳에 정박했다는 데 대한 걱정

17일. 이른 아침에 홍지가 와서 문병했다. 문득 들으니 전라도 어란달도魚瀾㺚島에 왜구의 배가 와서 정박하고 있다고 하였다. 곧 여행 계획을 철

---

15   궁궐에서 한림직을 역임함.

수하고는 아침을 재촉하고 돌아가기로 해 간단히 술을 마셨다. 일찍이 호남 선비인 김득리金得李, 허계許繼, 조수기趙壽期, 최연崔硏이 먼저 도착했는데, 함께 법당에 맞아들여 술을 한차례 돌리고 음악 한가락을 올렸다. 문득 이별하게 되니 행색이 느닷없이 분주해졌다. 미처 「북산이문北山移文」[16]에 관한 일에 대해서는 토론할 틈이 없었다. (…) 낮 무렵에 호남 지방의 역리가 종사관의 편지를 들고 왔는데, 연대煙臺에서 답한 바는 수 척의 우리 배라는 것이다. 더욱이 안타까운 것은 홍지의 골상骨相이 신선과 연분이 없어서, 도끼 자루 하나 썩는 동안의 말미가 허락되지 않는다는 것이다. 홍지가 중생을 제도하는 계율은 한량없이 닦았는지〔無量度戒〕술과 안주를 가져오는 것이 서로 바라보일 정도로 많았고, 글이 잇달아 이르렀다. 육갑六甲[17]과 부엌에 쓰이는 도구는 모두 강국년姜國年에게 맡겨서 우리 일행은 계옥桂玉[18]의 어려움을 모르게 했다. 국년은 진주의 아전이다. 이날 강이의 족생族生인 이응형李應亨이 이 절에 왔다. 저녁에 인숙이 설사하고 신음을 하였다. 땅거미가 졌을 때 강이가 갑자기 가슴과 배가 아프다고 하더니 두어말이나 토했는데, 창자가 꼬이는 듯하고 위장이 뒤집히는 듯해 매우 괴로워하더니 설사가 점점 급해졌다. 소합원蘇合元을 먹었으나 효과가 없었고, 또 청향유淸香油를 써도 효과가 없었다. 예전부터 익숙했던 강아지江娥之(당시 기생 이름)가 머리맡에서 지키며 간병하니 새벽녘이 되어서 겨우 진정되었다. 아침에 일어나 아무 일도 없다는 듯 고개를 들고 말하기를, "밤에 가슴이 아파 이겨내지 못할 것 같았는데, 내가 비록 죽더라도 그대들이 있

---

16 북산(北山)은 남경(南京)의 북쪽에 있는 종산(鍾山)을 말하며, 주옹(周顒)이 종산에서 은거하다가 명을 받아 해염현(海鹽縣)의 현령으로 부임한 후 임기가 끝나 다시 북산으로 돌아오려 하자, 공치규(孔稚圭, 남북조시대 제나라의 문인)는 거짓 은자 행세를 한 주옹을 못마땅하게 여겨 자신을 산신령으로 비유하여 이문(移文, 공문의 일종)을 지어 그가 다시 종산으로 돌아오는 것을 비난했다. 이 글이 「북산이문」으로, 명문으로 칭송받고 있다.
17 쌍육(雙六)과 비슷한 놀이기구.
18 전국시대 소진이 초나라의 식량은 옥보다 귀하고 땔나무는 계수나무보다 귀하다고 한 말에서 유래하며, 땔감과 쌀을 뜻함.

는데 어찌 여인의 손에서 죽을 수 있겠는가"라 했다. 모두가 위로하며 말하기를, "그대는 또한 겁쟁이이니, 오로지 오래 살고자 하는 마음을 늘상 지니고 있기에 잠시 대단치 않은 병에 걸려도 문득 죽지 않을까 하는 것이다. 죽고 사는 것은 역시 중요한 것이니 어찌 이와 같이 하찮은 것이겠는가"라고 했다.

호남 순변사 남치근이 술과 음식을 보내옴

18일. 산길이 습했기 때문에 불일암에 오르지 못하고, 시냇물이 불어나서 신응사에 들어가지도 못하고 그대로 머물렀다. 호남 순변사湖南巡邊使 남치근南致勤이 인숙에게 술과 음식을 보냈는데, 종사관의 아버지이기 때문이다. 진사進士 하종악河宗岳의 종인 청룡靑龍과 사인舍人 정계회丁季晦의 종이 함께 술과 생선을 가지고 와서 인사를 했다. 신응사 지임持任 윤의允誼가 와서 보았다. 사제舍弟가 타던 말이 병이 났으므로, 접천蝶川 밖에 사는 진塵이라는 이름을 가진 사람에게 조양調養하게 맡겼다. 저녁에 우옹과 더불어 후전後殿의 서쪽 방장方丈에서 잤다.

청학동으로 들어감

19일. 아침을 재촉해 먹었다. 그리고 청학동에 들어갔다. 인숙과 강이는 병 때문에 동행하는 것을 포기했다. 진실로 십분十分 뛰어난 경치에는 십분 진실된 연분이 없으면 신명神明이 받아들여지지 않음을 알겠다. 인숙과 강이가 이전에 한번 들어와보았다고 하는 것은 곧 꿈에서이지, 진정으로 이른 것은 아니다. 만약 홍지와 비교하면 비록 조금 낫지만 또한 뒤에 연분은 없는 것이다. 나는 생각하건대 이미 세번이나 들어왔으나 속연俗緣을 다만 없애지는 못했다. 직질職秩이 없는 팔십 노인이 되어 일찍이 봉황

지봉황지鳳凰池에 세번 갔다 온 일을 생각하는 것과 비교하면 오히려 못하지 않 겠지만, 만약 세번 악양岳陽에 들어갔으나 사람들이 아무도 알아보지 못한 것과 비교하면 그보다는 못하다는 것을 비로소 알게 되었다. 이날 아침 김 군金君 경례涇이 병을 핑계하여 기생 귀천貴千을 데리고 바로 갔다. 김군은 이 때 나이가 77세인데, 높은 곳에 오를 때도 나는 듯하여 초에는 천왕봉天王 峯에 오르려 했다. 사람됨이 척당倜儻하여 마치 이원梨園에서 노닐다 온 젊 은이 같았다. 호남에서 온 네 사람과 백白, 이李 양군이 동행했다. 북으로 오암猊巖에 올라 나무를 잡고 잔도棧道를 타면서 나아갔다. (…) 열 걸음에 한번 쉬고 열 걸음에 아홉번 돌아보면서, 비로소 불일암이라는 곳에 도착 했다. 이곳이 청학동이라는 곳이다. 바위로 된 산등성이가 허공에 매달린 듯 내리뻗어서 굽어볼 수가 없었다. 동쪽에 높고 가파르게 서서 서로 떠받 치듯 찌르면서 조금도 양보하지 않는 것은 향로봉이고, 서쪽에 창애蒼崖가 깎아내어 만길 낭떠러지로 우뚝 솟아 있는 것이 비로봉이다. 청학靑鶴 두 세마리가 그 바위틈에 깃들어 때때로 날아올라 빙빙 돌다가 하늘을 올라 갔다 내려갔다 했다. 아래에 학연鶴淵이 있는데, 컴컴하고 어두워서 바닥 이 보이지 않는다. 좌우상하에 절벽이 고리처럼 둘러서서 겹겹으로 쌓인 위에 다시 한 층이 더 있고, 문득 도는가 하면 문득 합치기도 했다. (…) 우 옹이 나의 아우 및 원생元生 등 여러 사람과 더불어 나무를 부여잡고 내려 가 이리저리 내려다보고는 다시 올라왔다. 나이가 젊고 다리 힘이 좋은 자 는 모두 향로봉에 올랐다. 돌아와서는 불일암의 방장方丈에 모여 물과 밥 을 먹고는 나와서 절문 밖 소나무 밑에 앉아서 마음껏 주고받으며 술을 많 이 마셨다. 아울러 노래를 부르고 횡적을 부니 우레 같은 북소리가 사방으 로 울려퍼져 온 산을 뒤흔들었다. 동쪽에는 폭포수가 백인百仞을 나아가 떨어지니 학담鶴潭을 이루었다. 우옹을 돌아보며 말하니, "물이 만길 구렁 을 향해 내려가는데 곧장 내려갈 뿐 다시 앞을 의심하거나 뒤를 돌아보는 일이 없으니, 이곳이 바로 그러한 곳이다" 하였다. 우옹이 말하길, "동의한다"하였다. 정신과 기운이 어느덧 상쾌해졌으나, 오래도록 머무를 수 없었다. (…)

호남 선비 기대승 일행이 상봉에 올라갔다가 내려오지 못함

22일. 아침에 비가 오고 날이 저물어 갰다. 산속에 흐르는 시냇물에 돌이 잠겨 안팎이 통하지 않았다. 백등산에 포위되어 있는 듯했다. 인구가 무려 40여명이니 양식이 모자라 없을까 걱정되어, 전대를 헤아려 평소에 주던 양의 반으로 줄였다. 오직 술만은 무량無量했으니, 아마도 수십호가 남았는데 여러 사람들이 모두 술 마시기를 즐기지 않았기 때문이다. 들으니, 호남 선비 기대승奇大升의 일행 11명 역시 비에 막혀 상봉上峯에 올랐다가 아직 내려오지 못했다고 한다.

공가公家의 부역이 폐지되지 않아서 산승山僧들이 절을 버리고 떠남

쌍계사와 신흥사 두 절이 모두 두류산 심복心腹에 있으니, 푸른 산봉우리가 하늘을 찌르고 흰 구름이 문을 잠그어 마치 사람의 연기가 드물게 이르는 듯한데, 가히 관청의 부역이 폐지되지 않으니 양식을 조금 갖추어 무리 지어 부역을 가서 승들이 모두 흩어져 갔다. 절의 승이 고을 목사에게 조금이라도 완화해주기를 청하는 편지를 써달라고 빌었다. 그들이 하소연할 수 없음을 불쌍히 여겨 편지를 써주었다. 산승山僧이 이러하니, 산촌의 무지렁이 백성들의 사정은 알 만하다. 행정은 번거롭고 세금은 과중하여 백성과 군졸이 유망流亡하여 아버지와 아들이 서로 돌보지 못한다. 조정에서 바야흐로 이를 크게 염려하는데, 우리 무리는 등 뒤에서 우유優游하고 한가하게 놀고 있으니, 이것이 어찌 참다운 즐거움인가? (…)

24일. 새벽에 흰죽을 먹고 동쪽 고개에 올랐다. 고개는 삼가식현三阿息峴이라 말하는데, 고개가 높이 하늘에 가로질러 있어 오르는 이는 몇 걸음에 세번씩 가쁜 숨을 쉬기에 그렇게 이름지었다. 두류산 기세가 이곳까지 백리나 왔지만, 여전히 높기만 하고 조금도 낮아질 기미가 없다. 우옹이 강이의 말을 타고 홀로 채찍을 휘둘러 먼저 산에 올랐다. 제일 높은 봉우리 위에 말을 세우더니, 말에서 내려 돌에 걸터앉아 부채질을 했다. 무리 모두 한 걸음 한 걸음 나아가며 사람과 말이 땀을 비오듯 흘렸는데, 한참 후에야 겨우 도착했다. 문득 우옹을 질책하며 말하기를 "그대는 말 탄 기세에 의지하여 나아갈 줄만 알고 그칠 줄은 모르니, 능히 훗날 의로움에 나아가게 되면 반드시 남보다 앞설 것이니 또한 좋지 아니한가" 하였다. 우옹이 사죄하며 말하기를, "나는 이미 그대가 응당 나를 꾸짖는 말이 있을 줄 알았다. 내가 과연 죄를 알겠다" 하였다.

강이가 두류산을 돌아보았으나, 검은 구름이 가려 그 소재를 알 수 없다. 이에 탄식하며 말하기를, "산은 두류산보다 큰 것이 없고 한눈에 바라보일 정도로 가까이 있지만, 무리 사람들이 눈을 똑바로 뜨고 보아도 오히려 보지 못한다. 하물며 현명함이 두류산보다 크지 못하고, 가까이 눈앞에 있어도 보이지 않으며, 여러 사람의 눈으로도 분명히 볼 수 없는 경우는 능히 어떠한가?" 서로 더불어 사방을 두루 돌아보니 동남쪽에 파랗게 가장 높이 솟은 것은 남해의 전각과 같다. 바로 동쪽에 널리 가득 차게 엎드린 모습은 물결과도 서로 닮았는데 하동과 곤양의 산이다. 또 동쪽으로 은은하게 하늘에 솟아 검은 구름과 같은 것은 사천의 와룡산이다. 그 사이 혈맥과 같이 서로 꿰이고 뒤섞여 엉킨 것은 강과 바다와 포구가 경락처럼 얽혀 있는 것이다.

일본의 침입에 대한 근심과 경계

산하의 견고함은 위魏나라가 보배로 여길 뿐만 아니라 만萬경의 바다에 임해 있고 백百치의 성에 의거하였는데도 오히려 거듭 백성들이 조그맣고 추잡한 도이島夷에 곤란함을 겪으니, 어찌 그 옛날 길쌈하는 실이 적은 것은 돌아보지 않고 주周나라 왕실이 멸망할 것을 근심한 과부와 같은 걱정을 하지 않겠는가? (…)

정몽주와 조지서, 한유한, 정여창에 대한 기억 — 사림파 정신의 계승

저녁에 정수역旌樹驛에 이르렀다. 객관 앞에 정씨鄭氏[19]의 정문旌門이 있었다. 정씨는 승선 조지서趙之瑞[20]의 아내인데, 문충공 정몽주의 현손녀이다. 승선은 의인이었다. 그 기상이 삼엄하여 높은 바람이 불어 벽을 두고서도 춥고 떨린다. 조지서는 연산군이 능히 선왕의 업적을 잇지 못함을 알고 10여년 물러나 있었지만, 그래도 화를 면할 수 없었다. 부인은 적몰되어 죄인이 되었으나, 젖먹이 두 아이를 끌어안고 등에는 신주를 지고 다니면서도 아침저녁으로 제사 지내는 것을 폐하지 않았으니, 절개와 의리를 둘 다 이룬 경우가 오늘날에도 또한 있다고 하겠다.

---

19 『중종실록』 권3, 중종 2년 8월 19일 경인, "경상도 관찰사 장순손(張順孫)이 장계하기를, '조지서(趙之瑞)의 처(妻) 정씨는 그 지아비가 죽음을 당하고 가산(家産)이 적몰(籍沒)된 뒤에, 여막을 짓고 혼자 사는데 비복(婢僕)도 하나 없었습니다. 죽거리마저 떨어졌을 때 그 부모가 불러서 함께 살자고 하니 통곡하며 말하기를, 〈어버이가 딸을 남에게 보냈으면 지아비가 비록 죽었다 해도 그 정신은 여기에 있는데, 내가 이를 버리고 어디로 가겠습니까?〉 하면서 남긴 옷가지로 설위(設位)하고 아침저녁으로 치전(致奠)을 드리며 3년을 마치었습니다' 하니, '아뢴 대로 하라' 명하였다".

20 조지서(1454~1504)의 자는 백부(伯符), 호는 지족(知足), 충헌(忠軒)이다. 1495년(연산군 1) 창원부사로 파견되었다가 곧 사직하고, 지리산에 은거해 학문에 전념했다. 1504년 갑자사화 때 참살되었다가 1506년(중종 1)에 관작이 회복되었다. 충효와 시문으로 명망이 높았다.

높은 산과 큰 하천을 보며 소득이 없는 것은 아니었지만 한유한·정여창·조지서 등의 세 군자를 높은 산과 큰 내에 비교한다면, 도리어 10층의 산봉우리 위에 옥 하나를 얹는 격이며, 천千이랑 물결 위에 달 하나가 있는 격이다. 바다와 산의 300리에 세 군자의 자취를 하루 사이에 보았다. 물을 보고 산을 보고 인간을 보고 세상을 보니, 산중에서 10일을 지내며 품었던 좋은 생각이 하루 만에 좋지 않은 생각으로 변했다. 후대에 정사를 잡은 자가 이 길로 와본다면 어찌 마음을 가눌 수 있겠는가? 또한 산속에는 돌에 이름을 새겨둔 이가 많으나 세 군자는 결코 새겨져 있지 않다. 그러나 장차 반드시 이름이 세상에 널리 알려질 것이니, 만고의 역사를 바위로 삼는 것이 차라리 낫지 않겠는가. (⋯)

제자들과의 이별

25일. 역관에서 아침을 먹고 각자 흩어져서 떠나려 하니, 암연히 가슴이 아파서 잠시 동안 머물러 있고자 하였다. 인숙은 한성漢城에 살고, 강이는 사천으로 돌아가며, 우옹은 초계로 돌아가고, 나는 가수嘉樹(처음 출발하였던 합천 삼가를 말함)에 살고 있으며, 홍지는 삼산三山에 산다. 나이가 50, 60, 내지 70세에 들어서는데, 각자 몇백리 내지 오백리 또는 천리에 있으니, 훗날 다시 만나는 것도 기약하기에 어려움이 있다. 어찌 개연히 이별을 슬퍼하지 않겠는가. 강이가 술잔에 술을 가득 붓고 말하기를, "이 이별에 어찌 말을 하겠는가" 하였다. 눈으로 직접 보고도 말을 잊는다 하니, 과연 그러하다 하겠다. 모두들 말을 잃은 채, 이내 말을 타고 떠났다. 칠송정七松亭에 이르러 높은 누대에 올랐다가 배로 다회탄多會灘을 건넜다. 인숙은 강을 따라 내려갔고, 강이는 다시 한 마을을 가서 이별했다. 나는 우옹과 더불어 쓸쓸하게 왔는데, 망연히 넋을 잃고 있었다. 저녁에 뇌룡사에서 잤다. 또 우옹과 이별했는데, 활 같은 초승달이 하늘에 걸려 있고 드문드문 새벽 별이 있으니, 이와 같은 서글픈 마음은 마땅히 정녕 춘정에 겨워하는 처녀와 같은 것이다.

지리산을 여러 번 찾은 까닭

여러 사람들이 내가 빈번히 두류산에 다녀서 그 산의 사정을 알 것이라 생각하여, 나로 하여금 여행의 전말을 기록하도록 했다. 일찍이 덕산동德山洞에 들어간 것이 세번이고, 청학동靑鶴洞과 신응동神凝洞으로 들어간 것이 세번, 용유동龍遊洞에 들어간 것이 세번이었다. 백운동白雲洞에 들어간 것이 한번이며, 장항동獐項洞에 들어간 것이 한번이다. 어찌 다만 산수만을 탐하여 왕래하기를 번거로워하지 않은 것이겠는가? 백년의 계획이 있었으니, 오직 화산華山의 한쪽 모퉁이를 빌려 그곳에서 생을 마칠 장소로 삼으려 했다. 일이 마음과 어긋나 갈 곳을 잃고 배회하고 돌아보며 눈물을 흘리며 나왔으니, 이렇게 한 것이 열번이었다. 이제는 매달린 박처럼 전사田舍에 있으니 하나의 시체가 되어버렸다. 이번 걸음은 또다시 가기 어려운 걸음이니 어찌 답답하지 않겠는가. 일찍이 시를 지었으니 말하기를, "죽은 소 갈비뼈 같은 두류산 골짝을 열번이나 주파했으나 / 썰렁한 까치집 같은 가수 마을에 세차례나 둥지를 틀었네" 하였다. 또 말하기를, "몸을 온전히 하고자 하는 온갖 계책 모두 어긋났으니 / 이제는 이미 방장산과의 맹세를 어기게 되었네" 하였다. 사람들이 모두 벼슬하지 않았으니, 어찌 나만 허둥지둥 돌아갈 곳이 없겠는가. 다만 술에 취해 즐거워하는 이들을 위해 앞장서서 길을 인도하며 그들의 부봉副封(부차적인 봉작)을 만들었을 뿐이다. 남명 조식 건중이 기록했다.[21]

---

21   이황은 조식의 「유두류록」에 대해 '서조남명유두류록후(書曹南冥遊頭流錄後)'라는 제목의 발문(跋文)을 남겼다(이황 『퇴계선생문집』 권43, 「발跋」, 書曹南冥遊頭流錄後).

7장
편지에 나타난 조식의 사상과 처세

퇴계에게 답함答退溪書[1]

평생 하늘의 별과 같이 우러러보았습니다. 책 속의 인물처럼 세상에 매우 드물어 만나기 어려웠습니다. 문득 정성스레 힘써 어리석음을 깨우쳐 주시니, 저의 병통을 다스릴 약이 크고도 많아 아침저녁으로 만나던 사이 같습니다.

식植과 같은 어리석은 사람이 어찌 원망하는 바가 있겠습니까. 단지 헛되게 난 이름을 가져 꾸미면 한 세상을 두텁게 속이는 것이며, 임금께까지 잘못 알려지게 되는 것입니다.[2] 물건을 훔치는 것도 도둑이라 하는데, 가히 하늘의 물건을 훔치는 모습에 이르겠습니까. 이 때문에 몸 둘 바를 삼가고 날마다 하늘의 형벌을 기다렸는데, 하늘의 꾸지람이 마침내 이르렀습

---

1   1553년(명종 8) 이황은 조식에게 벼슬을 사양한 것에 대한 섭섭함을 드러내는 편지를 보냈는데, 이것이 이황 『퇴계선생문집』 권10, 「서(書)」, 여조건중(與曹楗仲) 식(植) 계축에 실려 있다. 「퇴계에게 답함」은 이에 대한 답장이다.
2   『명종실록』 명종 10년 11월 19일 경술에 조식이 자신의 입장을 밝히는 내용이 있다.

니다.

문득 지난해 겨울에 허리와 등마루가 찌르는 듯 아프더니, 한달 남짓 오른 다리를 번번이 절었습니다. 이미 늘어선 행인과도 나란히 서지 못하게 되었으니, 아무리 평지를 걷고자 하여도 편안함에 이를 수 있겠습니까. 그래서 사람들이 모두 저의 허물을 알게 되었고, 저 또한 능히 남들에게 단점을 감추지 못할 뿐입니다. 비웃고 탄식함을 감당할 수 있습니다.

단지 생각건대 공은 무소뿔을 태우는 밝음[3]이 있으나, 식植은 동이를 머리에 이고 있는 탄식[4]이 있습니다. 다만 아름다운 문장이 있는 곳에서 가르침을 받을 길이 없습니다. 더욱이 눈병이 있으니, 앞이 흐릿하여 능히 사물을 보지 못한 지 여러 해입니다. 밝은 눈을 가진 공께서 어찌 발운산撥雲散[5]으로 눈을 뜨게 해주시지 않겠습니까. 삼가 생각건대 살피고 상고해주십시오. 멀리서 지면을 빌리니, 응당 초엽이라도 진실로 이릅니다. 삼가 절합니다.

퇴계에게 드림與退溪書

평생 마음으로 사귀며 지금까지 만나지 못했습니다. 이제 세상을 살 일이 응당 얼마 남지 않았으니, 정신을 통해 사귐에 그치는 것인가요. 인간 세상 좋지 않은 일에 한이 없어 마음에 두고 생각할 것이 없는데, 다만 이것이 제일 한에 품은 일입니다. 매번 선생이 한번 의춘宜春(현재의 의령)에

---

3 『진서(晉書)』「온교(溫嶠)열전」에 "온교가 서각을 물속에 비추어 보았는데, 괴물의 기이한 형상이 마치 수레를 타고 붉은 옷을 입은 것 같았다"는 구절에서 나왔다.

4 동이를 이고 있어서 하늘을 볼 수 없는 것과 같이 세상사를 올바로 볼 수 있는 명철함이 없다는 뜻으로, 자신을 겸손하게 표현하였다. 『한서(漢書)』「사마천 열전」에 "저는 생각건대 동이를 이고 있는 것과 같으니, 어떻게 하늘을 바라볼 수 있겠습니까?"라는 구절이 있다.

5 눈앞의 흐린 것을 제거해주는 안약.

오시면[6] 가히 쌓인 세월을 풀려 생각했는데, 지금까지도 어찌 잠시 떠나시지 않으니 이 역시 오로지 하늘의 처분에 맡겨야 하겠습니다.

요즘 공부하는 자들을 보면, 손으로 물을 뿌리고 빗자루질하는 절도도 알지 못하면서 입으로는 천리를 이야기하여, 헛된 이름이나 훔쳐서 남들을 속이려 합니다. 도리어 사람을 헐뜯고 해가 다른 사람에게까지 미치니, 선생 같은 어르신께서 꾸짖어 그치게 하지 않기 때문입니다. 저와 같은 지위는 보존한 바가 황폐하여 보러 오는 사람이 드물지만, 선생과 같은 분은 몸소 상등의 경지에 도달하여 본보기로 삼아 우러러보는 사람이 참으로 많으니, 십분 삼가고 경계하게 함이 어떻습니까. 삼가 생각건대 살피고 헤아려주시기 바랍니다. 이만 줄입니다.

갑자년(1564) 9월 18일 갑말甲末(못난 동갑내기)[7] 건중

전주부윤에게 드림與全州府尹書 府尹李潤慶【부윤은 이윤경李潤慶[8]이다.】

인적이 끊어진 곳에서 쓸쓸히 살다 보니, 공의 존망存亡과 휴구休咎(편안하고 어려움)한 소식을 듣지 못해 아득합니다. 다행히 신자함申子誠[9]에게 부탁하여 공의 생활을 물으니, 올해 백제 고도古都의 부윤[10]으로 나갔다고 하

---

6   이 시기에 조식이 합천에 거처했는데 바로 근방의 의령에 이황의 처가가 있었다. 이황이 처가에 오면 만날 수 있을 것으로 기대했다는 의미다.
7   이황과 조식은 모두 1501년생으로 동갑내기다.
8   이윤경(1498~1562)의 자는 중길(重吉), 호는 숭덕재(崇德齋)이다. 1504년 갑자사화로 화를 입은 이수정(李守貞)의 아들로, 가족이 괴산에 유배되었다가 중종반정으로 해배되었다. 홍문관, 사간원, 사헌부에서 벼슬했다. 이준경(李浚慶)의 형이다. 이윤경·이준경 형제와 조식은 어린시절 죽마고우였다.
9   송계(松溪) 신계성(申季誠, 1499~1562), 자는 자함이다. 김대유(金大有)와 조식이 김해에 있을 때 주로 교유했다.
10   전주부윤을 말함.

더군요.[11] 바야흐로 여러 입에 핍박받아 지위가 난처했음을 알게 되었습니다. 늘그막의 심경을 더욱 생각하게 됩니다. 식植 역시 세상에 산 것이 오래되어 병으로 쇠약해진 것이 이미 심합니다. 여러 해 전 외아들이 죽고 스스로 분별하지 못했는데, 늦게 둘째 아들을 얻었습니다.[12] 임시로 삼가현三嘉縣에 있는 선친의 옛집에 와서 살고 있지만, 굶주리고 기한飢寒에 떨어 나날이 제때에 먹지도 못합니다. 그렇지만 부담이 적고 근심이 적으니, 나스스로 공을 보면 오히려 내가 더 낫습니다.

이곳 유생의 사촌 동생 박열朴悅이 다스리는 곳에서 도망친 종을 잡고 몇 글자에 달하는 증서를 올렸으니, 참으로 오얏나무 아래의 좁은 길입니다. 호남의 세속에는 공격하고 위협하는 풍속이 많아, 심하면 험준한 곳에 기다렸다가 살상한다고 합니다. 부府에서 받아들여 아뢰도록 안전하게 보냄이 어떠합니까. 모점茅店(초가로 만든 주점)이 시내 앞에 있어서 부엌에서 일하는 계집종이 때때로 물고기를 잡습니다. 다만 그물이 없는 까닭에 헛되이 물가에서 땀만 쏟습니다. 능히 견사繭絲가 있어야 갖추어 입에 풀칠을 할 수 있겠지요. 나물과 거친 쌀도 먹지 못하는데, 가히 고기 먹을 생각을 하니 또한 과하지 않겠습니까. 이 글을 보내면, 뒤에는 서로 잇닿기가 어렵습니다. 단지 제 마음속 생각만을 잊지 않고 더합니다. 한두가지를 펼쳐서 보입니다.

---

11 『명종실록』 명종 9년 1월 3일 갑진, "以李潤慶爲全州府尹 潤慶字重吉 廣州人也 風采凝重 氣宇弘廣 沈厚長者也 時論倚以爲重 史臣曰 潤慶天稟純美 補以學問 樂善好古 與其弟浚慶 竝有賢行 平生廉謹自守 前爲星 義兩州牧 皆有善政 民有去後之思".

12 1544년에 첫째 차산을 잃고, 1552년에 둘째 차석을 얻음.

상국 이원길에게 답함答李相國原吉書 李浚慶字【이준경李浚慶¹³의 자字이다.】

멀리 외진 마을까지 보내주신 귀한 서찰을 행복하게 받았습니다. 아울러 많은 약재도 받았습니다. 약을 베풀어주심이 참으로 정성스러우니, 비록 병통을 고치지는 못할지라도 마땅히 친숙한 벗을 버리지 않는 마음은 실로 요즘 세상에 없는 일입니다. 당일 한밤중 등이 꺼지려고 할 때 공께서 그야말로 꿈속에서 말하는 것 같아 그리움을 견디지 못했습니다. 두해에 온 책력冊曆(달력)이 두해의 모습으로 남아 있으니, 어찌 많은 돈을 베풀어주신 것뿐이겠습니까.

삼가 생각건대, 깊은 산에 찾아오는 것은 다만 사슴과 멧돼지입니다. 이어 십분 몸을 돌보고 아끼라고 말씀해주시니 진귀하고 소중한 뜻으로 멀리하는 마음이 없음에 더욱 감사드립니다. 저 역시 공께서 소나무처럼 높이 공경받아 아래로 하여금 타고 오르지 못하게 하시기를 청합니다. 이 한마디 말씀을 드립니다. 뒤늦게 눈병을 얻으셨음을 알고 몹시 놀라며 탄식을 견디지 못했습니다. 오직 영공의 눈병이 일찍 낫지 않음이 한입니다. 잘 살피시길 바라며, 삼가 감사드립니다.

---

13 이준경(1499~1572)의 자는 원길(原吉), 호는 동고(東皐)이다. 영의정을 지냈으며, 사망하기 직전에 붕당(朋黨)이 일어날 것을 예견했다.『선조수정실록』에 따르면 조식이 임금의 부름을 받고 서울에 들어왔을 때 준경은 옛 친구의 입장에서 서신을 보냈으나 끝내 찾아가보지 않았다. 조식이 귀향하려 하면서 찾아와 고별하고 말하기를, "공은 어찌 정승 자리를 가지고 스스로 높이려 하는가?" 하자, 준경이 말하기를, "조정의 체모를 내가 감히 폄하할 수 없어서이다"라고 했다는 기록이 보인다.『선조수정실록』, 선조 5년 7월 1일 갑신, "浚慶爲相 矜持體貌 雖好善奬士 未嘗卑屈 當曺植被召入京 浚慶以故舊 書信通問 終不往見 植將還鄕 乃就而告別 且曰 公何以相位自高 浚慶曰 朝家體貌 吾不敢自貶也".

청도 고을 원에게 드림與淸道倅書 倅乃李有慶 校理延慶之兄【원은 이유경李有慶으로 교리校理 이연경李延慶의 형이다.】

식이 아룁니다. 삼가 공께서 남쪽 끝 수령으로 나갔음을 들었으나 만날 인연이 없었습니다. 원길原吉(이준경)과는 오랜 친구로 만났습니다. 근래 선길善吉(이준경의 아우 이여경李餘慶의 자)이 만나려 찾아왔습니다. 공께 문안드릴 길이 없었기에 들은 바에 따라 감히 여쭙겠습니다. 삼가 살펴주시길 바랍니다.

청도군에 좌랑佐郞 김대유金大有[14]가 있는데, 일찍이 지방 사람들에게 인정을 끼쳤습니다. 그곳 사람들이 동창東倉에 사당을 세워 그 은혜에 보답하려 했습니다. 어찌 단지 진晉나라 사람들만이 개지추介之推를 위해 3월에 한식寒食을 먹는 것이겠습니까. 또한 어찌 마을의 선생이 죽으면 사社에 제사할 수 있는 정도일 뿐이겠습니까. 항상 후세에서 이 사람에게 제사를 지내주지 않는 것을 한스러워했습니다. 이제야 사당을 세우게 되었으니 귀군貴郡의 향당에서 진실로 좋아하는 자가 있어 창도해 일으킴에 응한 것입니다.

다만 한스러운 것은 고을 사람들이 어찌 능히 선악과 공사의 지극함을 분명하게 알 수 있을 것인가 하는 점입니다. 반드시 어진 현자와 상의한 연후에야 그 취하고 버림을 옳게 결정할 수 있습니다. 반드시 향족鄕族의 사적인 경우여야 하며, 어진 자를 원망해서는 참으로 안 됩니다. 만약 사류에 이름이 알려지지 않은 자를 배향함은 크게 불가합니다. 반드시 지주가 그 사람이 제사를 지낼 만한지를 저울질해본 후에야 제사를 지낼 수 있으며, 또한 반드시 도주道主(경상도 관찰사)에게 물어 공적인 의견을 뽑아 가려낸 연후에야 결정할 수 있습니다.

---

14   김대유(1479~1551)의 자는 천우(天佑), 호는 삼족당(三足堂)이다. 탁영 김일손의 조카로, 조광조의 문인이었으며 조식이 선배로 존경한 학자 중의 한명이다.

명부明府(현명한 관부, 이유경을 지칭함)께서 빨리 이 사람의 묘갈문墓碣文을 취하여 사람됨의 전말을 찾아보시고 혹여 미진하다고 생각된다면 모두 허락하지 않아야 합니다. 방백方伯(관찰사를 이르는 말, 즉 이유경을 지칭함)은 나이가 적으니 이 사람의 실덕이 어떠한지 응당 다 알지 못합니다. 마땅히 그 사람의 묘갈문의 대개만을 간략히 취해 아뢰어서는 안 됨을 조심해야 합니다. 마을 사람들도 이미 잘 알지 못합니다.

탁영濯纓 선생[15]이 바로 이 사람의 숙부입니다. 살아서는 서리 내린 한기를 견디는 절개가 있었고, 죽어서는 하늘까지 가는 원통함이 있었습니다. 진실로 마땅히 탁영 선생을 먼저 배향하고 이 삼족당三足堂(김대유)을 배향해야 합니다. 삼족당은 경세제민經世濟民의 재주를 갖추었으니, 평생 한점의 흠도 없었습니다. 다만 출사하지 않았기에, 사람들이 견문에 놀라 감동하는 점에서는 탁영 선생보다 낫지 않습니다. 만약 요즘 사론에 의거하면, 곧 조카가 숙부보다 낫습니다. 동창東倉 안에 사당을 세우는 것은 옳지 않습니다. 향소鄕所에 세우면 어떻습니까. 동창은 삼족당이 살던 곳이니, 다른 날 지키고 보호하기 위해서는 의탁할 만하지만, 탁영 선생을 헤아리면 불가합니다. 창사倉祠(창고 사당)라는 명칭도 역시 불가합니다. 모두 지주께서 마을의 어르신께 상의한 후에야 결정할 수 있는 바입니다.

요즘 서원을 보면, 감사監司가 사적인 뜻으로 서원을 세우고자 하면 허락하지 않습니다. 그 사당은 허사虛社로 하나의 빈 사당에 지나지 않습니다. 도주道主께 여쭈려는 바는 한두 사람의 사론에서 일어나 나온 것이 아니며 한 시대의 공의에서 바라며 나온 것이기에, 오래 전하려 하는 것입니다. 다행히 마을 사람들이 이러한 의논을 한다고 들었습니다.

직접 만나 아뢰지 않고 글로 말씀드리게 되어 참월함을 이길 수 없습니

---

15 김일손(金馴係, 1464~98)의 자는 계운(季雲), 호는 탁영이다. 스승인 김종직이 쓴 조의제문(弔義帝文)을 사초(史草)로 작성하여 1498년 무오사화의 발단이 되었다. 무오사화로 처형되었다.

다. 엎드려 바라건대 헤아려주시기 바랍니다. 삼가 갖추어 편지를 올립니다. 융경隆慶 2년(1568) 9월 18일 조식이 엎드려 절하고 아룁니다.

경안령¹⁶ 수부에게 답함答慶安令守夫書 1 【령의 이름은 요瑤이다.】

때때로 강성江城 사람으로 말미암아 공의 한온寒溫함을 엿보고, 때때로 혼자서 생각할 따름입니다. 천리를 아득하게 잇닿아 있으니, 한번 편지를 전하기도 힘듭니다. 문득 이번에 편지를 보내주셨는데, 참으로 온통 편안하게 해를 보내셨음을 일러주시니 안심이 됩니다. 우는 학이 서로 화답하니 아홉 갈림길도 가히 통하며, 공이 일념一念으로 기억해주시는 정성도 알 만합니다. 다만 어찌 견디어내겠습니까.

늙은이가 비록 다행히 죽지 않았으나, 정신과 신체의 기운이 예전과 어긋난 지 오래입니다. 어찌 예전과 같다고 말할 수 있겠습니까. 지난해 제가 가히 공이 돌아가시기 전에 닿을 수 있었는데, 일꾼들이 틈이 없어 한 글자 안부도 전하지 못하고 갑자기 천리나 보지 못하는 이별을 했으니, 제게 잘못이 있습니다. 내년에 고향으로 오시리라 생각되지만, 아마도 이 늙은이가 세상을 살아갈 날이 다만 얼마 남지 않은 것 같습니다. 어찌 해에 매달려 한번 다다르기를 기약하겠습니까. 오직 바라건대 공께서는 배운 비를 폐하지 마시고 인간의 도리를 우뚝하게 걸으시어 넓은 성으로 돌아가 함께 만날 수 있기를 바랍니다. 종가의 화려한 마당에 공과 같이 빼어난 이가 몇 사람이겠습니까. 걱정되는 바는 다만 피와 땀이 가다가 중도에 멈추는 것입니다. 신미년(1571) 11월 25일.

---

16   경안령(慶安令) 이요(李瑤, 1537~?)의 자는 수부(守夫)이다. 세종의 막내아들 담양군의 증손으로 양명학에 깊은 관심을 가졌다.

경안령 수부에게 답함 2

  몇 해 전, 식 역시 공이 남쪽 고을에 이르렀음을 들었으나, 뵙지는 못했습니다. 지금 문득 궁벽한 마을에 보내주신 편지를 받고 살펴보니, 몸이 아주 건강하심을 환하게 알게 되어 헤아릴 수 없을 만큼 안심이 되었습니다. 공교롭게도 외진 곳에 살다 보니, 때때로 산속에 사는 승려가 문에 다다라도 가히 신발을 거꾸로 신고 나가 반기는데, 하물며 왕손의 소식에 견주겠습니까.

  저는 요즈음 어지러운 병세가 매우 심하여 방에 편안하게 앉아 있다가도 깨닫지 못하고 자리에 쓰러짐이 매일 거듭됩니다. 이미 누에고치같이 행동하며 머리를 내밀 날이 없어서 다른 사람과 단절됨을 공이 어찌 다 아시겠습니까? 하물며 이때의 의논이 다시 무거워져 조석으로 살갗이 벗겨질 듯하니, 허물을 살피며 깊이 숨어 있습니다. 만분이라도 다른 사람과 말하고 싶지 않습니다. 덕이 높고 현명한 공께서 마땅히 알고 헤아려주시리라 믿습니다. 죽음이 드리운 날에 앉아서 소중한 소식을 보았습니다. 얼굴을 마주하지 못하니 회한이 언덕과 같습니다. 엎드려 바라건대 헤아려주십시오. 삼가 절하고 안부를 전합니다.

신송계[17]에게 드림與申松溪書 1

  항상 서둘러 뵙지도 아니하면서 헛되이 연모한다는 말을 하니, 빈말이 아니겠습니까. 늙었기 때문만은 아니고, 다만 아마도 수기修己가 부족하여

---

17   신계성(申季誠, 1499~1562)의 자는 자함(子誠), 호는 송계(松溪)이다. 밀양에 거주했으며 조식과의 교유가 깊었다.

군자를 사랑하는 마음이 날마다 멀어져서 그러한 듯합니다. 공은 빈틈없이 안부를 전해 옛 친구를 버리지 않으니 부끄럽고 감사합니다. 어제 글을 보냈는데 받아보셨나요. 다음 달 열흘이 지난 후 다시 봄철의 따뜻한 기운을 기다렸다가 가서 몇 밤을 편안하게 있고자 했습니다. 다만 공의 집이 무고한지를 알지 못했다가 편지가 와 모두 편안하고 좋음을 살폈습니다. 저의 행차를 그만두지 않을 것입니다. 온갖 일이 차례로 생각나건만 함께 이야기 나눈 지 오래되었습니다. 마땅히 얼굴을 마주하려 합니다. 삼가 감사의 말씀을 드립니다. 생대구 한마리를 보내니 받아주십시오. 조식.

신송계에게 드림 2

두해 동안 막히고 어긋나 항상 마음에 걸렸습니다. 사는 곳이 멀어지니 서신도 역시 드물어집니다. 칠십 노인이 모여 만날 일이 능히 다시 얼마나 되겠습니까. 일찍이 봉성鳳城에 있을 때 편지를 받았습니다. 지난달에 이미 김해의 집에 돌아왔지만 아직 사시는 바를 살피지 못했으니 죄한罪恨이 어떻겠습니까. 오래전 공이 체하는 병을 심하게 앓았다고 들었기에 애달파 탄식함만을 더할 뿐입니다. 늙고 병듦으로 인하여 출입함이 점점 나태해져 이제부터는 죽음이 거의 남지 않았습니다. 누구와 함께 병든 마음을 살피겠습니까. 산해정에 이르러 살아보니, 수풀의 나무가 울창해져 지붕 머리를 지나치게 덮었습니다. 풍치가 넉넉함이 옛날보다 갑절이 좋아졌습니다. 공께서 병을 다스리고 멀리 와 함께 푸른 산에서 한가한 꿈을 꿀 수 없으니, 이를 어떻게 달래겠습니까.

행단기杏壇記[18]

　단을 쌓은 지 오래되었으니, 대부 장문중臧文仲이 지칭함에서 비롯되었다. 나라 성의 동쪽에 있으며, 궐리闕里와 가까운 곳이다. 공자께서 치유緇帷의 숲을 거닐다가 단 위에서 쉬면서 바람을 쐬기도 하고, 여러 제자와 학문을 연구하기도 했다. 자유子游, 자하子夏, 계로季路가 공자를 모셨는데, 안연顏淵을 돌아보며 이르러 말하기를, "너는 단의 이름을 아느냐" 하였다. 답하기를 "모릅니다" 하였다. 말하기를 "이를 처음에 만든 바를 아느냐" 하였다. 답하기를 "모릅니다" 하였다. 말하기를 "너희는 알아야 한다. 이는 곧 장문중이 쌓은 단으로, 제하諸夏들이 모여서 맹세하던 곳이다. 이름을 행단杏壇이라 한 것도 이때부터 말미암았다. 사물을 보고 사람을 생각하니, 감응이 없을 수 있는가" 하였다. 인하여 거문고를 부리며 말하기를, "더위가 가니 추위가 오며, 봄이 돌아가니 가을이 왔다" 하였다.

　안회顏回(안연)가 종종걸음 쳐 나아가서는 두번 절하고 기문을 지었다.

　장문중은 노나라의 어진 대부였고, 노나라는 천자와 종실宗室이 되는 국가이다. 나는 당시에 중국 제후들이 맹세한 것이 과연 어떤 일인지 알지 못한다. 어진 사람의 도움을 받아 서백西伯이 직분을 좇고자 했다면 유하혜柳下惠처럼 어진 이가 있어도 함께 출사하지 않음은 무엇이며, 예의의 가르침을 밝혀 제나라 환공桓公과 진나라 문공文公이 한 일을 행하려는 것이었다면 집에서 점치는 거북을 간직하는 집을 지어서 신하의 예를 범한 것은 무엇인가. 만약 당시에 쓰지 아니했다면 그뿐이지만, 자신을 썼다면 종실의 나라에 있는 것과 같다. 마땅히 주나라 왕실이 미약해지면, 행하려는 뜻을 가진 선비가 왕실을 버리고 무슨 일을 하겠는가. 그렇지 않다면, 이 단선壇墠 위에서 맹세를 주재하여 제후들을 연결하는 사이에서 보여준 모습

18　안회의「행단기(杏壇記)」를 조식이 옮겨 적었다.

이 어찌 주공의 위엄에 의지하여 제후를 속인 것이 아니겠는가. 땅에 제사에 쓰이는 짐승을 쌓고, 그 위에 글을 동여매고 제후의 입에 피를 칠한 것은 거의 강자가 많은 이들을 업신여기고 난폭하게 굴어 그 몸을 이롭게 하려는 바가 아니겠는가.

아아! 문중이 이 단에 임하여 맹세할 때는 그 왕실이 무너지기 전이었지만 구원할 수 없었다. 공자가 단에서 감응을 모두 일으켰을 때는 그 왕실이 이미 어지러워진 후였으나 바르게 하고자 했으니, 그때의 행幸과 불행不幸, 세상의 치治와 불치不治는 하늘에 달렸다. 문중은 이곳에서 말을 벌하고, 이곳에서 싸움을 맹세하고 동맹국의 민중을 위협했다. 그러나 동주東周의 수레를 돌리지도 못하고 여러 오랑캐의 침범을 늦추지도 못했다. 대저 공자께서는 여기에서 도道를 강의하고 의義를 부르시면서 천리를 바로잡아 밝혀, 사람들이 왕실을 업신여길 수 없도록 중국이 오랑캐와 다름을 알게 하셨다. 이 단에서 군대를 꾀한 사람은 장대부이지만 한 나라의 대부에 불과했고, 규구葵丘에서의 맹세[19]에 반해 부끄러웠으며, 이 단에서 도를 강의하신 분은 우리 스승님인데 천하의 성인이 되셨으니 어찌하여 서백이 계승한 바에 공이 없겠는가. 한 단 위에서 일했으나 의리와 이익이 서로 가지 않음은 하늘과 땅의 차이가 있다.

뒤에 의義를 행할 선비들은 마땅히 무엇을 본받겠는가. 그것이 장씨의 법이겠는가, 스승의 학문이겠는가. 이 단을 쌓은 자가 장대부이고, 이 단에 이름 붙인 자도 장대부이다. 그러나 후세에는 반드시 장씨의 단이 아니라 공씨의 단이라고 칭할 것이다. 스승님께서 탄식하신 것은 문중을 생각해서가 아니라, 문중이 세상을 도울 재주가 없음을 슬퍼하신 것이다. 세월이 지나감을 생각한 것은 그 흘러감을 탄식함이 아니라 도가 행해지지 않음을 근심하여 세월이 머무르지 않음을 근심한 것이다. 하물며 단이 있으니,

---

19   춘추시대 제나라 환공이 규구에서 천하의 제후를 모아놓고 한 맹세.

후세에 이 단에 오르는 자 중에 공자의 탄식을 알 사람 역시 있겠는가. 살아 있는 나무가 있으니 후세에 세신世臣을 생각하는 자 중에 오래된 교목喬木을 기억할 사람 역시 있겠는가.

계로가 일어나서 노래하며 말하길, "단의 경계에는 군자가 있는데, 더러운 들판에는 우리 도가 미약하다. 누가 장차 서쪽으로 돌아갈까. 좋은 소식을 품고서" 하였다. 스승께서 말하길 동의하셨다.

왕의 아무 해 월일에 문제門弟 안회가 기록했다.

조광조 연보

연도	조광조	국내외 주요 사건
1482년 (성종 13년)	• 8월 10일, 한성부에서 출생. 나면서부터 기질이 청수하고 용모가 단정 청결하여 사람마다 특이하게 여김.	• 잉글랜드, 스코틀랜드 침공. • 연산군 생모 폐비 윤씨 사망.
1486년 (성종 17년)	• 어릴 때 놀고 장난함이 이미 성인의 거동과 도량이 있었으며 더욱 예를 익히기를 좋아하였음. 조금이라도 잘못이 있는 자를 보면 비록 웃어른일지라도 반드시 풍자하여 멈추게 함. (5세)	• 1485년, 장미전쟁 종결(1455~85). • 독일 막스투스 연회에서 마녀 사냥 촉발됨.
1498년 (연산군 4년)	• 어천찰방으로 부임한 아버지를 따라 갔다가, 희천에 유배를 온 한훤당 김굉필의 문하에 들어가 배움. (17세)	• 조선, 무오사화(戊午士禍) 발생. • 이탈리아, 레오나르도 다빈치 「최후의 만찬」 완성. • 포르투갈, 바스쿠 다 가마의 인도 항로 개척.
1500년 (연산군 6년)	• 부친상을 당함. 상례를 한결같이 주자가례로 함.	• 포르투갈, 브라질 발견.
1502년 (연산군 8년)	• 삼년상을 마침. 집을 용인(龍仁) 선영 아래에 지음. 『소학』, 『근사록』, 사서로 주를 삼고 그다음에 모든 경서와 성리학에 대한 글들과 『통감』『강목』 등을 읽음. (21세)	• 크리스토퍼 콜럼버스, 중앙아메리카 탐험을 위한 네번째이자 마지막 항해 시작. • 이란, 사파비 왕조 시작.
1504년 (연산군 10년)	• 10월, 김굉필의 부음을 들음.	• 조선, 갑자사화(甲子士禍) 발생. • 이탈리아, 프랑스로부터 나폴리 탈환.
1506년 (중종 1년)	• 9월, 중종반정으로 연산군의 잔학한 정치가 혁신되어 선비의 기세가 더욱 상승됨. 원근에서 조광조의 풍문을 듣고 와서 배운 자가 늘어남. (25세)	• 이탈리아, 크리스토퍼 콜럼버스 사망.
1507년 (중종 2년)	• 횡산사(橫山寺)에서 『맹자』 호연장(浩然章)을 읽고 한달 동안에 그 진의를 해득함.	• 1509년, 영국 헨리 8세 즉위.
1511년 (중종 6년)	• 모친상을 당하자, 상례를 부친상과 같이 함. (30세)	• 1510년, 조선 삼포왜란. • 포르투갈, 동남아시아 무역지 말라카 정복. • 1512년, 조선, 일본 대마도주와 임신약조(壬申約條) 맺음.

1515년 (중종 10년)	• 명성과 행실이 뚜렷이 나타나자 조정에서는 장차 크게 쓰려 하였고, 성균관에서 의논하여 천거함. • 가을에 알성시에 2등으로 급제함. 성균관의 추천으로 조지서(造紙署) 사지(司紙)를 제수받음. • 11월, 정언으로 있으면서 이행(李荇) 등의 파직을 청함.	• 스위스, 프랑스와의 마리냐노 전투 패배 후 영구 중립 선언. • 영국, 인클로저 제한법 공포.
1516년 (중종 11년)	• 아들 정(定)이 태어남. • 겨울, 계심잠(戒心箴)을 지어 올림. (35세)	• 오스만 제국, 맘루크 술탄국 정복. • 영국, 토마스 모어『유토피아』 출간.
1517년 (중종 12년)	• 7월, 응교 겸 경연 시강관과 춘추관 편수관에 오름. • 8월, 김굉필의 문묘 종사를 청함.	• 독일, 마르틴 루터 95개조 반박문 게시.
1518년 (중종 13년)	• 1월, 공물의 폐단을 논함. • 7월, 야인을 몰래 습격하지 말 것을 청함. • 11월, 사헌부 대사헌에 오름.	• 스위스, 츠빙글리 종교개혁 제창.
1519년 (중종 14년)	• 4월, 부제학에 제수되었다가, 6월 다시 대사헌에 오름. • 10월, 정국공신(靖國功臣)을 개정할 것을 청함. • 11월, 감옥에 갇혔다가 능주로 귀양을 감(기묘사화). • 12월, 유배지에서 사약을 받음. 양팽손이 시체를 염함. 향년 38세.	• 포르투갈, 마젤란 세계일주 항해(~1522)에 나섬.
1520년 (중종 15년)	• 선영이 있는 심곡리에 반장(返葬)함.	• 포르투갈, 마젤란 남미 최남단 해협 통과 후 태평양 진입(마젤란 해협 명명). • 1521년, 스페인 아즈텍 문명 침략.
1545년 (인종 원년)	• 6월, 조광조의 관작을 복직할 것을 명함.	• 문정왕후, 윤원형, 이기 등이 주도한 을사사화(乙巳士禍) 일어남. • 이순신 출생(~1598). • 로마 카톨릭교회, 트리엔트 공의회 개최(~1563).
1569년 (선조 2년)	• 시호를 문정공(文正公)으로 추증함.	• 이이(李珥), 동호독서당에서 사가독서를 마치고『동호문답』을 올림. • 이탈리아 피렌체, 토스카나 대공국이 됨.

1570년 (선조 3년)	• 죽수서원(竹樹書院)을 능주(綾州)에 세움. 양팽손을 함께 배향함.	• 오스만제국, 키프로스 침공.
1573년 (선조 6년)	• 도봉서원(道峯書院)을 양주(楊州)에 세움.	• 일본, 쇼군 아시까가 요시아끼 추방당하며 무로마찌 막부 멸망. • 명, 일조편법(一條鞭法) 실시. • 네덜란드, 스페인으로부터 독립전쟁(레이던 공방전).
1574년 (선조 7년)	• 조헌이 상소를 올려 조광조 및 김굉필, 이언적, 이황의 문묘종사를 청함.	• 프랑스, 국왕 샤를 9세 사망.
1610년 (광해 2년)	• 미원서원(迷原書院)을 양근(楊根)에 세움.	• 조선, 허준 『동의보감』 완성. • 이탈리아, 갈릴레이 목성 위성 발견.

조식 연보

연도	조식	국내외 주요 사건
1501년 (연산군 7년)	* 6월 26일, 경상도 삼가현(三嘉縣, 현재의 합천) 토동(兎洞) 외가에서 출생. 부 조언형(曺彦亨), 모 인천이씨.	* 명, 타타르의 격렬한 침입을 받음. * 미켈란젤로, 다비드상 제작 시작.
1507년 (중종 2년)	* 아버지로부터 글을 배우기 시작함.	* 1509년, 영국 헨리 8세 즉위.
1515년 (중종 10년)	* 아버지가 단천군수로 임명되어 임지로 따라가 거주함. 관아에서 행정 체계의 불합리성과 아전들의 농간을 목격함. (15세)	* 영국, 인클로저 제한법 공포.
1518년 (중종 13년)	* 아버지를 따라 서울 장의동(藏義洞)으로 돌아옴. 이웃에 살던 성운(成運)과 친교를 맺음.	* 스위스, 츠빙글리 종교개혁 제창.
1519년 (중종 14년)	* 기묘사화가 일어나고 조광조의 부음을 들음. 관직 진출의 기구함을 인식함. (19세)	* 포르투갈, 마젤란 세계일주 항해(~1522)에 나섬.
1521년 (중종 16년)	* 문과 초시에 합격 후 부모의 권유로, 복시에 응시했으나 불합격. 문장이 과문(科文)에 맞지 않음.	* 명, 세종(가정제) 즉위. * 신성로마제국 보름스국회, 루터를 이단으로 결정.
1522년 (중종 17년)	* 남조씨평(南平曺氏) 충순위 조수(曺琇)의 딸과 혼인함.	* 독일, 루터 신약성서 간행.
1525년 (중종 20년)	* 산사(山寺)에서 『성리대전』을 읽다가 허형의 글에 감명을 받고 처사의 삶을 결심함. (25세)	
1526년 (중종 21년)	* 부친상을 당하자, 고향에서 삼년상을 치르며 시묘살이를 함.	* 인도, 무굴제국 건국(~1858).
1530년 (중종 25년)	* 김해의 탄동(炭洞)으로 거처를 옮긴 후, 산해정(山海亭)을 짓고 공부함. 부유한 처가의 경제적 도움을 받음. (30세)	* 폴란드, 코페르니쿠스 지동설 제창.
1531년 (중종 26년)	* 이준경이 보낸 『심경(心經)』을 선물 받고, 「이준경이 선물한 심경 끝에 쓰다」를 씀.	* 명, 일조편법(一條鞭法) 실시.
1532년 (중종 27년)	* 송인수가 보낸 『대학(大學)』을 선물 받고, 「송인수가 선물한 대학의 책표지 뒤에 쓰다」를 씀.	* 스페인, 피사로 페루 정복.
1536년 (중종 31년)	* 첫 아들 차산(次山)이 태어남. * 가을에 향시에 응시하여 3등을 함. (36세)	* 프랑스 국적의 장 칼뱅, 스위스 제네바로 망명하며 종교개혁 제창.

연도	사건	세계
1538년 (중종 33년)	• 이언적(李彦迪)과 이림(李霖)의 천거로, 헌릉참봉 (獻陵參奉) 벼슬을 제수받았으나 나아가지 않음.	• 오스만투르크, 스페인과 베네 치아 연합 함대를 격파하고 지중해의 제해권 장악.
1543년 (중종 38년)	• 경상도관찰사 이언적의 내방 요청을 거절함.	• 1540년, 스페인 로욜라, 예수 회 창설. • 1543년, 폴란드 코페르니쿠 스 사망
1544년 (중종 39년)	• 아들 차산을 병으로 잃음. • 이제신(李濟臣)이 찾아와 제자의 예를 갖춤.	• 중종(1506~44) 승하, 인종 (1544~45) 즉위. • 일본, 포르투갈 배가 와서 무 역 요구.
1545년 (인종 1년)	• 을사사화가 일어나 벗 곽순(郭珣)이 옥사했다는 부고를 들음. 모친상을 당함. (45세)	• 문정왕후, 윤원형, 이기 등이 주도한 을사사화 일어남. • 이순신 출생(~1598).
1546년 (명종 1년)	• 을사사화에 연루되어 벗 이림(李霖)과 성우(成遇) 가 죽었다는 부고를 들음.	• 독일, 종교개혁가 루터(1483~ 1546) 사망.
1547년 (명종 2년)	• 양재역 벽서사건이 일어나 벗 송인수가 사사당했 다는 부고를 들음.	• 양재역 벽서사건으로 사림 파들이 대거 화를 당함(정미 사화). • 영국, 에드워드 6세(~1553) 즉위. • 대마도주와 정미약조를 맺음.
1548년 (명종 3년)	• 김해부 탄동에서 삼가현 토동으로 거처를 옮김. • 합천 계부당(鷄伏堂)과 뇌룡사(雷龍舍)를 짓고 공 부하며 제자들을 가르침. • 전생서 주부(典牲署主簿) 벼슬을 제수받았으나 나 아가지 않음.	• 로마 교회, 아우구스부르크에 서 신구교의 융화 시도.
1549년 (명종 4년)	• 삼가현 북쪽 감악산을 유람하고 「냇물에 목욕하 고(浴川)」를 지음. (49세)	• 영국, 국교 통일령 발포.
1551년 (명종 6년)	• 종부시 주부(宗簿寺主簿) 벼슬을 제수받았으나 나 아가지 않음. • 산음현(山陰縣)의 오건(吳健)이 찾아와 제자의 예 를 갖춤. • 안음현의 화림동천(花林洞天)을 유람함.	• 프랑스, 신교를 금지.
1552년 (명종 7년)	• 부실부인 송씨(宋氏)가 아들 차석(次石)을 낳음.	
1553년 (명종 8년)	• 벼슬하러 나오라는 이황의 편지에 거절하는 답장 을 보냄.	• 포르투갈, 명의 마카오 점령. • 영국, 여왕 메리(~1558) 즉위.

1555년 (명종 10년)	• 단성현감(丹城縣監) 벼슬을 제수받았으나 나아가지 않고 명종과 문정왕후를 신랄하게 비판하는 「을묘사직소(乙卯辭職疏)」를 올려, 조정에 큰 파란을 일으킴. (55세)	• 을묘왜변 발발. • 일본 왜구, 명을 침입해 남경의 안정문을 불태우고 4,500명 학살. • 신성로마제국, 아우구스부르크 종교회의에서 루터파 신교 공인. • 1556년, 이황 『주자서절요』 완성.
1557년 (명종 12년)	• 보은현(報恩縣) 속리산에 은거한 성운(成運)을 방문함.	• 포르투갈, 마카오항 건설.
1558년 (명종 13년)	• 김홍(金泓), 이공량(李公亮), 이희안(李希顔) 등과 지리산을 유람한 후 기행문인 「유두류록(遊頭流錄)」을 남김.	• 영국, 그레샴 법칙 발표.
1559년 (명종 14년)	• 조지서 사지(造紙署司紙) 벼슬을 제수받았으나 나아가지 않음. (59세)	
1561년 (명종 16년)	• 지리산 덕산동(德山洞)으로 거처를 옮기고 산천재(山天齋)를 짓고 제자들을 양성함. • 「덕산동에 살 곳을 정하고(德山卜居)」를 써서 산천재 주련(柱聯)으로 함.	• 1560년, 일본 무로마찌 막부, 쿄오또에 기독교 포교 허가.
1563년 (명종 18년)	• 함양의 남계서원(灆溪書院)을 방문해 정여창(鄭汝昌) 사당에 참배함. • 성주목의 김우옹(金宇顒)이 찾아와 배움.	• 영국, 국교를 실행하는 39개 조항 공포.
1564년 (명종 19년)	• 이황에게 편지를 보내 공리공담에 치우친 이론논쟁을 삼가고, 학문을 바로잡아줄 것을 청함.	• 이탈리아, 미켈란젤로(1475~1564) 사망.
1565년 (명종 20년)	• 서울의 최영경, 김효원이 찾아와 제자의 예를 갖춤. (65세)	
1566년 (명종 21년)	• 산음현 지곡사(智谷寺)에서 열린 강학회(講學會)에 참석함. • 성주목(星州牧)의 정구(鄭逑)가 찾아와 제자의 예를 갖춤. • 상서원 판관(尙瑞院判官) 벼슬을 제수받았으나 나아가지 않음. • 사정전에서 명종을 만나 숙배한 후, 정치를 말하고 지리산으로 돌아옴.	• 투르크 제국, 서 헝가리 공격.
1567년 (명종 22년, 선조 즉위)	• 선조가 새로 왕이 되자, 「정묘년에 사직하며 승정원에 올리는 상소문(丁卯辭職呈承政院狀)」을 써서 올림. • 의령현(宜寧縣)의 외손녀사위 곽재우(郭再祐)가 찾아와 『논어』를 배움.	• 명종(1545~67) 승하, 선조(1567~1608) 즉위.

1568년 (선조 1년)	• 「무진봉사(戊辰封事)」를 올려 아전의 폐해를 지적함. 부인 남평조씨가 사망함.	• 네덜란드, 스페인령에서 독립 전쟁을 일으킴.
1569년 (선조 2년)	• 왜구 문제에 대한 「대책문제(策問題)」를 써서 제자들에게 왜구에 대한 강경책을 제시함. • 종친부전첨(宗親府典籤) 벼슬을 사양함.	• 이이(李珥), 동호독서당에서 사가독서를 마치고 『동호문답』을 올림. • 이탈리아 피렌체, 토스카나 대공국이 됨.
1570년 (선조 3년)	• 이황의 부고를 들음. (70세)	
1571년 (선조 4년)	• 「김굉필의 그림 병풍이 전해진 내력(書畵屏屏跋)」을 씀. 등창으로 병을 얻음.	• 스페인, 레판토 해전에서 투르크에 승리.
1572년 (선조 5년)	• 산천재에서 정인홍, 김우옹 등 제자들이 지켜보는 가운데 사망함. 향년 72세. • 선조가 사간원 대사간(大司諫)을 증직함.	• 명, 목종(穆宗, 융경제) 사망, 신종(神宗, 만력제) 즉위. • 프랑스, 바르톨로메오 축일 학살(위그노 대학살).
1576년 (선조 9년)	• 제자들과 유림들이 산천재 인근에 덕산서원(德山書院, 덕천서원으로 바뀜)을 건립함.	• 명, 종합 행정 법전인 『대명회전』 중수(重修) 시작. • 일본, 대포 전래.
1578년 (선조 11년)	• 제자들과 유림들이 김해에 신산서원(新山書院)을 건립함.	• 러시아, 우랄산맥을 넘어 시베리아로 진출. • 스페인, 포르투갈과 연합해 필립 2세가 포르투갈 왕이 됨.
1609년 (광해군 1년)	• 조식을 배향한 덕천(德川)서원, 용암(龍巖)서원, 신산(新山)서원에 사액함.	• 1607년, 일본에 '회답 겸 쇄환사' 파견. • 1609년, 광해군이 임해군을 살해. • 이탈리아, 갈릴레이 천체망원경 제작.
1615년 (광해군 7년)	• 영의정에 증직되고, 문정(文貞)이라는 시호를 하사받음. 조식을 배향한 서울 백운서원(白雲書院)에 사액함.	• 여진, 팔기(八旗)의 군제 만듦. • 광해군, 거처를 창덕궁으로 옮김. • 1616년, 영국 셰익스피어 사망. • 스페인, 세르반테스 『돈 끼호떼』 출간. • 갈릴레이, 종교 재판 회부됨. • 일본으로부터 담배 들여옴.